jazz

Helmut Günther

dance

GESCHICHTE / THEORIE / PRAXIS

Henschel Verlag Berlin 1990

ISBN 3-362-00506-3

4. unveränderte Auflage · 112/90
Zeichnungen: Sigrun Pfitzenreuter
Gestaltung: Karl-Heinz Lange
Lichtsatz: INTERDRUCK, Leipzig
Druck und buchbinderische Verarbeitung: Ebner Ulm

Inhaltsverzeichnis

Einleitung

Die Weltgeltung des schwarzen Tanzes heute

Die traditionelle afrikanische Kultur ist noch immer zuerst eine Tanz-, Musik- und Rhythmus-Kultur. Daher ist der Tanz heute auch Afrikas Botschaft an die moderne Welt. Fast alle jungen afrikanischen Staaten haben Tanzkompanien gegründet, deren politische Bedeutung offenkundig ist. Das Afrika von heute entdeckt wieder seine zeitweise verachtete traditionelle Tanzkultur und schickt seine Tänzer hinaus in die anderen Kontinente. Am frühesten bekannt wurden die Ballets Africains der Republik Guinea und das Nationalballett der Republik Senegal. Aber auch die Tanzensembles zum Beispiel von Sierra Leone, Mali, der Elfenbeinküste, von Ghana, Nigeria, Kamerun, Zaïre, Gabun und Uganda sind schon in Europa und Amerika aufgetreten. Alle diese Gruppen haben tatsächlich gezeigt, daß der Tanz die eigentliche Kunst von Schwarz-Afrika ist. Vor allem haben die zwei Weltfestivals der afrikanischen Kultur (1966 in Dakar, 1977 in Lagos) endgültig die Weltgeltung des schwarzen Tanzes für unsere Gegenwart demonstriert.

Nun aber üben die afrikanischen Tanzkompanien noch keinen direkten Einfluß auf den europäischen und amerikanischen Bühnentanz aus, anders als im Gesellschaftstanz und in der modernen Rock-Musik. Der ghanaisch-nigerianische Highlife und auch der südafrikanische Patha Patha (berühmt geworden durch die Sängerin Miriam Makeba) wurden in der Mitte der sechziger Jahre auch für kurze Zeit von der weißen Jugend getanzt. Die in England ansässige Rock-Gruppe Osibisa besteht überwiegend aus westafrikanischen Musikern. Es war aber und ist Schwarz-Amerika, das die euro-amerikanische und europäische Tanzszene aufs stärkste beeinflußt hat und noch immer beeinflußt. Der afrikanische Tanz kam und kommt auf dem Umweg über Amerika nach Europa. Wir werden aber noch zeigen, daß die Grundgesetze und Grundtechniken des afrikanischen Tanzes in Afro-Amerika vollkommen rein erhalten blieben.

Die mächtigsten Wirkungen gingen von Afro-Brasilien, den Afro-Antillen – das Gebiet der Republik Kuba, Jamaikas und der Republik Haiti – und dem schwarzen Süden der USA aus. Kurz nach der Jahrhundertwende kam der afro-argentinische Tango, musikalisch aus der afro-kubanischen Habanera entstanden, nach Paris. London entdeckte 1903 den nordamerikanischen Cakewalk. Um 1909 wurde die afro-brasilianische Maxixe, ein Mitglied der Samba-Familie, für kurze Zeit auch in Europa bekannt. Ab 1910 entdeckten die europäischen Tänzer den in Nordamerika schon seit 1896 gespielten und auch getanzten Ragtime.

Ab 1912 verdrängten schwarze Tänze weitgehend die bürgerlichen Gesellschaftstänze des 19. Jahrhunderts. Das waren zunächst neben Tango und Ragtime die berüchtigten, von der Polizei verbotenen Schiebe- und Wackeltänze, lies: Tänze mit Beckenbewegungen (Pelvis-Tänze). Am bekanntesten wurden Turkey Trot, Grizzly Bear und Bunny Hug. Ab 1917 folgten dann Foxtrott, Jazz Dance und Shimmy. Seit 1923 tanzte das weiße Amerika den total schwarzen, in den Südstaaten der USA schon lange bekannten Charleston. Um die gleiche Zeit begegneten die europäischen Turniertänzer auch der afro-brasilianischen Samba. Um 1926 wurde der Black Bottom, im schwarzen Süden der USA schon seit 1900 nachweisbar, für kurze Zeit auch zum populären Modetanz der weißen Jugend. Aber diese erste durchweg aus proletarischen Wurzeln stammende afro-amerikanische Welle wurde von der weißen bürgerlichen Welt noch einmal abgewehrt. Die Tanzlehrer Englands versuchten, die ursprünglich schwarzen Tänze Tango, Blues und Foxtrott zu zähmen, das heißt zu europäisieren. Aus den am Platz getanzten afro-amerikanischen Liebes- und Werbetänzen wurden die abstrakten, mit raumgreifenden Schritten ausgeführten Tänze des »Englischen Stils«.

Erst mit dem nach 1945 einsetzenden aktiven Befreiungskampf der afrikanischen Völker gelangten wieder neue afro-amerikanische Tänze nach Europa. Aus Nordamerika kam – schon seit 1940 in England getanzt – der Jitterbug, auch Boogie oder Jive genannt. Zwischen 1948 und 1956 wurden die ursprünglich rein schwarzen lateinamerikanischen Tänze in Europa entdeckt: Rumba, Samba, Cha-Cha-Cha und für kurze Zeit (1954 bis 1957) auch der westindische Calypso. Ab 1954 brach aus den nordamerikanischen Negerghettos der Rock 'n' Roll als Musik und Tanz hervor. Mit dem seit 1960 verbreiteten Twist begann der Siegeszug der modernen, durchweg aus den Negerghettos stammenden Beat-, Rock- und Soul-Tänze. Im gleichen Jahr 1960 wurden fast alle afrikanischen Kolonien zu unabhängigen Staaten. Das Jahr 1960 wurde so nicht nur zum ersten Jahr der modernen afro-amerikanischen Tanzrevolution, sondern auch zum großen Jahr der afrikanischen Befreiung. In den USA entstand etwa ab 1965 die noch widerspruchsvolle Bewegung Black Power, auf die die avantgardistische Black Panther Party verstärkt Einfluß nimmt. Begleitet wurde der proletarisch-schwarze Befreiungskampf von der Soul-Musik und den Soul-Tänzen. Diese Musik und diese Tänze aber wurden von der weißen Jugend der westlichen Welt sehr schnell übernommen. Auch die konservativen Tanzlehrer waren nicht mehr imstande, den Siegeszug dieser Tänze aufzuhalten.

Aber nicht nur die europäischen Gesellschaftstänze des zwanzigsten Jahrhunderts stammen aus afro-amerikanischen Wurzeln. Auch der Bühnentanz – Jazz Dance und Tap Dance (Step) – hat seinen Ursprung in der afro-amerikanischen Volks- und Tanzkultur. Noch immer wird zwar von weißen Autoren der USA behauptet, der Tap Dance stamme von der irischen Jig ab. In Wirklichkeit wurde dieser Tanzstil, wie noch genau gezeigt werden wird, in den USA von den aus dem afrikanischen Sudan stammenden Negersklaven geschaffen. Das Wort Jazz Dance tauchte zum erstenmal im Jahr 1917 auf, zwei Jahre nach der Bezeichnung Jazz Music. Der Jazz Dance hat, wie ebenfalls noch gezeigt werden wird, seine Wurzeln in den schwarzen Congo-Tänzen von New Orleans. Diese Tänze aber gehen ihrerseits wieder auf die afrikanische Tanzkultur der westlichen Bantu zurück.

Der schwarze Jazz Dance wurde bereits Ende der zwanziger Jahre von einigen weißen Bühnentänzern entdeckt und übernommen. Diese Euro-Amerikaner fügten seit etwa 1940 Elemente des klassischen Balletts und des Modern Dance (Martha Graham) hinzu. So entstand der Modern Jazz Dance als jeweils individuell-subjektive Synthese von afro-amerikanischem Jazz Dance, europäischem Ballett und euro-amerikanischem Modern Dance. Heute gilt der Jazz Dance, ob nun mehr afrikanisch oder mehr europäisch orientiert, neben dem klassischen Ballett als eigenständiger und gleichberechtigter Bühnentanzstil. Jazzmusik und Jazz Dance sind, das kann man ohne weiteres sagen, die schönsten und wichtigsten kulturellen Gaben, die Afrika und Afro-Amerika der heutigen Welt geschenkt haben.

TEIL 1 URSPRUNG IN AFRIKA

Erstes Kapitel

Der afrikanische Tanz vom 16. Jahrhundert bis zur Gegenwart

In diesem Buch werden die Gesetze und Techniken des afro-amerikanischen Jazz Dance vorgestellt und beschrieben. Diese Gesetze und Techniken stammen aus Afrika selbst. Es ist daher für den an die moralisch-ästhetischen Normen Europas gewöhnten Tänzer und Zuschauer zunächst schwer, die Technik und damit auch die spezielle Ästhetik der schwarzen Tänze zu erfassen. Noch immer hört man Urteile wie: »Jazz Dance ist ohne Schönheit, Anmut und Eleganz«, »Jazz Dance ist eckig und häßlich«, »... ich kann da keine Gesetzmäßigkeiten erkennen«. In Wirklichkeit besitzt der afrikanische Tanz – und damit auch der afro-amerikanische Jazz Dance – seine eigenen technischen Gesetze und ästhetischen Normen. Wenn jemand also Jazz Dance aktiv betreiben oder auch nur als Zuschauer genießen will, dann muß er bereit sein, umzulernen. Er muß aufhören, die schwarze Tanzkultur, die schwarzen Tanztechniken mit europäischen Augen zu sehen und nach europäischen Normen zu beurteilen.

Die eurozentrische Sicht der afrikanischen Tanzkultur gegenüber ist eine Folge des Kolonialismus. Jahrhundertelang wurde und wird teilweise noch heute behauptet, der afrikanische Tanz kenne keine Regeln, er sei wild und barbarisch, sexuell und obszön. Solche Meinungen konnten sich dadurch herausbilden, daß die europäischen Politiker und Geschäftsleute, Forscher und Missionare behaupteten, das alte Afrika habe bis zur Ankunft der Europäer noch in der Steinzeit gelebt, Afrikaner hätten niemals eine Kultur geschaffen.

»Die Schwarzen sind eben erst von den Bäumen des Urwalds heruntergestiegen, man muß sie also wie Tiere behandeln« – diese »Weisheit« verriet ein rhodesischer Farmer dem Autor noch im Jahre 1962. Ein südafrikanischer Politiker verkündete um die gleiche Zeit: »Wer behauptet, die Schwarzen seien menschliche Wesen wie wir, der ist entweder selbst ein Barbar oder gar ein Kommunist.« Für den afrikanischen Tanz hatte die kolonialistisch-eurozentrische Kultur-Ideologie verheerende Folgen. Zwar sahen und wußten die europäischen Forscher und Missionare, daß Tanz und Rhythmus im Mittelpunkt des afrikanischen Lebens standen, da aber alle Afrikaner für sie »Wilde« waren, sahen sie auch ihre Tänze als wild und primitiv, häßlich und überhaupt unmoralisch an. Alle diese Behauptungen sind falsch. Der afrikanische Tanz gehört zu den größten kulturellen Schöpfungen der Menschheit. Nur wenn wir den afrikanischen und afro-amerikanischen Tanz als Herzstück einer echten Kultur betrachten, sind wir auch imstande, den Jazz Dance als Stil und Kunst zu erleben.

Entstehung und Verbreitung der Vorurteile gegenüber dem afrikanischen Tanz können nur historisch erklärt werden. Wir müssen daher in diesem Kapitel in vergangene Jahrhunderte zurück. Als die ersten portugiesischen Seeleute, Abenteurer, Soldaten und Missionare Ende des 15. Jahrhunderts in die Königreiche Kongo und Angola kamen, waren sie erstaunt über die Kulturhöhe der dort wohnenden Völker. Was diesen Mohren fehlte, war offenbar nur noch der christliche Glaube. In dem Augenblick, als sich die schwarzen Könige und Adligen bekehrten, waren sie normale Vasallen des portugiesischen Herrschers. Ähnlich stand es auch am unteren Sambesi im ehemaligen Moçambique. Dort stießen die Portugiesen auf die hohe Kultur der Reiche von Monomotapa und Zimbabwe. Die afrikanische Musik und der afrikanische Tanz wurden zunächst völlig objektiv betrachtet. Andres Fernandes war der erste portugiesische Missionar beim Volk der Chopi (Moçambique). Er schrieb 1560 voller Bewunderung über die Tänze dieses Volkes: »Im Tanz stellen sie alle möglichen kriegerischen Aktionen dar: den Feind einschließen, selber eingeschlossen werden, offener Kampf Mann gegen Mann ... alles, was in einem Krieg passieren kann, wird im Tanz ausgedrückt. Für solche Tanzveranstaltungen benutzen sie eine ausgesprochene Festkleidung. Wenn der Tänzer dann, auf einem Fuß stehend, herumwirbelt – was die Chopi mit größter Eleganz tun –, dann fliegen die Schwänze in einem weiten Bogen durch die Luft. Und wenn dann gar ein Tänzer oder auch zwei aus der festen Reihe heraustreten, dann fliegen ihre Körper mit wunderbarer Leichtigkeit durch die Luft.« Die Chopi sind auch noch heute wegen ihrer Musik und ihrer Tanzkunst berühmt.

Doch schon um die Mitte des 16., vor allem aber im 17. Jahrhundert änderte sich das realistische Afrika-Bild. Man kann das an den Tanzbeschreibungen ablesen. Die jungen afrikanischen Christen zeigten sich zwar willig, aber sie fuhren fort, neben dem christlichen Gott auch noch weiter ihre heidnischen Götter anzubeten. Jetzt wurden die seither so wackeren Afrikaner zu »abscheulichen Wilden«, zu »Ungeheuern«, die es auszurotten oder zu versklaven galt. Es gibt keinen Zweifel darüber, daß damit die Zerstörung der altafrikanischen Kulturen begann. Seit dem 17. Jahrhundert wurden die Afrikaner als unverbesserliche Heiden regelrecht verteufelt. Noch zu Beginn des 16. Jahrhunderts hatten die Päpste die Sklaverei als unchristlich verdammt und die Sklavenhalter exkommuniziert. Jetzt aber hieß es: Wer einen Neger als Sklaven nach Amerika bringt, vollzieht eine gottesfürchtige Tat. Denn in Amerika konnte man die Sklaven widerstandslos durch die Taufe zu Christen machen. Besser ein christlicher Sklave als ein freier Heide!

In Afrika selbst wandten sich nun die Missionare mit aller Kraft gegen den schwarzen Tanz. Sie wußten und erfuhren, daß die ekstatische afrikanische Religion so lange fortbesteht, solange getanzt wird. Seit dem 17. Jahrhundert bekämpften die christlichen Missionare den afrikanischen Tanz als satanisch, als Ballett des Teufels. Ein klassischer Zeuge war der im Königreich Kongo wirkende Kapuzinerpater Cavazzi, dessen »Geschichte der Königreiche Kongo, Angola und Matamba« 1694 auch in deutscher Sprache erschien. Cavazzi schildert die Natur und die Menschen Afrikas. Vor allem aber gibt er eine Geschichte der christlichen Mission. Kein Zweifel, er hat die afrikanischen Kulte genau studiert, sein Werk ist eine hervorragende Quelle.

Der große Livingstone ist zwar nicht mehr so schroff wie Cavazzi, aber auch er verurteilt den afrikanischen Tanz als barbarisch, wenn er die noch heidnischen Barotse am Sambesi mit den zum Teil schon christlichen Betschuana vergleicht.

Die christlichen Missionare haben im 19. Jahrhundert zweifellos viel für die Menschen Afrikas getan. Aber sie haben auch eine große Zahl afrikanischer Volkstänze regelrecht ausgerottet. Unter dem Einfluß der Missionare begannen viele Afrikaner, sich ihrer angeblich so barbarischen Tänze zu schämen. Darüber schrieb Agrippa Njungu, ein Lehrer aus Sambia: »Der Sipelutanz ist zwar bei den Barotse noch immer sehr volkstümlich, aber er stirbt in dem Teile des Landes aus, wo der christliche Einfluß stark ist. Man versucht, seine Ausübung zu beschränken oder direkt zu verbieten. Die Begründung: Es sei moralisch nicht ratsam, unverheiratete junge Burschen und Mädchen ganze Nächte zusammen tanzen zu lassen, und das noch auf Plätzen außerhalb der Dörfer. Weiter wird vorgebracht, der Sipelu werde auch von schulpflichtigen Kindern mitgetanzt. Vor allem aber, und das sei die Hauptsache: der ganze Tanz, seine Schritte ebenso wie der Text der Lieder, peitsche die Sinne auf und sei daher unsittlich.« (»African Music«, 1960/61)

Nach dem zweiten Weltkrieg dringen afrikanische Trommeln in die christlichen Kirchen Afrikas ein. Choräle werden mit afrikanischen Melodien und Rhythmen gesungen, aber der afrikanische Tanz bleibt nach wie vor ausgeschlossen. Die Gegner des Tanzes in den Kirchen befürchten, daß damit die altafrikanischen ekstatischen Kulte wieder neu belebt werden. Daher, so der afrikanische Geistliche und Kirchenmusiker Cajetan Lunsonga, dürfen die Christen in Sambia im Gottesdienst nicht tanzen. Die Trommeln müssen so geschlagen werden, daß sie nicht mehr zum traditionellen ekstatischen Tanzen verführen. Auch noch im 19. Jahrhundert wurde die europäische Macht in Afrika teilweise christlich gerechtfertigt. Aber dieser Kolonialismus verstand sich, bestenfalls, im Sinne der Aufklärung, als Träger der Zivilisation, als Motor der moralischen Erziehung und des technisch-materiellen Fortschritts, er ließ gegenüber der afrikanischen Kultur und speziell der afrikanischen Tanzkultur zwei mögliche Haltungen zu. Entweder wurde der afrikanische Tanz verdammt oder aber im Sinne des aufklärerischen Evolutionismus als Voraussetzung und Vorstufe einer möglichen Zivilisierung betrachtet. Im ersten Fall galten afrikanischer Tanz und afrikanische Musik als unmenschlich. Den Vertretern des Evolutionismus aber ging es darum, gerade in Tanz und Musik schon erste Spuren von Form, Bildung und Harmonie zu entdecken.

Der deutsche Afrikaforscher Georg Schweinfurth war entsetzt über die afrikanischen Tanzorgien. Schweinfurths Ansichten bestimmten die europäischen Vorurteile gegenüber dem afrikanischen Tanz noch bis in die Gegenwart.

Auch die Tanzwissenschaft gelangte nicht über die eurozentrischen Vorurteile hinaus. Der berühmte Tanz- und Musikforscher Curt Sachs bezeichnete in seinem Buch »Eine Weltgeschichte des Tanzes« die afrikanischen Tänze als körperwidrige Zappel- und Krampftänze. Aber die These der Evolutionisten, wonach die afrikanische Barbarei bereits Spuren von Humanität und Harmonie besitze, fand schon früh ihre Anhänger. Hochinteressant ist in dieser Hinsicht ein Bericht des Sklavenhändlers de Grandepré über seine Reise an die Westküste Afrikas im Jahre 1786. Er schilderte die gleichen Tänze aus Kongo und Angola, die Cavazzi als Teufelswerk verdammt hatte. Der aufgeklärte Franzose aber sah die vernünftige Natur auch schon bei den »Wilden« Afrikas. Er stellte erstaunt und erfreut fest, daß die afrikanische Musik Harmonie und die afrikanischen Tänze Technik besitzen.

Etwa ab 1800, verstärkt ab 1890, entstand eine neue eurozentrische Betrachtungsweise der afrikanischen Kultur und des afrikanischen Tanzes: die romantisch-exotische Afrika-Ideologie. Afrika wurde von den Vertretern dieser Schule als Kontinent menschlicher Reinheit und Ursprünglichkeit gefeiert. Allerdings wurden die Afrikaner noch nicht zu jenen edlen Wilden und Naturkindern gerechnet, von denen Rousseau träumte und die Bougainville auf Tahiti gefunden zu haben glaubte. Aber seit 1800 findet man in französischen Berichten über Afrika romantisierende Schilderungen. Afrika wurde zum erstenmal als Kontinent der Trommeln und des Tanzes entdeckt. Der Franzose Mollien bereiste 1818 das Innere von Senegal und Guinea. Er war von den Griots, den Helden- und Minnesängern der westsudanischen Länder, ebenso begeistert wie von den sudanischen Tänzen. Richard Lander, der Erforscher des Nigerflusses, äußerte sich 1832 ähnlich: »Ein Afrikaner könnte nicht eine Woche lang leben ohne Tanz.« Männer wie Mollien und Lander haben das romantische Afrika mit seinen exotischen Tänzen und Rhythmen entdeckt.

Die ab 1890 einsetzende antitechnische und antizivilisatorische europäische Kulturkritik mußte zwangsläufig auf das alte, von der europäischen Zivilisation noch nicht berührte Afrika stoßen. Vor allem der deutsche Völkerkundler Leo Frobenius, noch heute in Afrika mit Recht hoch verehrt, wurde zum Entdecker der altafrikanischen Kulturen. In seinem berühmtesten Buch »Kulturgeschichte Afrikas« verkündete er: »Weiter im Süden, im Königreiche Kongo, eine Überfülle von Menschen, die mit Seide und Samt bekleidet waren, eine bis ins kleinste durchgeführte Ordnung großer, wohlgegliederter Staaten, machtvolle Herrscher, üppige Industrien – Kultur bis in die Knochen! Aus den Berichten der Seefahrer vom 15. bis zum 17. Jahrhundert geht hervor, daß Negerafrika damals noch in der vollen Schönheit harmonisch wohlgebildeter Kulturen blühte ... Noch 1906 kam ich im Kasai-Sankuru-Gebiet in Dörfer, deren Hauptstraßen auf Meilenentfernung beiderseitig mit vielfachen Reihen von Palmenalleen eingefaßt waren, deren Hütten eine wie die andere Kunstwerke entzückendster Flechterei und Schnitzerei waren ... Gebiete des Friedens, der Freude am Schmückenden und Schönen! Länder alter Kulturen des Stils der Ausgeglichenheit! Ach! Auch diese letzten Inseln der Seligen wurden mittlerweile von den Sturzwellen europäischer Zivilisation überflutet. Und die friedliche Schönheit wurde fortgespült.«

Gleichzeitig wurde ab 1897, dem Jahr der Zerstörung der heiligen Stadt Benin in Nigeria, die afrikanische Plastik von den europäischen Kunsthistorikern, Sammlern und Kunsthändlern entdeckt. Maler wie Matisse und Picasso ließen sich von afrikanischen Kunstwerken beeinflussen. Zum erstenmal ging nun eine direkte afrikanische Wirkung auf die europäische Kunst aus. In den zwanziger Jahren waren die französischen Surrealisten (Breton, Tzara) und die von ihnen beeinflußten Ethnologen (Leiris, Griaule, Balandier) glühende Verehrer der afrikanischen Kultur und Kunst.

Die exotisch-romantische Betrachtungsweise des afrikanischen und afroamerikanischen Tanzes beeinflußte seit den zwanziger Jahren teilweise auch die Tanzkritik und die Reklame in den westeuropäischen Ländern. Heinz Pollack etwa, der 1922 mit seinem Buch »Die Revolution des Gesellschaftstanzes« die erste Verteidigungsschrift des modernen Gesellschaftstanzes herausbrachte, wetterte gegen die deutschen Reaktionäre: »Es mag schmerzlich sein, daß es fremden Völkern vorbehalten blieb, umwälzende Rhythmen der Welt zu bringen, und besonders schmerzlich, daß manche dieser Rhythmen nicht einmal Eigentum sogenannter Kulturvölker sind, sondern in den Gebärden primitivster Stämme geboren sind. Was hilft's? Ist diese Tatsache doch nur belastend für uns, für die europäische Kultur, die in Raffiniertheit und Technik gefesselt, nichts Natürliches mehr fertig bringt, die alle Quellen unbewußter Kraft mit Tünche verstopft hat. Wie sehr gerade unsere Kulturmenschen durch jahrhundertlange falsche Körpererziehung verbildet wurden, zeigt die heutige Zeit, in der jedermann tanzt, aber nur ein verschwindender Bruchteil tanzen kann. Ganz elementar brach vor wenigen Jahren der Urrhythmus des Körpers wieder zur Oberfläche durch und trotzte und trotzt der unsäglichen Verbildung jedes rhythmischen Gefühls.« Kein Zweifel, Pollack schrieb nicht nur im Stil, sondern auch im Geist von Frobenius. In kommerzialisierter Form erscheint die Sprache von Frobenius auch noch in der modernen Reklame. Eine bundesdeutsche Tanzagentur kündete 1960 die Ballets Africains aus Guinea mit folgenden Worten an: »Fünfundvierzig schwarze Schönheiten, meist nur mit einem Bastschurz bekleidet! Anmut und natürliche Würde in ihren Kriegstänzen, Liebesspielen, Fruchtbarkeitsriten,

Hochzeits- und Erntefesten. Afrika, noch ganz Natur, wie es singt, spielt und tanzt.«

Aber auch die romantisch-exotische Afrika-Sehnsucht war und ist noch eurozentrisch. Es ging den deutschen Afrika-Romantikern und den französischen Surrealisten nicht so sehr um Afrika selbst als vielmehr um Europa. Diese Haltung bestimmt auch heute noch die Einstellung vieler westeuropäischer Intellektueller dem afrikanischen Tanz gegenüber.

Léopold Sédar Senghor aus Senegal, Aimé Césaire aus Martinique und Léon Damas aus Guayana, die Dichter der Négritude (seit 1934), waren die ersten, die erkannten und verkündeten, der Tanz sei Grund und Herz der afrikanischen Kultur. Die Kritiker der Négritude haben nicht unrecht mit dem Vorwurf, diese Bewegung sei noch europäisch-romantisch. Die Négritude zielte jedoch auf eine Erneuerung und Erhöhung des afrikanischen Lebens selbst, und zwar durch Tanz, Rhythmus, Musik *und* Poesie. Das aber war rein afrikanisch. Rhythmus und Tanz sind ihre eigentlichen Entdeckungen, ja Wiederentdeckungen. Der zentrale Satz der Négritude – er stammt von Senghor – lautet: »Ich bestehe darauf, daß das Gedicht nur vollendet ist, wenn es Gesang wird, Wort und Musik zugleich. Es ist Zeit, den Verfall der modernen Welt aufzuhalten. Die Dichtung muß wieder zu ihren Ursprüngen zurückfinden, zu den Zeiten, in denen sie gesungen und getanzt wurde, wie noch heute im schwarzen Afrika.«

Léopold Sédar Senghor und Keita Fodeba gründeten in Senegal und Guinea die ersten jener heute weltberühmten afrikanischen Tanzkompanien.

Diese Tanzkompanien haben die seit etwa 1960 in Europa einsetzende Begeisterung für den Jazz Dance mit entfacht. Der Jazz Dance ist ein Teil der von der Négritude mitgeschaffenen afrikanischen Renaissance. Aber es geht nun darum, gegenüber dem veralteten Evolutionismus *und* dem romantischen Exotismus ein realistisches Bild vom afrikanischen und afro-amerikanischen Tanz zu gewinnen. Die erste Voraussetzung dafür ist die Erkenntnis, daß die afrikanische Kultur zwar eine Kultur völlig eigener Art, aber doch auch eine Kultur unter anderen Kulturen ist. Die zweite Voraussetzung: Die traditionelle afrikanische und afro-amerikanische Kultur ist primär eine Rhythmus-, Musik- und Tanzkultur. Das wird von allen Kennern Afrikas bestätigt. Hugh Tracey, führender Experte für afrikanische Musik und afrikanischen Tanz, schrieb in seinem Buch »African Dances of the Witwatersrand Gold Mines« die zutreffenden Sätze: »Afrikas Herz schlägt im Tanz. Die Tänzer, die in den Minen arbeiten, sind Angehörige vieler afrikanischer Völker. Sie tanzen am Sonntag in den Arenen von Johannesburg. Ihre Tänze bezeugen die Begabung der Afrikaner nicht nur für rhythmisches Empfinden, sondern auch für Ordnung, Symmetrie und Choreographie. Ohne ihre Tänze würden diese Männer – es sind an die hunderttausend jeden Sonntag – ihr Leben nicht für lebenswert halten. Musik und Tanz begleiten sie ihr ganzes Leben lang.«

Warum tanzen alle Afrikaner so leidenschaftlich gern? Der Sinn des afrikanischen Tanzes ist die durch Ekstase bewirkte leib-seelische Erhöhung des einzelnen, also das alle Menschen einer Gesellschaft umfassende Fest. Daher ist die Tanzekstase in Afrika immer ein gesellschaftliches, gesellschaftlich notwendiges Phänomen. Die afrikanische Tanztechnik, die im nächsten Kapitel genauer behandelt werden wird, hat als Ziel das in der Ekstase erlebte Heraustreten des Menschen aus seinem begrenzten körperlich-seelischen Ich. Mit exotischer Wildheit hat die afrikanische Tanzekstase aber nichts zu tun, sie hat vielmehr einen realistischen Sinn: die Stärkung des einzelnen und damit der ganzen Gemeinschaft.

Auch der afro-amerikanische Jazz Dance benutzt afrikanische Techniken und hat zum Ziel die Ekstase. Für den weißen Vertreter des Jazz Dance aber wird es wohl nur in seltenen Fällen zu ekstatischen Erregungen kommen. Eine realistische Betrachtung wird davon ausgehen, daß der Jazz Dance für den weißen Tänzer zuerst eine Erweiterung der Bewegungsmöglichkeiten mit sich bringt. Denn der Jazz Dance aktiviert Körperteile, die in den weißen Tanzstilen überhaupt nicht »vorkommen«: Kopf, Schulterblätter, Brustkorb, vor allem aber das Becken (Pelvis). Diese Erweiterung des Bewegungsvokabulars ist ein wichtiges und richtiges Motiv, Jazz Dance zu betreiben. Darüber hinaus aber erlebt der Jazztänzer körperlich den Pluralismus der Bewegungskulturen unserer Erde, die Tatsache also, daß alle großen Kulturen der Welt jeweils verschiedene Bewegungs- und Tanzstile geschaffen haben. Der pädagogisch-humanistische Sinn des Jazz Dance besteht darin, die Schüler erkennen und erleben zu lassen, daß der Jahrhunderte hindurch verachtete schwarze Tanz Afrikas größten Beitrag zur modernen Weltkultur darstellt.

Zweites Kapitel

Die Grundgesetze und Grundtechniken des afrikanischen und afro-amerikanischen Tanzes

Polyzentrik, Isolation, Relaxation

In allen Lehrbüchern, auf allen Kursen wird der Student des Jazz Dance aufgefordert, die einzelnen Teile seines Körpers isoliert zu bewegen. Er soll lernen, diese Teile unabhängig voneinander in tänzerische Aktion zu versetzen. Die gerade auch für den Jazz Dance notwendige und typische Isolationstechnik kommt nur in Afrika und Afro-Amerika vor, nirgendwo sonst auf der Welt. Der weiße Jazztänzer muß daher diese Technik erlernen. Das fällt, wie jeder Tanzpädagoge erfahren hat, dem Anfänger zunächst schwer. Denn alle europäischen Tanzstile kennen im Tanz nur den sich als Einheit und Ganzheit bewegenden Körper. In der Praxis bedeutet das: Der europäische Tänzer streckt seinen Körper, er steht aufrecht, er verwandelt seinen Leib in eine Linie. So wird der Körper zur zentralgelenkten, sich als Einheit bewegenden Gestalt. Der Sinn dieser Haltung, dieser ganzkörperlichen Technik ist klar. Der Körper soll als Masse verschwinden, er soll ganz leicht werden. Das Ziel des klassischen Balletts ist die absolute Schwerelosigkeit des Körpers, die Fähigkeit, sich mühelos in die Luft zu erheben und dort möglichst lange zu verweilen. Von dem großen russischen Tänzer Nishinski wurde mit Recht gesagt, er habe die Fähigkeit, wie ein Vogel zu fliegen.

Ganz anders der afrikanische Tanz. Es gibt hier keine ganzkörperliche Spannung, keine zentralgelenkte Körperkontrolle, keine gestreckte, aufrechte Haltung. Vielmehr wird im afrikanischen und afro-amerikanischen Tanz (Jazz Dance) der Körper regelrecht zerrissen und aufgespalten in seine Körperteile. Diese, nicht der Körper als Ganzes, sind es, die sich räumlich und rhythmisch unabhängig voneinander bewegen. Während im europäischen Tanz der Körper von einem einzigen Zentrum aus gelenkt und in Spannung versetzt wird, bildet im afrikanischen Tanz jedes Körperglied sein eigenes isoliertes Spannungsfeld und Bewegungszentrum. Daher bezeichnen wir das der Isolationstechnik zugrunde liegende afrikanische Körpererlebnis und Bewegungsgesetz als Polyzentrik. Das bedeutet, daß der afrikanische Tänzer seinen Körper und damit sich selbst nicht als Einheit erlebt, sondern daß er diesen seinen Körper sprengt und zerreißt. Das Ergebnis ist die als religiös erfahrene Ekstase, die aber – das sei hier noch einmal betont – in Afrika nicht ein individuelles Fluchterlebnis darstellt, sondern ein gesellschaftliches Phänomen ist. Polyzentrik ist jenes Prinzip, das der afrikanischen Ekstasetechnik zugrunde liegt. Polyzentrik ist das fundamentale Gesetz des gesamten afrikanischen und afro-amerikanischen Bewegungsverhaltens. Isolation ist eine technische Methode, mit deren Hilfe das Prinzip Polyzentrik in sichtbare tänzerische Wirklichkeit übersetzt wird.

Isolierte Motionen aber können nur dann gut und richtig ausgeführt werden, wenn an die Stelle der zentralen und ganzkörperlichen Spannung die richtige Spannung in den *einzelnen* Körperzentren tritt. Wenn nämlich der ganze Körper unter totaler Spannung gehalten wird, sind logischerweise isolierte Motionen, wie auch die Praxis beweist, kaum möglich. Im Jazz Dance wird nun das für Isolation notwendige, nur erlebbare Verhältnis von Spannung und Lockerung in den einzelnen Zentren als *Relaxation* bezeichnet. Relaxation bedeutet hier nicht, wie manchmal irrtümlich behauptet wird, Erschlaffung des Körpers, sondern eher das Gegenteil: das richtige Maß der gerade noch notwendigen Spannung in den isolierten Zentren. Man kann es auch umgekehrt sagen: Ich bin relaxed, wenn ich imstande bin, meine Körperzentren mühelos isoliert zu bewegen.

Die isolierbaren und isolierten Zentren sind im afrikanischen und afro-amerikanischen Tanz folgende Körperteile: Kopf mit Hals, Schultergürtel, Brustkorb und weibliche Brust, Bauch, Becken (Pelvis), Arme und Beine. Wir werden alle möglichen und im Jazz Dance benutzten isolierten Bewegungen im ersten Kapitel des dritten Teils, in dem Kapitel über die speziellen Techniken des Jazz Dance behandeln. Hier zunächst nur ein ganz einfaches Beispiel für isolierte Bewegungen. Die rechte Hüfte wird nach vorn rechts geführt, gleichzeitig bewegt sich die linke Schulter nach vorn, während der Kopf nach oben / hinten geführt wird. Bei dieser polyzentrischen Motion bewegen sich die drei Zentren – Kopf, Schultergürtel und Becken – in drei verschiedenen Richtungen.

Der afrikanische und afro-amerikanische Tanz aber isoliert nicht nur die Hauptzentren, er geht weiter. Er isoliert innerhalb der Hauptzentren wieder einzelne Teile, die im Jazz Dance als Areas (Areale) bezeichnet werden. Solche Areas sind im Jazz Dance

innerhalb des Schultergürtels: Schulterblätter und Schulter,
innerhalb des Beckens: die einzelnen Hüften, die Hinterbacken,
innerhalb der Beine: Oberschenkel, Knie, Unterschenkel, Fuß, Zehen,
innerhalb der Arme: Oberarm, Unterarm, Hand und Finger.

Die durch Isolation erzeugten polyzentrischen Motionen sind es natürlich auch heute noch, die dem an die ästhetischen Normen Europas gewohnten Betrachter als häßliche, groteske Verrenkungen erscheinen. Aber es muß klar gesagt werden, daß es ohne Isolation keinen Jazz Dance geben kann, und es sind genau diese »Verrenkungen«, die heute für die Jugend die Faszination des Jazz Dance ausmachen.

Tänzerische Polymetrik

Die Technik der Isolation hat eine weitere Konsequenz. In dem erwähnten Beispiel bewegen sich die isolierten Zentren in verschiedenen räumlichen Richtungen. Aber im afrikanischen Tanz können verschiedene Zentren sich auch rhythmisch-metrisch verschieden voneinander bewegen – gemäß der afrikanischen, immer entweder polyrhythmischen oder polymetrischen Musik. Im folgenden soll nur von Polymetrik die Rede sein. Das Phänomen der Polyrhythmik werden wir im ersten Kapitel des dritten Teils behandeln. Alfons M. Dauer, Professor der Afro-Amerikanistik in Graz, schrieb über Polymetrik:

»Mehrere verschiedenartige Metren laufen gleichzeitig miteinander ab. In einfacher Form entsteht durch gemeinsames Ablaufen eines geraden und eines ungeraden Metrums eine Bimetrie. In der Mehrzahl aller afrikanischen Musikstücke laufen weit mehr als zwei Grundmetren simultan miteinander ab. Und in diesen Fällen sprechen wir von einer Polymetrik. Der gleichzeitige Ablauf unterschiedlicher – oft komplementärer, oft widersprechender – Bewegungserlebnisse ist die wichtigste Voraussetzung für das Zustandekommen des afrikanischen Musikgefühls. Hierzu sind zwei technische Bedingungen erforderlich:

1. Die benutzten Bewegungseinheiten (Metren) müssen eine gleiche Ablaufdauer haben, das heißt, alle Metren brauchen gleich lange, um ihre Grundeinheit einmal zu durchlaufen.
2. Das Erlebbarwerden der unterschiedlichen Akzentwerte ... verlangt eine Aufspaltung des Bewußtseins in unterschiedliche Aktionsebenen. Jedes einzelne Metrum wird in einer solchen Aktionsebene des Bewußtseins erfaßt.« (»Afrika Heute«, 1969)

Die verschiedenen Metren werden darüber hinaus auch von den verschiedenen Körperzentren jeweils verschieden in Bewegung umgesetzt. Jedes Körperglied gehorcht dabei seinem besonderen Metrum. A. Njungu schrieb über diese Körper- und Tanzpolymetrik: »Im Distrikt von Kalabo [Sambia] heißt der Haupttanz Kayowe.

Dazu werden drei Trommeln mit verschiedenen Tönen von drei Trommlern geschlagen. Die Tänzer richten ihre Schritte nach der mittleren Trommel, während ihre Schultern von der großen Baßtrommel geführt werden.« (»African Music«, 1960/61)

Diese Tanzpolymetrik kann in ganz Schwarz-Afrika beobachtet werden.

Collapse

Collapse im Jazz Dance hat nichts zu tun mit Kollaps im medizinischen Sinn, sondern es handelt sich um eine für diesen Tanzstil notwendige, mit der Isolationstechnik verbundene Körperhaltung. Diese Collapse-Haltung bedeutet, daß der Oberkörper mit dem Kopf mehr oder weniger nach vorn gebeugt wird, auch die Knie werden gebeugt, das Hinterteil darf ruhig nach hinten herausragen. Der Grund für diese Haltung ist einfach. Ohne sie ist keine richtige Isolation möglich, wie jedermann leicht in der Praxis ausprobieren kann. Umgekehrt ist aufrechte Haltung hinderlich für isolierte Motionen.

Die Collapse-Haltung macht deutlich, daß der afrikanische Tanz nicht wie der europäische in die Höhe, sondern eher zur Erde strebt. Auch die afrikanischen Sprünge legen den Akzent nicht auf die Aufwärts-, sondern auf die stampfende Abwärtsbewegung, auf die hörbare Rückkehr zum Boden. Insgesamt zielt der afrikanische Tanz mit Isolation und Collapse nicht auf Leichtigkeit und Aufhebung des Körpers als Masse, sondern auf die Vermehrung, auf die Vervielfachung des Körpererlebnisses selbst. Die Collapse-Haltung widerspricht wiederum der europäischen Tanzästhetik. Es muß daher wiederholt werden: Wer Jazz Dance wirklich erlernen und erleben will, muß bereit sein umzulernen. Natürlich wird man vom europäischen Anfänger nur leichten Collapse verlangen, nicht aber schon jenen in Afrika häufig benutzten totalen Collapse, der im Jazz Dance als table top (Tischfläche) bezeichnet wird. Hierbei befindet sich der Oberkörper parallel zum Boden. Gerade dieser totale Collapse aber dient der Isolation von Pelvis, Schultern und Kopf.

Binnenkörperlichkeit

Der Student des Jazz Dance stellt schon bald fest, daß dieser Tanzstil Bewegungen bevorzugt, die am Platz, ja sogar auf dem Boden selbst ausgeführt werden. Natürlich kennen auch die afrikanischen Tänzer, hauptsächlich im Sudan und in Südafrika, weite und hohe Sprünge. Aber bei den zentralafrikanisch-congolesischen Bantuvölkern, den »Vätern« des Jazz Dance, wird weitgehend am Platz, rein binnenkörperlich getanzt. Das aber heißt: Alle tänzerischen Bewegungen finden nur innerhalb des Körpers selbst statt, jede Raumbewegung entfällt. Auch das widerspricht der europäischen Tanzästhetik. Tanz ist für uns Europäer rhythmische Bewegung im

Raum. Im afrikanischen Tanz aber und im Jazz Dance sind die binnenkörperlichen Motionen schon deshalb wichtig und notwendig, weil isolierte Bewegungen am besten am Platz und nicht in der Raumbewegung ausgeführt werden können. Die Congo-Angola-Völker tanzen total polyzentrisch und daher auch weitgehend binnenkörperlich. Um räumliche von binnenkörperlichen Bewegungen trennen zu können, benutzen wir im Englischen das Wort Movement für Bewegungen im Raum, Motion für Bewegungen, die nur innerhalb des Körpers stattfinden.

Koordination

Im afrikanischen Tanz und im Jazz Dance bewegen sich in der Regel zwei bis drei Zentren isoliert voneinander. In diesen Fällen sprechen wir von Bizentrik und Trizentrik. Im Congo-Angola-Tanzstil aber werden sämtliche Zentren gleichzeitig mit fast gleicher Energie aktiviert. Das ist totale Polyzentrik. Allerdings wird hier das Becken (Pelvis) vor allen anderen Zentren bevorzugt. Es waren die Schüttelbewegungen des Beckens, die den Pater Cavazzi moralisch empörten. Der Pelvis war für ihn und andere Beobachter immer mit Sexualität verbunden und daher unmoralisch. Diese Pelvis-Motionen sind es auch, die noch den modernen Jazz Dance in den Augen mancher Europäer anstößig machen. Natürlich widersprechen auch diese Motionen wieder einmal der europäischen Tanzästhetik, aber wiederum gilt: Die isolierten Pelvis-Motionen sind nicht Ausdruck sexueller Verderbnis, sondern die radikale Konsequenz des Prinzips Polyzentrik – was natürlich die erotische Bedeutung dieser Bewegungen nicht ausschließt.

Der afrikanische Tanz besitzt nun seine eigene Ästhetik. Werden nämlich mehrere Zentren gleichzeitig isoliert und aktiviert, sprechen wir von Koordination dieser Zentren. Koordination ist der Gipfel der afrikanischen Tanzästhetik, denn dadurch entsteht aus den einzelnen isolierten Motionen eine neue Bewegungsgestalt. Europäer allerdings müssen es zuerst lernen, diese Gestalt zu sehen. Koordination ist auf alle Fälle eines der wichtigsten Phänomene des Jazz Dance.

Das Gegenteil von Polyzentrik ist – scheinbar – die Monozentrik. Dabei wird nur *ein* Zentrum isoliert in Bewegung versetzt, beispielsweise Kopf oder Fuß. Aber Monozentrik bedeutet nicht, daß alle anderen Zentren dabei völlig stillgelegt werden. Auch wenn nur ein einziges Zentrum aktiviert wird, bleibt die »relaxate« Spannung in den anderen Zentren erhalten. Der Tänzer muß auch bei Monozentrik spüren und erleben, daß die anderen Zentren sofort wieder isoliert eingesetzt werden können, wenn es notwendig ist. Frank Wagner, führender amerikanischer Experte, sagte einmal: »Man hat das Prinzip der Isolation häufig mißverstanden. Man sagt, der Rest des Körpers stirbt dabei ab. Das Gegenteil ist richtig. Der Körper gewinnt als Ganzes an Bewußtheit und Spannung.«

Kombination

Der afrikanische Tanz und der Jazz Dance kennen nicht nur die gleichzeitig erfolgende Koordination mehrerer Zentren, sondern auch die zeitlich nacheinander folgende Verbindung von Motionen eines einzelnen Zentrums. Verschiedene mögliche Motionen des Kopfes oder des Pelvis können nacheinander so ausgeführt werden, daß sie eine geometrische Figur ergeben: Kreuz, Kreis, Quadrat, Acht. Eine solche, durch mehrere Motionen innerhalb eines einzigen Zentrums erzeugte Figur nennen wir eine Kombination. Solche Kombinationen sind möglich bei Hals und Kopf, Schultergürtel, Brustkorb und Becken, Hand und Fuß.

Parallelismus und Opposition

Die verschiedenen Zentren können sich in der gleichen Richtung bewegen. Dann sprechen wir von Parallelismus. Verschiedene Zentren oder auch Areas eines Zentrums können sich aber auch in verschiedenen Richtungen bewegen. Dieses Phänomen wird Opposition genannt. Das Gesetz von Parallelismus und Opposition gilt auch, wenn mehrere isolierte Zentren gleichzeitig eingesetzt werden.

Wir geben einige Beispiele. Parallelismus innerhalb eines einzigen Zentrums: beide Schultern gleichzeitig hoch. Parallelismus mehrerer Zentren: Pelvis nach vorn, beide Schultern nach vorn. Opposition innerhalb eines einzigen Zentrums: rechte Schulter hoch, linke Schulter tief. Opposition verschiedener Zentren: Pelvis zurück, beide Schultern nach vorn. Weitere Beispiele findet der Leser im ersten Kapitel des dritten Teils.

Impuls und Führung

Es gibt im Jazz Dance eine Technik, die scheinbar dem Prinzip der Isolation widerspricht, die Technik von Impuls und Führung. Dabei führt ein isoliertes Zentrum ein anderes Zentrum in eine Bewegung hinein. Ist das dann noch Isolation? Es gibt natürlich auch im Jazz Dance gemeinsame und ganzheitliche Bewegungen zweier Zentren. Wenn ich die Schultern hebe, müssen die Arme aus anatomischen Gründen automatisch mit nach oben. Bei Impuls und Führung aber ist deutlich eine zeitliche Reihenfolge zu erkennen. Zuerst bewegt sich das eine Zentrum, dann erst wird das zweite Zentrum in eine zweite Bewegung hineingeführt. Es handelt sich also um eine Variante von Koordination. Die isolierten Zentren bleiben aber *grundsätzlich* isoliert.

Die Shakes

Das berühmteste afrikanische Beispiel für Impuls und Führung bieten die von den Schulterblättern ausgehenden Shakes (Schüttelbewegungen der Schultern und des Rückens). Viele afrikanische Tänze gipfeln in diesem Shake, denn Shake ist das sichtbare Zeichen dafür, daß der Tänzer den Zustand der Ekstase erreicht hat. Ausgelöst wird der Shake durch Rotationen der einzelnen Schulterblätter. Diese Rotationen lösen dann weiter im Brustkorb und im Rücken die Shake-Bewegungen aus. Die rasend aufeinanderfolgenden Impulse der Schulterblätter versetzen den ganzen Oberkörper und sogar noch den Pelvis in den Zustand des Schüttelns. Regelrechte Wellen durchrasen den ganzen Torso.

Diese Schulter-Shakes dürfen nicht verwechselt werden mit jenen vom Becken aus nach oben verlaufenden Shakes, die in Afro-Amerika als Shimmy bezeichnet werden. Diese Pelvis-Shakes, genauer Buttocks-Shakes (weil von den isolierten Hinterbacken ausgehend) sind typisch für den zentralafrikanisch-congolesischen Tanzstil.

Der afrikanische Tanz-Signalismus

Die aktiven isolierten Zentren werden im afrikanischen Tanz dadurch für jedermann erkennbar gemacht, daß sie in der Fest- und Tanzbekleidung mit äußeren Zeichen, also regelrechten Signalen besetzt werden. Auf diese Weise werden die Zentren sichtbar und meist auch hörbar gemacht. Verwendet werden für die Signale tierische, pflanzliche und mineralische Stoffe. Signale aus tierischen Materialien sind etwa Angora-Ziegen-Gamaschen für Beine und Arme; Kaurimuscheln für Kopf, Hals und Brustkorb; Wedel aus Tierhaar für die Hände; Zebramähnen für die Schultern. Als pflanzliche Stoffe dienen Raphiapalmen, Schilfstengel, Blumen und Pflanzenbüschel, Tuch- und Turbanenden, Rasseln aus Samen, Nüssen und Kürbissen. Aus Metallen bestehen Eisenringe, Nadeln, Spangen und Glöckchen.

Wir werden bei der Behandlung der drei afrikanischen Tanzprovinzen auf den Tanz-Signalismus zurückkommen.

Levels

Mit dem kaum übersetzbaren englischen Wort Level kommen wir zu einem weiteren wichtigen Begriff des afrikanischen Tanzes und des Jazz Dance. Level bedeutet im Jazz Dance das Verhältnis, in dem sich der Körper zum Boden befindet. Die bekanntesten Levels sind: Stehen, Hocken, Knien, Sitzen, Kriechen, Liegen. Knien, Sitzen, Kriechen und Liegen sind die sogenannten Boden-Levels (Floor Levels), sie sind für den Jazz Dance von größter Wichtigkeit. Denn hier wird häufig auf dem Boden getanzt (Floor Dance).

Das klassische Ballett und der europäische Gesellschaftstanz ignorieren die tiefen Boden-Levels. Erst Martha Graham, die Mutter des amerikanischen Modern Dance, hat alle möglichen Levels für den Tanz wiederentdeckt. Auch der Jazz Dance hat einige Level-Bewegungen und Level-Bezeichnungen vom Modern Dance übernommen. Aber die spezifischen Level-Bewegungen des Jazz Dance stammen aus Afrika selbst, vor allem aus dem Congo-Angola-Gebiet.

Was nun ist der praktische Zweck der afrikanischen Levels? Diese sind technisch nichts anderes als eine Konsequenz der Isolationstechnik. Isolierte Motionen können im Hocken, Sitzen und Liegen leichter und besser ausgeführt werden als im aufrechten Stehen. Daher tanzen die Vertreter des zentralafrikanisch-congolesischen Tanzstils nicht nur am Platz, sondern sie benutzen auch die tiefen Boden-Levels. Im Sitzen und Liegen werden Rückgrat, Becken und Beine freier und beweglicher, weil sie ja nicht mehr den Körper tragen und stützen müssen. Die ganzkörperliche Spannung fällt damit automatisch weg. Liegen ist nichts anderes als totaler Collapse, totale Binnenkörperlichkeit. Raumbewegung ist im Liegen kaum noch möglich, alles vollzieht sich am Platz. Erst in den tiefen Levels erfüllt sich so das afrikanische Prinzip der Polyzentrik / Isolation.

Auch der leib-seelische Sinn der tiefen Levels ist klar. Wenn alle afrikanischen Tanztechniken auf die Ekstase zielen, dann dienen die tiefen Levels ganz besonders diesem Zweck. Vor allem die total binnenkörperlichen Motionen im Liegen sind Ausdruck der ekstatischen Ergriffenheit. Aber nicht nur für die Europäer, auch für die sudanischen Afrikaner ist der ekstatische Bodentanz eine Beleidigung des guten Geschmacks. Im Congo-Angola-Gebiet aber findet der Tanz häufig seinen »Höhepunkt« erst im Liegen. A. M. Dauer berichtete anläßlich des ersten Weltfestivals in Dakar (1966) über eine Tanzgruppe aus Gabun, die dort auftrat. Die Tänzer dieses Landes vertreten in großartiger Weise den zentralafrikanischen Bantu-Stil. Dauer bemerkte dazu: »Die ekstatische Faszination der Trommeln wuchs während verschiedener Stücke so stark, daß mehrere Tänzer sich zu Boden warfen und im Liegen weitertanzten. Da aber die eigentliche Motivation dafür dem Publikum nicht sichtbar wurde, gelang es den Tänzern nicht, dieses von ihrer totalen Ergriffenheit zu überzeugen, und es wurden Mißbilligungen laut.« (»Afrika Heute«, 1967)

Multiplikation

Die bis jetzt behandelten Techniken sind entweder Voraussetzungen oder Konsequenzen der Isolationstechnik. Auch das Phänomen der Multiplikation setzt zwar diese Technik voraus, muß aber doch als eigenständiges Bewegungsprinzip angesehen werden. Isolation und Multiplikation, beide zusammen, sind typisch und notwendig auch für den Jazz Dance, sie sind die Kennzeichen dieses Tanzstils.

Multiplikation nun bedeutet, daß eine im europäischen Tanz einheitliche oder als Einheit erlebte Bewegung in mehrere Bewegungen aufgeteilt, also vervielfacht wird.

Die Technik der Multiplikation wird am häufigsten angewandt beim Step, dem Schritt des Beins. Aber Step bedeutet in Tap und Jazz Dance nicht nur die progressive Fortbewegung, sondern jede Gewichtsverlagerung von einem auf den anderen Fuß, auch wenn diese Verlagerung am Platz erfolgt. Der Schreitvorgang wird von europäischen Tänzern als einheitliche Bewegung ausgeführt und auch so erlebt. In allen afrikanischen und afro-amerikanischen Tanzstilen aber wird der für uns einheitliche Schreitprozeß multipliziert. Innerhalb des Zeitraums zwischen Step und Step – es handelt sich für den Tänzer eher um ein Raum- als um ein Zeiterlebnis – werden bewußt und akzentuiert mehrere Motionen, mindestens aber eine Motion, *vor* der Gewichtsübernahme eingefügt. Musikalisch gesprochen bedeutet dies: Der Raum zwischen zwei normalen Beats eines Vierertakts wird mit mehreren Offbeats ausgefüllt, zum mindesten aber mit *einem* Offbeat.

Wird nur eine Fußmotion zusätzlich eingefügt, nennen wir diesen multiplizierten Step einen Double. Also: eine Motion vor der Gewichtsübernahme, Gewicht erst mit zweiter Motion. Werden zwei Motionen eingefügt, sprechen wir im Jazz Dance und Tap Dance von einem Triple: Gewicht erst mit der dritten Motion. So kann der Tänzer weiter multiplizieren mit Quadruples usw. Im Jazz Dance werden die Doubles in der Gruppe der Jazz Walks zusammengefaßt. Die Heimat der meisten afro-amerikanischen Doubles und Triples ist der Sudan. Aber auch der westafrikanische und zentralafrikanische Stil kennen solche Doubles und Triples. Für den Jazz Dance sind flache, das heißt in der Nähe des Bodens ausgeführte Jazz Walks notwendig und typisch. Wir geben hier zwei einfache Beispiele: Strut und Camel Walk (weitere im ersten Kapitel des dritten Teils). Der Strut beginnt mit flachem kick oder brush in die Luft, dann wird der Fuß auf Ballen ohne Gewicht aufgesetzt, mit der zweiten Motion wird das Gewicht übernommen. Der Camel Walk ist ganz flach, er verläßt den Boden überhaupt nicht. Mit der ersten Motion wird die ganze Sohle ohne Gewicht aufgesetzt, dann wird mit starker, wippender Kniebeuge (bounce) das Gewicht übernommen. Das wichtigste aber bei allen multiplizierten Steps ist die Tatsache, daß diese zusammen nicht mehr »Zeit verbrauchen« dürfen als der normale Step benötigt. Auch wenn in einem Takt mit vier Beats, also mit vier normalen Steps, zwölf oder sechzehn Offbeats ausgeführt werden, darf der Zeitraum des betreffenden Taktes auf keinen Fall überschritten werden. Allerdings können multiplizierte Offbeat-Motionen an jeder Stelle innerhalb des Taktes angebracht werden. Multiplizierte Beinmotionen sind niemals alle gleich lang, sondern unregelmäßig. Das erst ergibt dann den für Jazz Dance und Tap Dance notwendigen Swing.

Hier noch ein Beispiel für Hüft-Multiplikationen. Innerhalb einer bestimmten Zeit soll die rechte Hüfte nach diagonal / vorn / rechts gebracht werden. Dieses Ziel aber wird nicht direkt erreicht, sondern durch einen multiplizierten Prozeß. Der Ausgangspunkt: Das linke Bein befindet sich belastet vor dem rechten unbelasteten Bein, die linke Hüfte ist nach links verschoben. Das Ziel ist nun: Tap (unbelasteter Schritt) mit rechtem Bein diagonal / rechts / vor und rechte Hüfte diagonal / rechts / vor. Die Beinbewegung ist einfach: Das Gewicht bleibt auf dem linken Bein, das rechte Bein wird ohne Gewicht nach diagonal / rechts / vorwärts geführt. Die Hüftbewegungen aber werden mit einem Triple multipliziert. Während der Bewegung des rechten Beins wird die rechte Hüfte nach rechts, dann die linke Hüfte nach links geführt. Dann erst bewegt sich die rechte Hüfte nach rechts / diagonal / vorwärts.

Wir fassen zusammen. Multiplikation ist ein Parallel-Phänomen der Isolationstechnik. Beide Techniken gehen logisch aus dem Grundprinzip des afrikanischen Tanzes hervor, der Polyzentrik. Wie durch Isolation der Körper in seine Zentren und Areas aufgelöst wird, so wird durch Multiplikation eine »einfache und ganzheitliche« Bewegung in mehrere Motionen aufgelöst. Umgekehrt kann man auch sagen: Durch Isolation wird der Körper vervielfacht, multipliziert. Insgesamt ist Multiplikation ein typisches Phänomen der schwarz-afrikanischen Kultur. Der gebildete schwarze Sprecher vermeidet jede Geradlinigkeit, jede Direktheit. Der afrikanische Dichter drückt einen Sachverhalt, etwa die Rühmung eines Helden, mit einer Reihung der verschiedensten Bilder aus. Aber auch schon in der Umgangssprache wird eine Behauptung umspielt, verziert, vervielfacht.

Drittes Kapitel
Raumformen und Stilprovinzen des afrikanischen Tanzes

Raumformen

Die von der Überlegenheit der europäischen Kultur überzeugten Beobachter konnten und wollten im afrikanischen Tanz keine Techniken und Gesetze erkennen. Sie leugneten weiter jede Ordnung. Diese »afrikanischen Barbaren« hüpften einfach »wild« und »willkürlich« durcheinander. In Wirklichkeit besitzen alle afrikanischen Tänze äußerst genaue Raumordnungen für Einzel-, Paar- und Gruppentänze. Wir kennen in einigen Fällen sogar die Namen für solche Ordnungen. Hugh Tracey hat in seinem Buch »Chopi Musicians« Bezeichnungen für bestimmte Aufstellungen notiert. Die Reihe (Tänzer hintereinander, englisch: file) wird von den Chopi als masuni bezeichnet. Die Linie (Tänzer nebeneinander, englisch: line) heißt rirendu. Es gibt weiter Namen für Doppellinie und Doppelreihe.

In ganz Afrika verbreitet sind die sogenannten Fronttänze. Dabei tanzt eine Burschenlinie gegen eine Mädchenlinie an. Wenn die Burschen auf die Mädchen stoßen, kommt es zu einer kurzen Körperberührung der jeweiligen Partner. Auch Mädchen können sich auf die Männer zu bewegen. Außer Reihe, Linie und Fronttanz sind in ganz Afrika Kreisformen verbreitet: einfache ganze Kreise, Doppelkreise, Halbkreise, Spiralen. Auch ganze Kreise können von zwei Halbkreisen gebildet werden, die je aus einer Burschengruppe und einer Mädchengruppe bestehen. Weiter können Fronttänze auch Kreisformen benutzen. Dabei tanzt dann die Männerlinie in einen Frauenhalbkreis hinein. Es gibt in Afrika Hunderte von Gruppierungen und Raumformen. Die Kunst der häufig professionellen afrikanischen Choreographen besteht darin, daß diese die vorhandenen Grundformen immer wieder aufs neue kombinieren und variieren. Sie spielen mit Linien, Reihen, Kreisen, Halbkreisen, losen Gruppen und verbinden die verschiedensten Formen. Ein hübsches Beispiel für die auch von Tracey gerühmte Begabung der Afrikaner für Choreographie bietet der von A. M. Jones geschilderte Icila-Dance aus Sambia. Ein ganzer Kreis wird dabei aus je einem Halbkreis der Frauen und der Männer gebildet. Zuerst tanzen einzelne Männer Kreise und Kurven innerhalb ihres Halbkreises. Dann tanzt ein Mann in den Halbkreis der Frauen hinüber und fordert sein Mädchen zum Tanz auf. Dieses aber tanzt nicht allein, sie wird begleitet von ihren Freundinnen. Diese Mädchenschar tanzt dann in Kreisform um den Mann herum, innerhalb des Frauenhalbkreises.

Es gibt in Afrika, allen gegenteiligen europäischen Behauptungen zum Trotz, Einzeltänze und Paartänze. In der Regel allerdings – doch keineswegs immer – bewegt sich der Solist oder das Paar innerhalb einer Gruppenformation. Es gibt in Afrika das männliche Solo innerhalb eines weiblichen Kreises. Es gibt weiter das Männersolo vor einer Männerlinie oder innerhalb eines Männerkreises. Die Chopi nennen das Männersolo vor der Linie kugavula, der Solo-Shake wird von ihnen als makara bezeichnet. Die Fronttänze sind nichts anderes als Paartänze innerhalb zweier Linienformationen. Jeder Jüngling hat sein Mädchen auf der anderen Seite. Solche Paar-Fronttänze sind vor allem bei den nilotischen Völkern und im Wadai (Republik Tschad) beliebt. In dem Augenblick, in dem die zugehörigen Partner innerhalb ihrer Linie aufeinandertreffen, kommt es zu einer Berührung der Partner mit Bauch, Pelvis, Knie oder auch nur mit Schultern oder Händen. Die Partner können zwar für einige Zeit miteinander tanzen, aber es kommt dabei nie zu einer Ganzkörper-Berührung. Paartänze innerhalb eines Mädchenhalbkreises können im Wadai beobachtet werden. Beim Volk der Haddad berühren sich dabei die Partner jeweils nur mit einer Hand, einem Oberarm und einer Schulter. Interessant sind hinsichtlich der Raumformen und Gruppierungen die Trauertänze der Kenga und Djonkor im Wadai. Hier tanzt zunächst eine lose Menge einzelner Männer und Frauen. Aber immer wieder entstehen spontan Paare oder Fronttänze mit Paaren. Das dauert nur kurze Zeit, dann wird die Formation wieder aufgelöst, jeder tanzt wieder für sich allein.

Zu den Solotänzen und den Paartänzen innerhalb einer Formation treten aber nun auch absolute Einzeltänze und reine Paartänze. Der Solist und das Paar tanzen hier völlig für sich allein. Priester, Zauberer, Beschneidungsmeister, Häuptlinge und Könige können solche Solotänze ausführen, aber auch professionelle Tanzkünstler, Akrobaten und Gaukler. Berühmt sind die Solotänzer der westafrikanischen Völker. Diese Solisten werden häufig von einem Double, das heißt einem 12- bis 14jährigen

Knaben, begleitet. Dieser Junge führt als Lehrling genau dieselben Bewegungen aus wie der Meister. Wir haben hier ein klassisches Beispiel afrikanischer Tanzpädagogik. Einen Solotanz vor einem weiblichen Publikum tanzte der von Schweinfurth vorgestellte Mangbetu-König Munsa. Auch bei anderen Völkern tanzten und tanzen Könige vor ihrem Volk, so noch heute bei den Babungo im Kameruner Grasland. Umgekehrt erfreut die Lieblingsfrau eines Herrschers ihren Gatten mit einem Tanz. Ein Bräutigam konnte seiner Geliebten im Solotanz seine Kraft zeigen, um anschließend mit ihr einen Paartanz auszuführen. Der Afrikaforscher Cameron hat eine solche Folge von Einzeltanz und Paartanz um 1870 bei dem Volk der Urua am oberen Congo beobachtet. Derselbe Forscher sah auch bei den benachbarten Manyema einen reinen Paartanz: »Wenn ein Häuptling Lust zum Tanzen verspürt, wählt er sich aus der Menge eine gutaussehende junge Dame aus, um mit ihr zu tanzen. Die beiden Partner stehen einander gegenüber, sie zeigen alle möglichen Körperverrenkungen und Gesten. Die Trommeln werden kräftig geschlagen, der Trommler ruft und singt dabei. Ist die Frau noch unverheiratet, ist dieser Paartanz ein offizielles Heiratsangebot.«

Reine Einzelpaartänze können bei den nilotischen Dinka, bei den ugandischen Atscholi und auch in Zentralafrika beobachtet werden. Paartänze mit regelrechtem Partnerwechsel sah H. Bernatzik bei den Dinka: »Die Leute tanzen paarweise. Dieser Tanz hatte aber nicht die Bedeutung, die paarweise Tänze sonst hier haben. Jede Festlichkeit schließt nämlich mit einem solchen ab, wobei aber jeder Krieger nur seine eigene Frau umschlungen hält. Hier nun tanzten ganz alte Männer mit jungen Mädchen, und die Tänzer wechselten ihre Schöne beständig. Es war reizend zu beobachten, wie behutsam die wild aussehenden Krieger die Mädchen umfaßten.«

Der Paartanz ist also auch in Afrika wohlbekannt. Die noch immer von einigen Tanzhistorikern vertretene Meinung, nur die weiße Kultur habe den Pas de deux geschaffen, ist wiederum ein Zeugnis eurozentrischen Hochmuts. Allerdings gab es im alten Afrika niemals und nirgends den Paartanz mit *dauernder* geschlossener Haltung. Dieses dauernde Umschlingen der Partner während eines Tanzes ist in der Tat eine europäische Erfindung, ist die Schöpfung der süddeutschen und alpenländischen Bauern. Auch heute noch gilt in Afrika die dauernde geschlossene Paartanzhaltung als unafrikanisch oder gar unmoralisch. Auch die modernen neoafrikanischen ballroom dances wie Highlife, Patha Patha oder Blues Congolaise kennen die totale Körperberührung so wenig wie die aus afro-amerikanischen Wurzeln stammenden lateinamerikanischen Tänze oder die modernen Beat- und Soultänze. Es ist ein Vorurteil zu meinen, zum Paartanz gehöre die geschlossene Haltung. Man kann auch ohne jede Körperberührung mit einer Partnerin tanzen. Das gilt natürlich auch und vor allem für den Jazz Dance.

Stilprovinzen

Einteilung

Wir unterscheiden heute sechs große afrikanische Tanzstile und Tanzprovinzen. Wir kennen den saharischen, den sudanischen, den westafrikanischen, den zentralafrikanisch-congolesischen, den südafrikanischen und den ostafrikanischen Tanzstil. Die Einteilung geschieht nach der jeweils verschiedenen Aktivierung der einzelnen Zentren. Wir geben zunächst eine kurze Übersicht. Der saharische Tanzstil wird charakterisiert durch hohe Sprünge mit beiden Beinen. Dieser Stil ist zum Teil noch von den weißen Berbern Nordafrikas beeinflußt. Die Hauptzentren des sudanischen Stils sind die isolierten Beine und Arme. Dazu kommen noch Motionen des Kopfs und der weiblichen Brüste. Typische Kennzeichen dieses Stils sind die durch die Füße erzeugten harten Klänge. Auch der westafrikanische Tanzstil bevorzugt Bewegungen der Beine (Multiplikation!) und Arme. Dazu aber treten nun schon starke isolierte Motionen des Schultergürtels, des Rückens und vor allem des Beckens. Der zentralafrikanisch-congolesische Tanzstil ist total polyzentrisch und daher weitgehend binnenkörperlich. Das wichtigste Zentrum ist der Pelvis. Die südafrikanischen Bantu sind großartige Sprung- und Stampftänzer. Aber die Beine werden in diesem Stil völlig anders eingesetzt als im sudanischen oder westafrikanischen Tanzstil. Außerdem sind die Südbantu Meister der Level-Bewegungen, der Level-Wechsel und der Fallbewegungen. Umgekehrt sind wieder die ostafrikanischen Bantu in Moçambique, Tansania, Kenya und Uganda in erster Linie Pelvis-Schüttler.

Drei von diesen sechs afrikanischen Tanzstilen können in Nordamerika nachgewiesen werden: der sudanische, der westafrikanische und der zentralafrikanisch-congolesische Tanzstil. Aus dem Sudan, den westafrikanischen Küstenländern und dem Congo-Angola-Gebiet kamen fast alle seit 1619 in die heutigen USA verschleppten schwarzen Sklaven. Da der moderne afro-amerikanische Tanz aus den genannten drei Stilen hervorging, müssen wir diese Stile genauer betrachten.

Der sudanische Tanzstil

Allgemeine Charakteristik

Der sudanische Tanzstil, dem europäischen Publikum schon relativ früh durch die Kompanien aus Senegal und Guinea bekannt geworden, kommt der europäischen Tanzästhetik am ehesten entgegen. Er kennt Sprünge und progressive Raumbewegungen, er wird überwiegend im Stehen – allerdings mit oft starkem Collapse – getanzt. Da weiterhin fast alle Bein- und Fußmotionen harte, hörbare Schläge (Taps, Sounds) erzeugen, glaubten die irischen, englischen und schottischen Siedler von Maryland und Virginia, diese afro-amerikanischen Klopftänze seien verwandt mit oder sogar abgeleitet von ihren eigenen Klopftänzen – den irischen Jigs, den englischen Hornpipes und Clog Dances. In Wirklichkeit stammen die afro-amerikanischen Klopftänze (Tap Dance) aus dem afrikanischen Sudan. Verbreitet ist der sudanische Stil in: Tschad, Mali, Obervolta, Niger, Senegal, Guinea und teilweise noch Liberia.

Auch die sehr harmonische Musik der Sudanvölker kommt dem europäischen Wohlklang-Ideal entgegen. Neben Trommeln werden vor allem Xylophone (Balafone) und Koras (lautenartige Instrumente) benutzt. Doch ist die sudanische Musik, dem polyzentrischen Tanz entsprechend, stets bimetrisch oder trimetrisch. Die sudanische Plastik ist in Europa schon seit etwa 1900 bekannt. Sie betont genau die gleichen Körperzentren, die der sudanische Tänzer besonders aktiviert: Beine und Arme vor allem, weiter Kopf und Brüste. Tanz und Plastik entsprechen dem Körperbau der sudanischen Neger. Diese sind in der Regel groß und schlank, sie besitzen häufig extrem lange Beine und Arme, ihr Gang ist daher locker, ja schlaksig. Die europäischen Kunsthistoriker bezeichnen den ausgesprochen in die Höhe strebenden sudanischen Plastik-Stil als naturwidrigen Pfahlstil. In Wirklichkeit ist dieser Stil nicht phantastisch, sondern durchaus realistisch. Er demonstriert ganz einfach das Körper- und Tanzerlebnis der sudanischen Völker. Das wird ganz deutlich durch den sudanischen Tanz-Signalismus. Unterschenkel und Fußknöchel werden mit Raphiagamaschen, raschelnden Pflanzenbüscheln, Samenkapseln oder auch mit Metallringen besetzt. Um die Arme winden sich ebenfalls metallene Ringe, an denen lange, durch die Luft zischende Tuchbahnen befestigt sind. Auch Kopf, Hals und Brüste werden durch die verschiedensten Signale akzentuiert. Der Kopf wird noch zusätzlich betont, wenn Masken getragen werden. Berühmt sind die Antilopenmasken der Bambara und die Masken der Dogon (Mali). Diese Völker sind aber nicht nur hervorragende Masken- und Plastik-Völker, sie sind auch klassische Vertreter des sudanischen Tanzstils.

Technik

Das Hauptzentrum des sudanischen Tanzstils ist das Bein beziehungsweise der Fuß. Der Grund für diese Bevorzugung ist klar. Charakteristisch für den gesamten sudanischen Tanz sind die hämmernden und trommelnden Bewegungen dieses Zentrums. Deshalb konnte auch Senghor den Sudanstil mit seinen schon zitierten Versen charakterisieren: Wir sind die Menschen des Tanzes, deren Füße Kraft gewinnen, wenn sie den harten Boden klopfen. In der Tat, im sudanischen Tanzstil schlagen die Füße den Boden, sie klopfen, sie stampfen, sie hämmern. Die Füße werden zu Trommeln. Genau das ähnelt der irischen Jig. Aber der sudanische Tanzstil ist mehr als nur Hämmern und Klopfen. Er erzeugt echte afrikanische, also polymetrische und polyrhythmische Musik. Das aber heißt: Die Klänge der sudanischen Klopftänze sind nicht gleichmäßig lang, der sudanische Tänzer schafft vielmehr durch Multiplikation ein musikalisch-rhythmisches Kunstwerk. Daher werden in manchen sudanischen

Tänzen die begleitenden Musikinstrumente weggelassen. Bein und isolierter Fuß allein erzeugen Musik. Diese Musik wird noch verstärkt durch die an den Beinen befestigten Tanzsignale. Weiter sind hörbar die Arm-Signale, durch welche die fliegenden, schwingenden und ausladenden Bewegungen dieses Zentrums weit in den Raum hinaus verlängert werden. Ihre zischenden Klänge verstärken die durch die Füße erzeugte Musik.

Das Bein wird nun im Sudanstil auf verschiedene Weise isoliert eingesetzt. Das Knie wird bis in Brusthöhe hochgerissen, um dann ruckartig mit einer harten und hörbaren Stampfbewegung zum Boden geschleudert zu werden. Es gibt weiter bei vielen Sudanvölkern hohe und weite Sprünge aller Art: Hochsprünge auf der Stelle mit beiden Beinen (jump), Hüpfer (hop) auf einem Bein, Sprünge von zwei Beinen auf ein Bein (sissonne), Weitsprünge von einem auf das andere Bein (Laufsprung, leap). Wichtig aber ist, daß in den sudanischen Sprüngen leichte Collapse-Haltung und die Isolation der Bein-Areas (Knie leicht gebeugt) beibehalten werden. Diese afrikanische Sprungtechnik gilt auch für den ursprünglichen afro-amerikanischen Jazz Dance. Ganz im Gegensatz zu den hohen und weiten Sprüngen werden im Sudanstil aber auch ganz kleinräumige, multiplizierte, akustisch hörbar gemachte Bewegungen getanzt, die nur mit isoliertem Unterschenkel und Fuß ausgeführt werden und daher nur wenig vom Boden wegführen. Das sind die für den sudanischen Klopfstil typischen Doubles und Triples. Dieser Stil ist ausgesprochen reich an diesen kleinen und feinen Fußmotionen. Die multiplizierten Jazz Walks des afro-amerikanischen Tanzes stammen weitgehend aus dem sudanischen Tanzstil. Sie kommen in der irischen Jig überhaupt nicht vor.

Die Tanzhaltung der sudanischen Tänzer reicht von leichtem Collapse bis table top (Oberkörper parallel zum Boden). Die Arme werden bei den sudanischen Völkern im Tanz mit fliegenden und kreisenden Bewegungen weit durch die Luft geführt. Der Kopf benutzt Drehungen, Hebungen und Senkungen. Der Pelvis wird noch kaum als eigenes Zentrum aktiviert. An Levels kommen vor allem vor Stehen und Hocken, nur gelegentlich auch Knien und Sitzen.

Zwei Beispiele: Tschad und Dogon

Am Beispiel zweier Sudanvölker sollen nun Formen und Techniken des sudanischen Tanzstils genauer gezeigt werden. Wir beginnen mit dem Nationalensemble der Republik Tschad, das A. M. Dauer 1966 in Dakar beobachten konnte. Er schrieb: »Dessen Programm bestand aus zwei Auftritten, eine Burschengruppe dreiviertel Stunde lang, Pause, eine Mädchengruppe dreiviertel Stunde lang. Beide Male das gleiche Tanzverhalten, verschieden lediglich in der Ausstaffierung. Die Burschen hintereinander im Fellrock, Oberkörper dick eingeölt und rot bemalt, Beinrasseln, dazu lange Stampfstöcke und Blashörner. Formation zuerst in Kreisbewegung, dann Einschwenken in Linie. Absolviert wurden zahlreiche Beintänze, exakt gestampft vornehmlich in Bimetern, mit sehr schönem gemeinsamem Schlußeffekt ... Nach der

Pause zogen die Mädchen, in Reihe hintereinander, mit einem gemischten Orchester aus Xylophonen und Trommeln auf. Nach dem Einschwenken zur Linie erfolgten Stehtänze mit Beinen und Oberkörper. Häufig diente ein Bein als Standbein, während das andere, mit einer Rassel versehen, den Boden schlug. Die Oberkörper-Bewegungen kamen aus dem Becken und setzten sich über Brüste und Schultern bis zum Kopf fort. Die Arme werden gleichmäßig so gedreht, daß die Ringe mit langen Fransen zu großen Rädern auffliegen, der typische Fall der Überbetonung durch Signale.« (»Afrika Heute«, 1967)

Klassische Vertreter des Sudanstils sind die durch ihre Masken berühmten Dogon im heutigen Mali. Die Beine sind auch hier vorrangig, es folgen die Arme und der Kopf. So heißt es auch in einem heute noch vorgetragenen Mythos: Alle Menschen haben zuerst mit den Beinen getanzt, alle Menschen haben dann mit den Armen getanzt. Genau so tanzen die Dogon auch noch heute. Der französische Ethnologe M. Griaule konnte ihre Feste und Tänze noch in den dreißiger Jahren in voller Ursprünglichkeit beobachten und in seinem Buch »Masques Dogons« beschreiben. Heute sind leider die einst hochsakralen Maskentänze der Dogon zu Touristenattraktionen geworden.

Zu jedem Dogon-Tanz gehört nicht nur eine bestimmte Maske, sondern auch ein bestimmter Trommel-Rhythmus, eine Trommel-Formel. Gewöhnlich tanzen Maskengruppen jeweils die gleichen Tanzfiguren. Der Tanz Kili Kili mit Rhythmus Kili Boy kann von allen Masken außer den sogenannten Stockwerkmasken ausgeführt werden. Er beginnt mit einem Sprung auf beiden Beinen senkrecht hoch. Die Arme befinden sich dabei dicht am Oberkörper, Oberarm nach hinten / diagonal, linker Arm waagerecht nach vorn. Auf dem höchsten Punkt der Erhebung reißt der Tänzer das linke Knie hoch, bis es den nach vorn gebeugten Brustkorb berührt; die Arme werden dabei fast gestreckt nach vorn gerichtet, nur ein kleiner Knick im Ellbogen bleibt bestehen. Die Landung nach dem Sprung erfolgt mit hartem Klang (Tap) auf dem rechten Fuß. Wiederholung, aber nun mit einer Vierteldrehung nach rechts. Die Erhebung des Knies in der Luft kann erweitert werden, indem vor der Landung auf rechtem Fuß das linke Bein in der Luft zur Seite gestreckt wird. Diese Figur wurde und wird in den USA als Wing (Flügel) bezeichnet. Die berühmtesten Masken der Dogon sind die bis zu fünf Meter hohen Stockwerkmasken Kanaga und Sirige. Es handelt sich um sogenannte Lothringerkreuze, also um Kreuze mit zwei Querbalken. Im Tanz Gona der Kanaga-Maske werden zusätzlich zu Beinen und Armen noch Oberkörper und Kopf eingesetzt. In der Regel wird dieser schwierige Tanz nur von einem Solisten ausgeführt. Hier die Beschreibung: Hohes Erheben des linken Knies; Sprung vom rechten Fuß auf linken Fuß; Stampfschritt mit rechtem Fuß vorwärts, linkes Bein dabei nach hinten in die Luft gestreckt; Hüpfer auf rechtem Bein und Landen auf rechtem Bein. Das ergibt insgesamt drei Klänge (Sounds oder Taps). Nun aber bleiben die Füße ruhig am Boden, nur Oberkörper und Kopf bewegen die Maske. Der Kopf wird zuerst nach hinten / hoch, dann nach links / tief geführt. Oberkörper *und* Kopf bewegen sich dann mit tiefem Collapse nach links / tief. Die Spitze der Maske berührt nun den Boden. Anschließend führen Maske, Kopf und Oberkörper einen Halbkreis von links nach rechts aus. Schließlich werden Oberkörper und Kopf wieder erhoben, die Maske befindet sich wieder hoch in der Luft.

Choreographie

Grundsätzlich werden alle sudanischen Tänze von geschlossenen Gruppen ausgeführt. Solisten gibt es fast nur bei den schwierigen sakralen Maskentänzen. Als Gruppenformen werden, wie die Tschad-Tänze zeigen, Reihen, Linien und Kreisformen benutzt. Häufig betreten die Tänzer den Tanzplatz hintereinander in Reihe, um sich dann im Kreis aufzustellen oder durch eine Wendung zur Linie einzuschwenken. Fronttänze kommen vor allem im Wadai-Gebiet und bei den Sara (südwestlich des Tschadsees) vor. Die Fronttänze der Sara-Mädchen und Sara-Jünglinge sind berühmt geworden.

Der westafrikanische Tanzstil

Allgemeine Charakteristik

Der westafrikanische Tanzstil erstreckt sich von Südliberia über die Elfenbeinküste, über Ghana, Togo, Dahomey bis Nigeria. Bedeutende Vertreter dieses Stils sind die Kru (Liberia), die Gere, Guro und Baule (Elfenbeinküste), die Fon und Ewe (Dahomey), die Fanti und Ashanti (Ghana), die Yoruba (Nigeria). Die Tanzkunst dieser Völker hat den afro-amerikanischen Tanz der USA aufs stärkste beeinflußt. Die Völker der westafrikanischen Küste sind im Gegensatz zu den Sudanesen von stämmiger, gedrungener, untersetzter Gestalt und leben als Waldlandbauern.

Der westafrikanische Stil aktiviert neben Beinen und Armen auch schon den Pelvis. Weiter werden die Schulterblätter und der Kopf stärker eingesetzt als im sudanischen Stil. In der Plastik werden entsprechend (sehr klar bei den Baule) Pelvis und Schultergürtel deutlich vom übrigen Torso abgesetzt und getrennt. Der Oberkörper ist in der westafrikanischen Plastik daher nicht mehr ein Pfahl, er bekommt Kurven und Rundungen, er wird füllig und plastisch. Die Kunsthistoriker sprechen nicht zu Unrecht von Rundstil. Ganz deutlich werden in dieser Plastik auch die Areas der Beine und Arme herausgestellt.

Der Polyzentrik von Tanz und Plastik entspricht natürlich auch der westafrikanische Tanz-Signalismus. Sogar die Haare werden hier durch Signale akzentuiert. In Dahomey etwa werden in stunden-, ja tagelanger Arbeit die Haare der Mädchen zu isolierten Büscheln, Reihen und Zöpfchen zusammengefaßt. Aus diesen Haar-Figuren ragen in der Tanzkleidung Nadeln oder Pflanzenstengel mit wippenden Köpfen am Ende weit in den Luftraum hinein. Hier also wird schon das Haar als isolierte Tanz-Area benutzt. Weiter tragen die Mädchen bei den Tanzfesten bunte

Stirnbänder, an denen nach oben strebende Federn befestigt sind. Wunderschön ist der Kopfschmuck der Bondiali-Mädchen (Elfenbeinküste). Hunderte von leuchtend-weißen Kaurimuscheln bilden auf dem Kopf einen regelrechten Hut. Daran aber sind breite Muschelbänder befestigt, die auf Stirn, Rücken und Brüste herunterfallen. Hinten am Pelvis tragen die gleichen Mädchen riesige, sich in alle Richtungen ausbreitende goldgelbe Pflanzenbüschel. Die Brüste werden durch Tuchbahnen und Perlenschnüre betont. Oberarme und Unterarme werden jeweils durch Ringe signalisiert. Die Pelvis-Motionen werden durch weite, aus Pflanzenmaterial hergestellte Röcke verstärkt. Die Hüften werden häufig noch zusätzlich akzentuiert durch Tücher, die an einem Gürtel befestigt sind und im Tanz weit in den Raum hinausfliegen. Waden und Fußknöchel, Hauptzentren des westafrikanischen Tanzstils, werden mit Gamaschen, Ringen, Muscheln und Samenkapseln besetzt. Alle diese Signale sind nicht nur für die Augen bestimmt, sie erzeugen auch jeweils ihre eigenen rasselnden, raschelnden und ratternden Klänge.

Technik

Der westafrikanische Tanzstil setzt wie der sudanische in erster Linie die Beine ein. Aber die westafrikanischen Beinbewegungen, vor allem die Motionen der isolierten Füße allein, haben in beiden Stilen verschiedene Aufgaben. Die Sudan-Völker erzeugen mit ihren Füßen hartklingende Trommelmusik. Im westafrikanischen Tanzstil aber kommt es nur noch auf raffinierte, multiplizierte Fußbewegungen an, die Klangerzeugung ist eher Nebensache. Daher ist die westafrikanische Fußtechnik flacher und bodennäher als die der sudanischen Völker. Vor allem aber bewegen sich die Füße leichter, anmutiger, graziöser als im harten und derben Sudanstil. Die Füße klopfen nicht mehr, sie scheinen eher zu sprechen und regelrechte dramatische Spiele aufzuführen. Ein weiterer wichtiger Unterschied besteht darin, daß im westafrikanischen Tanz der Solist oder mehrere Solisten aus der Gruppenformation heraustreten. Diese Solisten sind zumeist professionelle Tänzer, denn der westafrikanische Tanzstil ist in seiner Vollendung ein individueller Artistenstil. Der klassische westafrikanische Tanz treibt einen wahrhaften Kult mit den Fuß-Spielen, die zwischen Step und Step ausgeführt werden. Die multiplizierten Bewegungen aber zwischen den Steps erfolgen so schnell, daß der ungeübte Zuschauer oft nicht mehr sieht, auf welchem Fuß der Tänzer im Moment gerade steht. So gleicht der westafrikanische Tanz einer Hexerei mit den Füßen. Nun ist zwar das ganze Bein bei diesen Spielen beteiligt, aber das wirklich aktive Zentrum ist der isolierte Fuß plus Unterschenkel. Dementsprechend ist der westafrikanische Stil relativ flach, er bleibt nahe dem Boden. Daher muß der westafrikanische Tänzer auf weite Sprünge verzichten, sein Tanz ist kleinräumig und wird häufig schon nur am Platz ausgeführt. Nur professionelle oder halbprofessionelle Tänzer beherrschen diesen virtuosen Stil wirklich. Das ist der Grund für die Herausstellung des Solisten im westafrikanischen Tanz.

Die Arme werden in Westafrika nur selten weit und hoch bewegt, sie bleiben vielmehr am Körper. Die einzelnen Arm-Areas werden isoliert. Der Arm als Ganzes wird nicht von den Schulterblättern aus in Bewegung versetzt, sondern nur vom Schultergelenk aus. Berühmt ist die Arm-Technik der Königsfrauen von Abomey, der alten Hauptstadt des Königreichs Dahomey. Die Oberarme werden am Körper nach hinten / unten geführt, die Unterarme hingegen werden nach vorn / unten in Richtung Hüfte gehalten. Im Ellbogen entsteht so ein Winkel von etwa 90 Grad. Auf diese Weise werden die beiden Arm-Areas deutlich isoliert. Aber auch Hand und Finger werden vom Unterarm abgesetzt. Die Hände werden wieder nach hinten / rückwärts gehalten, sie befinden sich also parallel zum Oberarm. Doch können die Hände auch nach oben / vorn geführt werden. Die einzelnen Finger werden weiter von der Handfläche isoliert, indem sie einen rechten Winkel dazu bilden. Beispiel: Handfläche nach oben, Finger nach vorn. Weiter werden die Finger voneinander und vom Daumen isoliert. Da bei den Königsfrauen auch die Haare aktiv mittanzen, kann man sagen: In diesem Stil wird Isolation von den Haarspitzen bis zu den Finger- und Zehenspitzen gezeigt.

Sehr wichtig für den westafrikanischen Tanzstil sind die von den Schultern isolierten Schulterblätter. Diese werden nach hinten zusammengepreßt und wieder nach vorn geöffnet. Die in der Haltung von table top ausgeführten, von den Schulterblättern ausgehenden Shakes (Wellenbewegungen des Oberkörpers) haben in Dahomey einen eigenen Namen: Yanvalou. Dieser Yanvalou hat sich bis heute im Vaudou-Kult von Haiti erhalten. Beim Yanvalou wird weiter der Kopf so stark isoliert, daß er jede Verbindung mit dem Oberkörper zu verlieren scheint. Der Tänzer versucht regelrecht, seinen Kopf in die Luft hinauszuwerfen.

Voraussetzung der westafrikanischen Isolationstechnik ist stets jener tiefe Collapse, der im Jazz Dance als table top bezeichnet wird. Das bedeutet wörtlich übersetzt: Tischfläche. Der Oberkörper wird wie ein Tisch waagerecht, parallel zum Boden gehalten.

Formationen und Choreographie

Im westafrikanischen Tanzstil tritt, wie schon erwähnt, der Solist aus der Gruppe heraus. Auch der Musik gegenüber demonstriert der Tänzer-Solist seine Selbständigkeit. Charakteristisch für den westafrikanischen Tanz ist nun die Tatsache, daß der Tänzer-Solist zwar seinerseits vom Cheftrommler (Master Drummer) geleitet wird, aber umgekehrt kann der Tänzer auch den Trommler anführen. Er wirft diesem neue rhythmisch-tänzerische Muster ganz wörtlich vor die Füße. Dieser muß dann – etwa bei den Ashanti in Ghana – auf seiner Fontomfrom oder Atumpang den betreffenden Rhythmus spielen. Man darf nicht vergessen, daß Westafrika das klassische Gebiet der Sprechtrommeln ist. Der Cheftrommler gibt dem Tänzer sprechend seine Anweisungen, aber dieser spricht auch umgekehrt mit seinen Füßen auf den Trommler ein. Daher gilt ganz wörtlich: Im westafrikanischen Tanz trommeln die Füße nicht nur, sie sprechen regelrechte Spieltexte. Auf diese Weise kommt es zu erregenden Duellen und Duetten zwischen dem Trommler-Solisten und dem Tänzer-Solisten. Jeder Künstler will dabei den anderen fertigmachen, zur Niederlage zwingen.

Wir können hier nur hinweisen auf die berühmten Tanzdramen und Maskentänze der westafrikanischen Völker. Diese von professionellen Tänzern ausgeführten Tänze gehören zu den großartigsten Leistungen der traditionellen afrikanischen Kultur. Alle diese Stücke besitzen raffinierte Techniken und exakte Raumchoreographien. Daß aber auch die Gruppenformationen nicht zu kurz kommen, soll nun an den Tänzen des Yoruba-Volkes in Nigeria gezeigt werden.

Die Tänze der Yoruba

Die Yoruba sind nicht nur wegen ihrer Plastik, sondern auch wegen ihrer Tänze und Tanzdramen berühmt. Charakteristisch sind für den yorubischen Tanz die raffinierten Fußspiele des westafrikanischen Stils. Diese Technik wird im Kult der Egungun-Gesellschaft der Stadt Owo als Kongwe bezeichnet. Zum Bein als Hauptzentrum tritt aber nun schon ganz deutlich der Pelvis als zweites wichtiges Zentrum. Die Becken- und Hüftbewegungen der Yoruba reichen vom leichten Schaukeln bis zu heftigen Stoß- und Schüttelbewegungen. Vom Zentrum Arm werden meist nur Unterarm und Hand eingesetzt. Voraussetzung für alle diese isolierten Motionen ist tiefer Collapse, der häufig bis zu table top gesteigert wird. Der yorubische Tanz ist, so Peggy Harper in ihrer Darstellung des yorubischen Tanzes, zur Erde gerichtet.

Westafrikanisch ist aber nicht nur die Technik, sondern auch die Gestaltung der Formationen, das heißt das Verhältnis von Solist oder auch mehreren Solisten zur Gruppe. Bei den Ijaw, in den Tänzen von Ishan und Agbor, besteht ein genau ausbalanciertes Gleichgewicht zwischen relativ einfachem Gruppentanz und Solistenvirtuosität. Ein gutes Beispiel bietet auch der Vergnügungstanz der Gelede-Gesellschaft. Die Maskentänzer, die sich selber als Bolojo-Tänzer bezeichnen, tanzen zuerst in exakter Linienformation vorwärts und rückwärts, und zwar so, daß eine Frauenlinie hinter einer Männerlinie agiert. Dann aber wird die geschlossene Formation aufgelöst. Jeder Tänzer und jede Tänzerin kann nun solistisch tanzen. Innerhalb einer Formation kann und soll also hier jeder Tänzer sich selber entfalten können.

Wie in ganz Westafrika existieren auch im Yorubaland zahlreiche professionelle Reisetruppen von Tänzern, Musikern, Schauspielern und Akrobaten. Professionell – oder auch halbprofessionell – sind die vielen virtuosen Maskentänze der Orisha-Kulte (orisha = Götter) und Geheimgesellschaften. Sinn und Ziel dieser Tänze ist das Eintreten der Götter oder Ahnengeister in den Körper des Menschen. Der Orisha-Tänzer wird durch Tanz, im Tanz tatsächlich zum Gott. Der Maskentänzer aber ist nur das Medium, durch das der Ahnengeist spricht und agiert. Wichtig aber in unserem Zusammenhang ist, daß auch diese Ekstasetänze mit den traditionellen westafrikanischen Tanztechniken ausgeführt werden. Polyzentrik / Isolation ist gerade hier die Voraussetzung für den Eintritt der religiösen Besessenheit. Formationsmäßig sind die Priester der Orisha-Kulte als Solisten innerhalb ihrer Gruppe zu betrachten. Die den Kriegsgott Shango anbetenden Frauen tanzen in einem Kreis, in dessen Mitte die Anführerin virtuose Solotänze ausführt.

Vielleicht noch wichtiger als die kultischen Orisha-Tänze sind für die Gemeinschaft die Maskentänze der Geheimgesellschaften (Egungun, Gelede). Da in diesen Tänzen die Ahnen als Träger und Garanten des Lebens beschworen werden, finden die Maskentänze in aller Öffentlichkeit statt, in den Straßen, vor den Schreinen der Götter, in den Palästen der politischen Führer. Mit dieser Öffentlichkeit hängt auch die weltliche Funktion der an sich kultischen Geheimbünde zusammen. Diese haben nicht nur die Aufgabe, durch ihre Tänze das Leben der Gemeinschaft zu stärken, sie bieten auch Spaß und Unterhaltung.

Neben den traditionellen Tänzen gibt es heute in Nigeria auch moderne Gesellschaftstänze. Diese neoafrikanischen Tänze behalten die traditionellen Techniken und Instrumente bei. Aber sie können nun in jedem Lokal ausgeführt werden. Highlife, der berühmteste westafrikanische Gesellschaftstanz (ballroom dance) wurde in den sechziger Jahren auch in amerikanischen Diskotheken und Society-Kreisen getanzt. In Nigeria wird das Publikum der neoafrikanischen Gesellschaftstänze von der neuen bürgerlichen Mittelschicht gebildet. Verwendet werden im Highlife afro-kubanische und europäische Instrumente: Bongos, Congas, Maracas auf der einen, Gitarren, Saxophone und Trompeten auf der anderen Seite. Daß die Highlife-Musik aus dem afro-karibischen Raum übernommen wurde, ist begreiflich. Diese Musik und die entsprechenden Tänze (Rumba, Mambo, Cha-Cha-Cha) stammen aus der Yoruba-Kultur von Kuba. Die Formation des Highlife ist europäisch und afrikanisch zugleich. Aus Europa stammt der Tanz eines einzigen isolierten Paares, afrikanisch ist das Fehlen der Körperberührung. Technisch ist der Highlife noch weitgehend afrikanisch: Collapse, Pelvis-Bewegungen, die im Ellbogen abgewinkelten Arme, Jazz Walks. Hier einige Figuren mit Jazz Walks (Doubles). Ibadan to and fro (Ibadan und zurück) wird folgendermaßen ausgeführt: Linker Fuß vorwärts, Kniewippen; noch einmal Kniewippen (bounce) und Gewicht. Das ist nichts anderes als der afro-amerikanische Camel Walk. Der Ghana Basic benutzt sogenannte ball-changes: Linker Fuß vorwärts, Kniewippen; rechter Fuß ganz kurz auf Ballen zu linkem Fuß; linker Fuß am Platz auf Ballen mit nochmaligem Kniewippen.

Der zentralafrikanisch-congolesische Tanzstil (Congo-Stil)

Allgemeine Charakteristik

Die Sklaven aus den Königreichen Kongo und Angola haben in den USA mit ihren Congo Dances die direkten Vorformen des modernen Jazz Dance geschaffen. Daher ist ihr Tanzstil der für die Geschichte des Jazz Dance wichtigste. Im übrigen unterschieden die Historiker zwischen Kongo und Congo. Kongo ist das alte Königreich am Unterlauf des Flusses und Nord-Angola. Unter Congo verstehen wir heute das geographische und kulturelle Gebiet der Republik Zaïre.

Der zentralafrikanisch-congolesische Tanzstil, abgekürzt auch Congo-Stil, beginnt bereits im Grenzgebiet von Nigeria und Kamerun, bei den Ekoi und Efik. Aber die eigentlichen Träger dieses Stils sind die westlichen Bantu-Völker in Südkamerun, Gabun, den beiden Congo-Staaten (Volksrepublik und Zaïre), die Zentralafrikanische Republik und Angola. Auch Teile von Sambia zeigen noch Einflüsse dieses Stils.

Von den Kulturhistorikern wurde dieses Riesengebiet bis heute vernachlässigt. Das Auge der Tanzforscher war hauptsächlich auf Westafrika gerichtet. Dabei hatten gerade die Bantu aus Kongo und Angola einen ganz wesentlichen Anteil am Aufbau der afro-amerikanischen Kulturen von Brasilien, Kuba, Haiti und den USA. Nur die Plastik Zentralafrikas ist in Europa bekannt geworden. Doch wurde bis jetzt von der Kunstforschung übersehen, daß diese Plastik das polyzentrische Körpererlebnis und Tanzverhalten der Bantu-Völker wiedergibt. Die berühmtesten Plastik-Völker sind nicht zufällig auch begabte Tanz-Völker: die Fang und Pangwe (Gabun), die Ekonda (Zaïre), die Pende und Tschokwe (Zaïre und Angola). Die Menschen-Plastik der Pangwe etwa isoliert und akzentuiert den groß ausgeführten Kopf, den Schultergürtel, den Brustkorb und die weiblichen Brüste, den Bauch mit dem Nabel, das weit nach hinten geschobene Becken. Arme und Beine werden völlig aufgelöst in ihre Areas. Noch stärker polyzentrisch ist die Plastik der Tschokwe. Der Kopf ist riesig und wird durch hohe Aufsätze verlängert, die Schultern besitzen eine mächtige Breite, der Pelvis wird ausladend und füllig dargestellt, die Knie sind ganz nach vorn gebeugt. Haargenau so tanzen die Tschokwe auch. Sie sind berühmt als Pelvis-Schüttler.

Bis vor kurzer Zeit wußte man fast nichts vom Congo-Stil. Bekannt war in Europa nur die Tanz-Kompanie von Kamerun. In Dakar (1966) waren nur die Ballette von Kamerun und Gabun vertreten. Erst 1974 schickte die Regierung von Zaïre anläßlich der Fußball-Weltmeisterschaft eine großartige Gruppe, bestehend aus Pende-Tänzern, in die Bundesrepublik. 1976 war Zaïre durch ein eigenes Nationalballett in Lagos vertreten. In Paris wurde 1973 von dem aus Brazzaville stammenden Jean Loulendo eine Tanzgruppe unter dem Namen Fwa Kongo gegründet.

Technik

Der zentralafrikanisch-congolesische Tanzstil ist so total polyzentrisch wie die Musik der betreffenden Bantu-Völker total polymetrisch ist. Alle Zentren werden nun mit annähernd gleicher Energie gleichzeitig eingesetzt (Koordination). Aber zum Zentrum aller Zentren ist nun der Pelvis geworden. Innerhalb dieses Zentrums werden etwa bei den Tschokwe noch zusätzlich die Hinterbacken (buttocks) isoliert und in rotierende Bewegungen versetzt. Die Wirkung dieser sogenannten Buttocks-Shakes (in den USA als Funky Butt oder Shimmy bekannt) reicht bis zu den Schultern hinauf. Diese von unten nach oben verlaufenden Shakes sind charakteristisch für den Congo-Stil. Aber sie können auch noch in Sambia beobachtet werden, so etwa bei den Barotse im Tanz Sijemboka.

Natürlich wird im Congo-Stil nicht nur der Pelvis gestoßen, geschüttelt, geschaukelt, auch alle anderen isolierten Zentren werden eingesetzt: Kopf, Schultern, Brustkorb und Brüste, Bein- und Arm-Areas. Alle diese Zentren und Areas werden, wie in ganz Schwarz-Afrika, durch Tanzsignale sichtbar und hörbar gemacht. Die Hüften werden durch Schärpen, Stoffbahnen und Gürtel, weiter durch schwingende Baströcke betont. Die Hinterbacken bekommen eigene Signale. Häufig, so etwa bei den Booli-Mädchen (oberer Kasai in Zaïre), werden an einem Gürtel kleine klingende Glöckchen angebracht, die in die Gesäßfalte hineinfallen. Bei den Mangbetu (nördliches Zaïre) tragen die Frauen regelrechte Sitzkissen an ihren Hinterteilen. Auch die anderen Zentren werden durch Signale akzentuiert: Pflanzen- und Metallrasseln an Unterschenkel und Knöchel, Ringe und Pflanzenbüschel an den Arm-Areas, Schmuckstücke zwischen und auf den Brüsten, Maskenaufsätze für den Kopf. Ein schönes Beispiel für den congolesischen Tanzsignalismus bieten die uns schon bekannten Barotse. A. Njungu schrieb über den schon erwähnten Schultertanz Kayowe: »Der Kayowe ist ein ausgesprochener Schultertanz, das heißt, die Schultern bewegen sich mehr als alle anderen Teile des Körpers. Die Tänzer können dabei entweder aufrecht stehen oder sich vorwärts beugen und die Hände dabei auf die Knie stützen. Gelegentlich tanzen sie sogar im Sitzen oder Knien mit den Händen an den Hüften. Welche Grundstellung auch immer eingenommen wird, der wichtigste Teil des Tanzes ist das erstaunlich gleichmäßige, rhythmische Rückwärtspressen der Schulterblätter. Es ist so bedeutsam, daß einige bekannte Kayowe-Tänzer, zum Beispiel Nanyeke der Königstänzer, Zebramähnen auf den Schultern tragen, um ihre Bewegungen noch zu betonen. Außer diesen Mähnen können die Tänzer aber auch noch auf dem Kopf Federkronen tragen und Reihen von Rasseln an den Beinen.«

Da der zentralafrikanisch-congolesische Tanzstil total polyzentrisch und da weiter der Pelvis Hauptzentrum ist, müssen die Tänze dieses Stils weitgehend binnenkörperlich am Platz ausgeführt werden. Die Füße kleben förmlich am Boden, aber sie führen dabei multiplizierte Bewegungen aus. Daraus sind in den USA die ganz flachen, schlurfenden shuffling steps (Jazz Walks) des Jazz Dance entstanden. Leidenschaftliche Pelvis-Schüttler sind die Tschokwe in Zaïre und Angola. Sie tanzen völlig am Platz. Im nördlich davon gelegenen Waldgebiet von Zaïre, etwa bei den durch ihre tagelang währenden Tanzdrama-Feste berühmten Ekonda, können kleine Raumbewegungen hinzukommen. Der Pelvis wird hier nicht mehr gerüttelt und geschüttelt, sondern eher sanft hin und her geschaukelt. Tanzen beide Geschlechter zusammen, dann bewegen die Frauen nur den Pelvis, während die Männer sie mit wilden Sprüngen umtanzen. Diese Verbindung – Pelvis-Motionen der Frauen am Platz, Sprünge der Männer – kann auch noch in Afro-Amerika, etwa auf dem Congo Square von New Orleans, beobachtet werden. Die Binnenkörperlichkeit der Congo-Tänze hat zur Folge, daß nun auch alle möglichen Levels benutzt werden: Stehen, Hocken, Kauern, Knien, Sitzen und Liegen. Die Ekonda benutzen sämtliche Levels.

Raumformen und Choreographie

Es gibt im Congo-Stil wie in ganz Schwarz-Afrika ganze und halbe Kreise, Reihen und Linien, Einzeltänze und Paartänze. Wunderschöne Reihen bilden die frisch beschnittenen Mädchen und Jünglinge jeweils bei ihrem Auszug aus dem Waldlager. Vor allem auf dem anschließenden Fest können die nun in die Gesellschaft der Erwachsenen aufgenommenen jungen Leute zeigen, was sie in der Schule des Waldlagers gelernt haben. Herrliche Pelvis-Tänze zeigen die frisch beschnittenen Mädchen der Banda (Zentralafrikanische Republik). Dabei wird sowohl in Reihen als auch in Linien getanzt. Das Volk der Banda und ihre Tänze werden uns im übrigen wieder in Afro-Amerika begegnen. Solotänze ohne umgebende Gruppe werden von Medizinmännern, Priestern, Beschneidungsmeistern, aber auch von professionellen Virtuosen ausgeführt. Am wichtigsten aber für die Entwicklung des afro-amerikanischen Tanzes wurden die Paartänze aus den alten Königreichen von Kongo und Angola. Berühmt und wichtig für die Geschichte des afro-amerikanischen Tanzes war und ist der Batuque aus Angola, der in Brasilien unter dem gleichen Namen bis zum heutigen Tag weiterlebt. Aus diesem Batuque wurden die modernen Sambaformen entwickelt. Auch in Westindien und New Orleans wurden congolesisch-angolanische Paartänze ausgeführt. Davon wird noch die Rede sein. Höhepunkt dieser Paartänze war und ist der kurze Zusammenstoß der Partner mit Becken und Bauch. Dieser Zusammenstoß wurde in Brasilien auch als Vacunao oder Ombligada, in Kuba als Nkumba (Nabel) bezeichnet. Hier die Beschreibung eines angolanischen Batuque aus der Zeit um 1900: »Der Hochzeitstanz Batuque ist in den Straßen von Loando wegen der dabei vorkommenden unsittlichen Gesten verboten. Männer und Weiber stellen sich zu diesem Tanze in einen Kreis, und bei dem Schalle der Kipuita (trommelartiges Instrument) beginnen die Umstehenden einen monotonen Gesang. Auch die Tänzer singen. Alles dreht und windet sich auf der Stelle, mit den Händen gestikulierend und mit den Rücken aneinander reibend ... Zeitweise springen ein Mann und eine Frau in die Mitte des Kreises gegeneinander vor und stoßen mit Gewalt die Bäuche aneinander. Auch hebt der Mann das Mädchen in die Höhe, worauf sich dieses rittlings auf seine Schulter schwingt.« Im übrigen ist nicht nur der Zusammenstoß mit den

Bäuchen, sondern auch das im Text erwähnte Aneinanderreiben der Rücken und Hinterteile bis auf den heutigen Tag in Nordamerika als Bump-Technik bekannt. Auch andere Reisende aus dem 19. Jahrhundert haben den Batuque mit »gebührendem Abscheu« gesehen und beschrieben. Paartänze innerhalb eines Kreises sind auch beim Volk der Kuyu in Gabun bekannt. R. Brandel deutete alle Pelvis-Motionen als Darstellungen des Geschlechtsaktes, doch enthält der Tanz als Furchtbarkeitstanz natürlich erotische Elemente, aber wichtig für unser Thema ist die Tatsache, daß alle Pelvis-Motionen zuerst einmal logische Folgen des Prinzips Polyzentrik darstellen. Interessant ist die Verbindung von weiblichen Pelvis-Motionen und männlichen Sprüngen in dem Tanz Kutu. Es geht hierbei um die Körperberührung mit Becken und Bauch, also um den Batuque oder Vacunao. Gewiß stellt dieser Paartanz die Begegnung zwischen Mann und Frau dar. Eine solche erotische Begegnung wird aber auch in den modernen lateinamerikanischen Tänzen gezeigt. Das gleiche gilt schließlich für die Paartänze der alteuropäischen Bauern. Ländler, Schuhplattler und Walzer waren nichts anderes als Darstellung der Geschlechter-Begegnung. Es besteht daher überhaupt kein Grund, die zentralafrikanischen Pelvis-Motionen, die auch im Jazz Dance vorkommen, als anstößig zu bezeichnen. Auch unser Walzer mit seiner dauernden Körperberührung der beiden Partner galt einmal als unmoralisch. Schließlich ist die Verbindung von Tanz und Erotik völlig natürlich, beide Phänomene dienen der festlichen Erhöhung des Menschen.

TEIL 2 ENTWICKLUNG IN USA

Erstes Kapitel

Der schwarze Tanz in der Sklavenzeit von 1619 bis 1864

Tanznamen als Instrumente weißer Macht

Auch Tanzgeschichte ist Machtgeschichte. Das gilt besonders für die Geschichte des afro-amerikanischen Tanzes in den USA. Mit Tanznamen wurde hier die Überlegenheit der herrschenden weißen Klasse und Rasse demonstriert. Alle Zeugnisse, die wir für die frühe Geschichte des afro-amerikanischen Tanzes in den USA besitzen, stammen von weißen Beobachtern, also den Herren der nordamerikanischen Gesellschaft. Da diese Weißen, zunächst englische, schottische und irische Siedler, ihre Sklaven als animalische, bestenfalls naive Barbaren betrachteten und behandelten, war auch klar, daß die schwarzen Tänze nur primitive Nachahmungen weißer Tänze sein konnten. Denn nach der Ansicht der Herren hatten ihre Sklaven außer ihrem Körper nichts nach Amerika herübergebracht. Daher erhielten die schwarzen Tänze, sofern sie nur irgendwie den weißen Tänzen ähnlich waren, weiße Namen. Damit aber wurde und wird noch heute der europäische Ursprung vieler afro-amerikanischer Tänze behauptet.

Welche Tänze brachten nun die englischen, schottischen und irischen Siedler selber hinüber nach Nordamerika? Daß die jungen weißen Amerikaner mit Leidenschaft tanzten, wurde von allen Beobachtern des 18. und 19. Jahrhunderts festgestellt. Bälle waren die Höhepunkte der frühen Siedlergesellschaft. Die beliebtesten Gesellschaftstänze des 18. und 19. Jahrhunderts (ballroom dances) waren in Amerika jene Country Dances, die der englische Verleger John Playford 1651 zum erstenmal unter dem Titel »The English Dancing Master or Directions for Country Dances« veröffentlicht hat. Dieses Buch erlebte bis 1728 18 Auflagen und war auch in Amerika weit verbreitet.

Die Country Dances wurden in zwei Gruppen eingeteilt. Die erste Gruppe bestand aus den Longways. Das waren Kolonnen- oder Fronttänze. Je eine Linie von Damen und Herren standen einander gegenüber. Die zweite Gruppe bildeten die Rounds, das waren Kreisreigen. Aus diesen Rounds aber wurden in Frankreich Contredanse Française, Quadrille und Cotillon entwickelt. Der geschlossene Kreis wurde aufgegeben, auf einer gedachten Kreislinie standen nun vier Paare, je zwei Paare einander gegenüber. In den USA entstanden aus den Quadrillen die Square Dances. Auch der Longway wurde in Frankreich weiterentwickelt. Es entstanden: Française (nicht zu verwechseln mit Contredanse Française), Anglaise und Ecossaise. Der in Nordamerika beliebteste Longway war der aus schottischen Ursprüngen stammende Virginia Reel.

Neben diesen Gruppentänzen waren in den USA natürlich auch die europäischen Paartänze beliebt: Menuett im 18. Jahrhundert, Walzer, Polka, Galopp im 19. Jahrhundert. Fast nur von professionellen Tänzern ausgeführt wurden die irische Jig, der nordenglische Clog Dance (Holzschuh-Tanz) und der Matrosentanz Hornpipe. Diese drei Tänze wurden als akustisch hörbare Klopf- und Stampftänze ausgeführt.

Europäische Tanzbezeichnungen wurden auch auf die schwarzen Sklaventänze angewandt. Das berühmteste Beispiel bietet der sudanische Klopftanz, der von den angelsächsischen Siedlern als Jig, Clog oder Hornpipe interpretiert wurde. Der Tanzforscher muß daher solche Bezeichnungen wieder ins Afrikanische zurückübersetzen. Wenn etwa ein weißer Beobachter behauptet, er habe Neger eine Jig tanzen sehen, dann war das mit Sicherheit ein sudanischer Klopftanz, eine Negro Jig. Aber noch Frau Emery schrieb in ihrer sonst kenntnisreichen Geschichte des schwarzen Tanzes in den USA über die schwarze Jig und Juba, deren berühmtesten Vertreter im 19. Jahrhundert, folgende Sätze: »Da die Jig bekanntlich irisch ist und da Juba Jig tanzte, muß man wohl fragen, ob Jubas Tänze tatsächlich authentisch-schwarz waren.« Hier also wird noch heute mit Namen Machtgeschichte betrieben. Denn wenn die Neger ihre Jig von den Iren übernommen hatten, dann war auch und sogar auf dem Felde des Tanzes die Überlegenheit der weißen Tanzkultur bewiesen. Damit aber war auch der weiße Herrschaftsanspruch eindeutig festgestellt.

Vor allem jene Musikhistoriker, die auch die Jazzmusik überwiegend aus weißen Vorbildern ableiten wollen, neigen dazu, auch den afro-amerikanischen Tanz auf europäische Tanzstile zurückzuführen. So etwa brachte Henry A. Kmen in seinem Buch »Music in New Orleans« angebliche Belege für die schon um 1830 einsetzende Übernahme weißer Tänze durch die freien Neger von New Orleans. Er zitierte

Beobachter, die Neger beim Tanzen von Jig, Fandango und Virginia Breakdown gesehen hatten. Natürlich ist diese Jig eine sudanische Negro Jig. Der Fandango gar ist ursprünglich kein spanischer Tanz, sondern eine Nachahmung des total schwarzen Congo-Tanzes Chica. Das hatte schon 1796 der Franzose St. Méry festgestellt. Breakdowns schließlich sind immer Negertänze. Vermutlich hat der Beobachter den schwarzen Virginia Breakdown mit dem weißen Virginia Reel verwechselt. In anderen Quellen werden schwarze Gruppentänze als Cotillons oder Reels, Paartänze gar als Menuetts bezeichnet. Flugs behaupteten dann noch heute weiße Tanzhistoriker, die Neger hätten Jig, Cotillon und Paartanz erst von ihren weißen Herren übernommen. Mit Namen also wird bis heute die Erhaltung afrikanischer Tanzstile in den USA bestritten, mit Namen wurde und wird die weiße Macht legitimiert.

Natürlich kam es in Nordamerika schon seit dem 17. Jahrhundert zur Übernahme weißer Tänze durch Neger. Man nennt diesen Prozeß Akkulturation. Die Haussklaven, die sich für feiner hielten als die Feldsklaven, imitierten die Quadrillen, Cotillons und Virginia Reels ihrer Herren. Auch hatten sie gelernt, daß für diese Gruppentänze ein Caller notwendig war, der die Figuren ausrief. Auch europäische Paartänze wie Walzer oder Polka wurden von den bessergestellten Sklaven gerne getanzt. Aber man kann mit diesen akkulturierten Tänzen der nordamerikanischen Neger nicht die Erhaltung afrikanischer Tanzstile in den USA widerlegen. Es gibt Berichte aus dem 18. und 19. Jahrhundert, die zeigen, daß auch diese Neger die von ihnen übernommenen europäischen Tänze mit afrikanischen Techniken tanzten.

Nun aber wird auch von afro-amerikanischen Historikern, vor allem von Franklin Frazier, die Erhaltung afrikanischer Kulturelemente in den USA mit der Begründung abgelehnt, die weiße Macht sei so stark gewesen, daß sie alles Afrikanische restlos zerstört habe. Vor allem die in Amerika geborenen Neger hätten ihr afrikanisches Erbe schon in der zweiten Generation vergessen, sie seien schwarze Amerikaner geworden und darauf stolz gewesen. Nun aber ist es eine Tatsache, daß immer wieder neue Sklaven direkt aus Afrika in die USA kamen. Auch nach 1807, dem Jahr, in dem der Sklavenhandel von den USA und Großbritannien verboten wurde, wurden noch Tausende von afrikanischen Negern über Westindien in die Sklavenstaaten der USA geschmuggelt. Diese Sklaven aber erneuerten immer wieder die afrikanische Musik- und Tanz-Kultur in den USA. Aber auch, wenn wir annehmen, die Neger hätten nichts als ihren Körper (und ihre Hautfarbe) in Amerika bewahrt, dann war es genau dieser Körper, mit dem die Afrikaner ihre Kultur in Amerika retten konnten. Der Körper war nämlich der Träger der spezifisch afrikanischen Tanz-, Rhythmus- und Musik-Kultur. Da auch die ekstatischen Kulte der Afrikaner an den tanzenden Körper gebunden waren, wurde der Körper weiter zum Bewahrer der ekstatischen afrikanischen Religion in Afro-Amerika. Der Körper wurde zum Träger der Erinnerung an Afrika und der afrikanischen Tradition.

Heute wissen wir, daß nicht nur die afrikanische Kultur auf dem ekstatischen Erlebnis des Körpers beruht, sondern daß auch die anderen großen Weltkulturen zum mindesten eine körperliche Grundlage besitzen. Das aber heißt: Alle Kulturen zeigen ein spezifisches Körpererlebnis (body experience) und Bewegungsverhalten (motor behavior). Der Körper stellt daher so etwas wie ein unzerstörbares letztes Bollwerk dar, wenn die betreffende Kultur von der Vernichtung durch äußere Einflüsse bedroht ist. Neben Afro-Amerika bietet Japan dafür ein klassisches Beispiel. Mit seinen Körper- und Kampftechniken hat Japan die Welt erobert, genau so wie Afro-Amerika mit seinen Tänzen und Tanztechniken. Wenn wir in dem ersten Teil den afrikanischen Tanz so ausführlich behandelt haben, dann deshalb, weil man ohne die Kenntnis der afrikanischen Tanzkultur die Erhaltung dieser Kultur in Afro-Amerika nicht aufzeigen kann. In den folgenden Abschnitten und Kapiteln wird zum erstenmal der Versuch gemacht, die Erhaltung der afrikanischen Tanztradition in den USA nachzuweisen.

Tanz und Musik im Leben der Sklaven

Schwarzer Tanz für die weißen Herren

Die Sklavenhändler kannten von ihren Aufenthalten in Afrika die Tanzleidenschaft der Afrikaner. Sie nutzten diese Leidenschaft aus, indem sie ihre frischen Sklaven auf ihren Schiffen tanzen ließen. Das hatte natürlich nichts mit Tanzliebe oder Menschenfreundlichkeit zu tun, sondern mit Profit. Tanzende Sklaven blieben nicht nur munterer, sondern auch gesünder. Nur gesunde Sklaven aber brachten Geld. Manche Sklaven weigerten sich zu tanzen. Dann mußte die Peitsche nachhelfen. In den vielen erhaltenen Erinnerungsbüchern von Sklavenhändlern wurde über das »Dancing the Slaves« ausführlich berichtet. Jeden Morgen wurden die Schwarzen an Deck zum Tanzen geführt. Es galt schon als Beweis hoher Menschlichkeit, wenn die Sklaven auch noch am Abend tanzen durften. So berichtete ein Händler im Jahr 1694: »Oft ließen wir die Sklaven auch noch am Abend auf das Deck kommen, um sie die Sonne und die Luft genießen zu lassen. Auch ließen wir sie noch einmal ein oder zwei Stunden lang tanzen, wobei wir selber die Musik mit Dudelsack, Harfe und Fiedel machten. Auf diese Weise versuchten wir, die Sklaven gesund zu erhalten. Leider hatten wir trotzdem viele Krankheiten und Todesfälle.«

Das mehr oder weniger erzwungene Tanzen der Neger wurde bei den Versteigerungen, auf dem auction block fortgesetzt. Gute Tänzer galten auch als gewandte und kräftige Arbeiter. Daher bestimmte der Tanz den Preis. Der schwarze Musiker Solomon Northup, der, obwohl frei geboren, für zwölf Jahre in die Sklaverei verschleppt wurde, beschrieb in seinem Buch »Twelve Years a Slave« einen solchen Parade-Versteigerungstanz: »Nach dem Essen wurden wir wieder von den Käufern zum Tanzen gezwungen. Bob, unseres Händlers Sklavengehilfe, spielte dazu auf der Violine. Da ich neben ihm stand, fragte ich ihn, ob er Virginia Reel spielen könne. Er verneinte und fragte mich, ob ich es denn könne. Da ich bejahte, reichte mir Bob die Geige, und von da an spielte ich meinen Mitsklaven zum Tanze auf.« Manchmal ließen sich die Sklaven von der Musik so sehr verlocken, daß sie auf dem auction block wirkliche tänzerische Kunststücke ausführten, sie tanzten auch Buck and Wing, die Vorläufer des Tap Dance und Jazz Dance.

Auch ließen sich viele weiße Herrschaften das Vergnügen nicht entgehen, ihren Sklaven bei deren »grotesken Jigs« zuzusehen. Gute schwarze Tänzer wurden häufig fremden Besuchern als exotische Attraktion vorgeführt. Oft wurden die besten Tänzer oder Tanzpaare mit einem Preis belohnt. So soll der Cakewalk (Kuchentanz) als Preistanz in der Sklavenzeit entstanden sein. In der Regel erlaubten es die Masters, daß die Sklaven in den Samstagnächten tanzten. Sie wußten, warum sie das taten. Der Tanz half den Negern, vorübergehend ihr Elend zu vergessen und ihre Körperkraft sinnvoll einzusetzen.

Die Sklaven mußten an Bord der Schiffe tanzen; sie wurden gezwungen, bei den Versteigerungen und in den Sklavenhürden zu tanzen; sie tanzten auf Befehl, um ihre weißen Herrschaften zu belustigen. Der Tanz, den die Afrikaner so liebten, konnte so zum Fluch für die Schwarzen werden. Aber andererseits retteten die Afro-Amerikaner auf diese Weise ihre traditionelle Musik- und Tanzkunst. Damit aber blieb die afrikanische Kultur und Lebenserfahrung auch in Nordamerika weitgehend erhalten. Der Tanz war für die Sklaven das wichtigste Mittel ihres körperlichen und kulturellen Überlebens.

Wegen ihrer Begabung für Rhythmus, Musik und Tanz waren schwarze Tanzmusiker bei weißen Bällen beliebt, ja begehrt. Viele Herren ließen daher begabte Sklaven im Flöten- oder Violinspiel unterrichten. Diese schwarzen Tanzmusiker kosteten nicht nur nichts, sie wurden häufig auch an andere Herren für Geld ausgeliehen. Manche weiße Tanzschulen beschäftigten Neger als Musiker. Der Geiger Sy Gilliat und der Flötist London Briggs brachten es in Richmond (Virginia) sogar um 1800 zu einer Stellung als Staatstanzmusiker. Sie spielten im Hofkostüm des Rokoko auf allen offiziellen Bällen und Festen. Musizierende Neger waren so wichtige Mitglieder der frühen amerikanischen Gesellschaft. Natürlich spielten diese Neger-Musiker auf diesen weißen Bällen weiße Tanzmusik. Wie sehr die musikalische Begabung der Neger von ihren Herren geschätzt wurde, zeigen viele Zeitungsanzeigen, in denen entlaufene Sklaven gesucht wurden. Häufig wird darin ausdrücklich darauf hingewiesen, daß der Flüchtige ausgezeichnet auf der Fiedel oder Flöte spielen könne.

Die Sklaventänze in den Südstaaten

Natürlich tanzten und spielten die Sklaven nicht nur für ihre weißen Herren, sondern auch unter sich selbst. Es gab da eine ganze Reihe von Möglichkeiten. Die meisten Masters erlaubten es ihren Sklaven, in den Samstagnächten ihre ureigenen Tänze zu tanzen. Das waren die Saturday Night Dances. Wenn ein Besitzer – etwa aus religiösen Gründen – seinen Schwarzen den Tanz auf seiner eigenen Plantage untersagte, dann erlaubte er oftmals doch den Besuch eines benachbarten Gutes. Wiederum hatte die Tanzerlaubnis auch hier wirtschaftlich-finanzielle Gründe. Tanzende Sklaven waren zufriedene Sklaven. Zufriedene Sklaven waren angepaßte, funktionierende Sklaven. Aber es gab auch weiße Herren und vor allem Herrinnen, die ihren Sklaven den Tanz »gönnten«. Manche »Missus« schaute gern zu oder brachte gar Speisen und Getränke auf den Tanzplatz der Neger. Auch tanzten die weißen Herrensöhne recht gern mit den schwarzen Schönen.

In New Orleans tanzten die Neger nicht an den Samstagen, sondern am Sonntagnachmittag auf dem Congo Square. Das hatten die Behörden im Jahr 1817 geregelt. Die freien Neger in New Orleans und auch anderen Städten veranstalteten regelrechte Bälle, auf denen europäische Tänze ausgeführt wurden. Auch Sklaven erhielten in Virginia manchmal die Erlaubnis, an den Sonntagen zu tanzen. Nicholas Cresswell, ein englischer Geistlicher, berichtete in seinem Reisetagebuch (1774–1776) über einen schwarzen Sonntagsball: »Mr. Bayley und ich besuchten einen Negerball. Da die Sonntage die einzigen Tage sind, den die armen Kreaturen für sich haben, kommen sie zusammen und amüsieren sich an diesem Tag mit Tanzen. Die musikalische Begleitung wird von einem Banjo geliefert. Der Tanz macht die Neger überglücklich. Es sieht so aus, als ob sie ihre elende Lage dabei vergessen oder sich ihrer im Augenblick des Tanzens nicht mehr bewußt sind.«

Den Höhepunkt der Sklaventänze bildeten die Weihnachtstänze, die Christmas Dances. Auch die brutalsten und geizigsten Masters gaben ihren Sklaven dafür drei Tage lang frei. Die Neger kamen dann von mehreren Plantagen zusammen, die gastgebende Herrschaft war verpflichtet, die Tische mit allen Kostbarkeiten des Landes zu füllen. Tage und Nächte hindurch wurde getanzt. S. Northup schilderte in seinem schon erwähnten Buch einen solchen Weihnachtstanz. Auf seiner Plantage gelang es einer schwarzen Schönen, nacheinander alle ihre Verehrer tanzend außer Gefecht zu setzen. Anschließend gab es einen Wettkampf der Paare. Wer am längsten auf dem Tanzplatz aushielt, bekam Beifall und zusätzliche Getränke. So wurde bis zum frühen Morgen weitergetanzt. Wenn die Geiger erschöpft waren, machten die Sklaven ihre eigene Musik, durch das sogenannte patting. Dazu sangen sie Lieder, deren Texte ohne jeden Sinn waren, die nur die Aufgabe hatten, rhythmische Formeln zu liefern. Auch das patting diente dem Rhythmus. Patting bedeutete, daß zuerst die Hände auf die Knie klatschten, dann schlugen die Hände selber zusammen, schließlich wurde die rechte Schulter mit der linken, die linke Schulter mit der rechten Hand geschlagen. Auch die Füße erzeugten Rhythmus, indem sie abwechselnd laut auf Ferse und Ballen aufgesetzt wurden.

Auch beim Abschluß der Ernten (Zucker, Mais, Tabak) durften die Sklaven auf vielen Plantagen tanzen. Am beliebtesten war der Corn Shucking Dance. Dabei trafen die Sklaven mehrerer Plantagen zusammen, um in zwei rivalisierenden Gruppen, also im Wettbewerb, die Maiskolben des betreffenden Plantagenbesitzers zu schälen. Die siegende Partei wurde wiederum mit Getränken belohnt. In der anschließenden Nacht gab es stets ein rauschendes Musik- und Tanzfest.

Sklaventänze in den Nordstaaten

Entschieden mehr Freiheit als im Süden genossen die Sklaven der Nordstaaten. Sie arbeiteten nicht auf großen Plantagen, sondern bei kleinen Farmern als Arbeiter, Handwerker oder Knechte im Haus. Die meisten Sklaven lebten im Norden unter dem gleichen Dach wie die Herren. Auch wurde im Norden die Sklaverei schon früh abgeschafft, so etwa in Massachusetts ab 1783. Im Staate New York wurden die letzten Sklaven im Jahr 1827 befreit. Schon im 18. Jahrhundert nutzten die Sklaven des Nordens ihre relative Freiheit aus, um auch an Wochentagen zu tanzen. So kamen die Sklaven und Sklavinnen aus New York und Umgebung auf dem Catherine Market von Manhattan zusammen. Sie verkauften dort die Produkte ihrer Herren. Anschließend aber wurden afrikanische Breakdowns getanzt. Neben diesen unregelmäßig stattfindenden Tanzereien gab es auch offizielle Anlässe zum Feiern und Tanzen. Die Sklaven der Nordstaaten hatten seit 1750 etwa das Recht, sich einen Governor oder gar einen König zu wählen. Das entsprach den afrikanischen Traditionen. Für diese Wahl bekamen die Sklaven im Mai oder Juni fünf ganze Tage frei. In dem Buch von Eileen Southern »The Music of Black Americans« finden sich viele Berichte über solche Wahlfeste. Das Fest in Hartford (Connecticut) begann mit der Wahlparade. Einige Neger gingen zu Fuß, andere ritten stolz auf Pferden daher. Alle Sklaven hatten die schönsten Gewänder angezogen. Pfeifen, Fiedeln, Klarinetten und Trommeln erklangen, Fahnen flatterten dem Festzug voran. In anderen Städten war die Prozession einfacher. Nur Pfeifer und Trommler machten Musik. Aber auch hier genossen nur die besten Musiker die Ehre, für eine Wahlparade zu spielen. King Caesar von Wallingford besaß eine eigene Leibwache, die aus einem unermüdlichen Trommler und einem der besten Pfeifer bestand. Dann wurde gewählt. Nach der Wahl gab es ein großes Fest mit Spielen, Ringkämpfen, Chören und Tänzen.

Die schönsten und größten Feste aber feierten die Sklaven des Nordens zu Pfingsten, das in dem bis 1664 holländischen New York Pinkster genannt wurde. Daher hießen die Feste und Tänze auch Pinkster Dances. Berühmt war das schwarze Pfingsten von Albany im Staat New York. Am Pfingstdienstag wurde dort ein Fest- und Tanzplatz im Freien geschaffen. Ringsherum wurden Buden und Zelte für einen regelrechten Jahrmarkt errichtet. In der Mitte des Platzes tanzte das ganze schwarze Volk unter Leitung von King Charly, einem ehemaligen Fürsten aus Angola. Kein Geringerer als J. F. Cooper hat den New-Yorker Pinkster Dance von 1757 in seinem Roman »Satanstoe« ausführlich geschildert. Der große Schriftsteller stellte ausdrücklich fest, daß Tausende von Sklaven und weißen Zuschauern aus New York und Umgebung in Manhattan zusammengeströmt waren, um an einem rein afrikanischen Fest teilzunehmen. Cooper betonte, daß auch die im Lande geborenen Sklaven Afrikaner geblieben waren. Dieser Bericht ist ein wichtiges Zeugnis für die Erhaltung der afrikanischen Musik- und Tanz-Tradition in den USA.

Religiöse Tänze im Süden

In Afrika war der religiöse Kult fast immer identisch mit ekstatischem Tanz. Diese ekstatisch-religiösen Tänze blieben nicht nur in Haiti und Brasilien, sondern zum mindesten teilweise auch in den USA erhalten. Berühmt waren die Ring Shouts. Nach dem normalen Gottesdienst trafen sich die christlichen – genauer: methodistischen und baptistischen – Sklaven, um, in Kreisform hintereinander tanzend, sich in eine völlig unchristliche Ekstase hineinzusteigern. Aus dem 19. Jahrhundert sind zahlreiche Berichte über diese Ring Shouts erhalten. Aber auch noch in unserem Jahrhundert werden Ring Shouts in abgelegenen ländlichen Gebieten getanzt.

Christliche Neger tanzten auch auf den seit 1800 einsetzenden Camp Meetings. Es handelte sich dabei um tagelang dauernde religiöse Versammlungen im Freien, die von Weißen ebenso wie von Negern besucht wurden. Übernachtet wurde in Zelten. Die Schwarzen, so wetterten tanzfeindliche weiße Geistliche, konnten es auch hier nicht lassen, im Jig-Stil von Virginia zu tanzen. Ein methodistischer Pastor schrieb 1819, daß sie bei jedem Wort, das sie sangen, abwechselnd den einen oder anderen Fuß senkten, mit jedem Schritt einen hörbaren Laut erzeugten und außerdem dabei mit den Händen auf ihre Schenkel und andere Körperteile klatschten. Der Geistliche, der meinte, diese Art von Tanz entspräche dem Negertanz von Virginia, beschrieb haargenau eine sudanische Jig, mit dem uns schon bekannten patting.

Auch die ekstatischen Rocking Dances in vielen methodistischen und baptistischen Negerkirchen der Gegenwart gehen bis in die Sklavenzeit zurück. Rocking bedeutet wörtlich schaukeln, im Tanz aber polyzentrisch-ekstatische Motion. Die schwedische Reisende Fredrika Bremer berichtete 1853 in ihrem Buch »The Homes of the New World« über einen ekstatischen Tanz-Gottesdienst in New Orleans: »Viele Teilnehmer schrien: Yes, come Jesus. Diejenigen, die am lautesten schrien, begannen zu springen. Sie sprangen so hoch und so leicht wie Korken, die aus einer Sektflasche herausgeschleudert werden. Dabei schwenkten sie ihre Arme und daran befestigte Tücher in der Luft, als ob sie versuchten, irgend etwas vom Himmel herunterzuholen. Im Springen verdrehten sie den Oberkörper derartig gegen das Becken, daß der Körper einem Korkenzieher glich. In kurzer Zeit gerieten viele Teilnehmer in totale Ekstase. Sie fielen zu Boden und mußten weggetragen werden.«

Völlig heidnisch-afrikanisch waren die aus dem total schwarzen Haiti stammenden Vaudou-Kulte und Vaudou-Tänze, die während des ganzen 19. Jahrhunderts noch in New Orleans zu sehen waren. Wir kommen auf diese Tänze noch ausführlich zurück.

Die Entdeckung der schwarzen Tänze

Die ersten Negersklaven in den heutigen USA wurden 1619 in Virginia ausgeladen. Die letzten Sklaven wurden 1865 befreit. Für die Zeit von 1619 bis 1864 können wir zwei große Abschnitte der afro-amerikanischen Tanzgeschichte unterscheiden. Der erste reicht von 1619 bis etwa 1820, der zweite von 1820 bis 1864. Die erste Phase haben wir bereits im vorausgehenden Abschnitt behandelt. In der Zeit bis 1820 erschienen die Tänze der Neger den Weißen fast durchweg als fremd und barbarisch, als grotesk und exotisch. Seit etwa 1820 aber wurden schwarze Tanzstile und Tanztechniken von weißen Künstlern, den sogenannten Minstrels, übernommen und weißen Zuschauern in speziellen Shows vorgeführt. Das war etwas unerhört Neues. Weiße Musiker, Tänzer und Sänger bemalten nicht nur ihre Gesichter schwarz, sie musizierten, sangen und tanzten auch schwarz. Natürlich waren die Songs und Tänze dieser Minstrels nicht völlig authentisch. Aber mit der bis 1900 dauernden weißen Minstrelsy wurden schwarze Musik und schwarzer Tanz anerkannt als Herzstücke des weißen Show-Geschäfts. Mit den weißen Minstrels beginnt so die Frühgeschichte von Tap Dance und Jazz Dance. Politisch gesehen waren die weißen Minstrels Reaktionäre. Indem sie das Plantagenleben der Sklaven als Idyll vorführten, rechtfertigten sie, wenn auch unbewußt, das südliche Sklavensystem. Aber als Künstler erwarben sie sich die größten Verdienste. Die Minstrels entdeckten als erste die Einzigartigkeit der afrikanischen Tanzkunst. Indem sie schwarze Tänze ihrem weißen Publikum vorführten, trugen sie dazu bei, daß die Existenz der afro-amerikanischen Volkskultur anerkannt wurde. Zwar wurden die Neger durchweg als komische Figuren präsentiert, aber dennoch trug die Minstrelsy – wiederum unbewußt – ihren Teil zur Emanzipation der schwarzen Sklaven bei. Ab 1820, also gleichzeitig mit der Minstrelsy, entstand jene Anti-Sklaverei-Bewegung, die 1865 die Freiheit aller Neger verkünden konnte. In zahlreichen Büchern wurde die Institution der Sklaverei als unmoralisch und auch unwirtschaftlich angegriffen. Die freien Neger griffen in den Kampf ein. 1822 erschien die erste Negerzeitung: »Freedom's Journal«. In New York wurde 1821 das erste Negertheater der USA gegründet (The African Grove Theater), das allerdings schon 1828 wieder geschlossen werden mußte. Ehemalige Sklaven veröffentlichten seit den vierziger Jahren ihre Memoiren. Northups Buch von 1853 wurde schon zitiert. Vorausgegangen waren die Autobiographie des großen Negerführers Frederick Douglass (1845: »The Narrative of the Life of F. D.«) und die Erlebnisse von William Wells Brown (1847: »The Narrative of W. W. Brown«). Der Roman »Onkel Toms Hütte« von der weißen Lehrerin Harriet Beecher-Stowe erschien 1852.

Am größten aber waren die Siege der Afro-Amerikaner auf den Gebieten des Tanzes und der Musik. Zu den weißen Minstrels (1828: Thomas Dartmouth Rice, 1842: Christy's Minstrels, 1843: Virginia Minstrels) trat zum erstenmal seit 1845 ein echter Neger, William Henry Lane, genannt Juba. Als Jig-Tänzer wurde dieser Juba nicht nur in den USA, sondern auch in England berühmt. 1832 veröffentlichte James Hungerford zum erstenmal zwei Negro Songs: »Sold off to Georgy« und »Roun' the

Corn, Sally«. 1845 schrieb der aus New Orleans stammende Louis Moreau Gottschalk, der berühmteste amerikanische Komponist seiner Zeit, eine Bamboula. Dieser Tanz war total schwarz, er ging auf den afrikanischen Congo-Stil zurück. 1845 wies ein Artikel in der Zeitschrift »Knickerbocker's Magazine« (Who are our national poets?) auf die durch die Minstrels bereits weltberühmt gewordene Negerpoesie hin. Der weiße Komponist Stephen Foster (1826–1864) veröffentlichte ab 1845 Lieder, die unmittelbar aus der Sklavenmusik erwachsen waren: »Camptown Races«, »My Old Kentucky Home«, »Old Folks at Home«. 1858 wurde der schwarze Tanzstil Soft Shoe zum erstenmal erwähnt.

Ohne Übertreibung kann man behaupten, zwischen 1820 und 1860 wurde nicht nur die Befreiung der nordamerikanischen Neger vorbereitet, sondern der afroamerikanische Tanz und die schwarze Musik wurden als Kernstück der afroamerikanischen Volkskultur entdeckt. Die schwarze Kultur war durch die Minstrels für alle Weißen guten Willens sichtbar und hörbar geworden. Der Schriftsteller Nathanson sprach mit Recht 1855 in einem Aufsatz über die Minstrelsy vom goldenen Zeitalter der schwarzen Poesie und Musik.

Der sudanische Tanzstil in den USA

Technik

Kein Tanzstil der nordamerikanischen Neger wurde seit dem 18. Jahrhundert so häufig erwähnt wie die Jig. Jigging war bis 1880 fast so etwas wie die universale Bezeichnung für alle schwarzen akustischen Tänze der USA. So wurde das Wort Jigwalk damals auch zum Spottnamen für Neger. Diese selber bezeichneten ihre Klopftänze als Juba, Buck, Buck and Wing oder auch Hoofing. Doch übernahmen die Neger selber die Bezeichnung Jig. In den Augen und Ohren der weißen Herren waren die akustischen Tänze ihrer Sklaven nur primitive Nachahmungen der ihnen wohlbekannten irischen Jigs und englischen Clogs (Holzschuhtanz). Nur sehr genaue Beobachter und vor allem Zuhörer stellten einen Unterschied fest und sprachen von Negro Jig. Dieser Unterschied war natürlich die Multiplikation (Synkopation). Für die meisten Weißen aber war diese Technik ein Beweis dafür, daß die Neger die weißen Jigs mit dem falschen Rhythmus tanzten. Im übrigen war der Irrtum und die Verwechslung der weißen Siedler verständlich. Die irische Jig und der sudanische Klopftanz (Tap Dance) sind in der Tat ähnlich. In beiden Stilen erzeugen die Füße Klänge, das sind die sounds oder taps. Da das menschliche Bein nur eine bestimmte Zahl von Bewegungen zuläßt, waren in der Tat viele Bein- und Fußtechniken in beiden Stilen gleich oder doch ähnlich. Wir müssen daher auf jene gemeinsamen Techniken eingehen, mit denen sounds oder taps erzeugt werden. Hier sind sie: hop (Hüpfer auf dem belasteten Bein), stamp (Aufstampen), heel tap und toe tap (sounds mit Fersen oder Ballen), brush (Vor- beziehungsweise Rückwärtsbürsten von Unterschenkel plus Fuß vom Knie aus), shuffle (Verbindung von Vorwärts- und Rückwärtsbrush), heel click und toe click (Zusammenschlagen von Fersen, Zehen). Weiter sind gemeinsam die hohen knee raises (Heben der Knie) und kicks (Vorschleudern von Unterschenkel und Fuß). Professionelle irische Jig-Tänzer produzieren bis zu fünfzehn sounds pro Sekunde. Ähnliche Techniken wie die Jig besaßen auch Clog und Hornpipe. Nur war der Clog-Tanz flacher und bodennäher als die Jig, was mit den Holzschuhen oder auch Holzsohlen zusammenhängt.

Auch mit schottischen Volkstänzen wurde die Negro Jig in Zusammenhang gebracht. Diese schottischen Tänze (Reels und Country Dances) wurden zwar lautlos getanzt, aber einige Beinbewegungen dieses Stils kamen ähnlich auch in den sudanischen Klopftänzen vor. Das galt vor allem für die schottischen Shuffles und Wings. Shuffle ist einer der schillerndsten Begriffe in Jig, Clog, Reel, schwarzem Jazz und Tap Dance. Im modernen Tap Dance ist Shuffle ein flaches Vorwärts- und Rückwärtsbürsten von Unterschenkel plus Fuß mit jeweiligem sound. Der ursprüngliche Negro-Shuffle aber bleibt nahe am Boden, er ist flachfüßig, wie alle Zeugnisse des 19. Jahrhunderts beweisen. Der Congo-Shuffle gar klebt völlig am Boden. In Jig, Clog und schottischem Tanz ist jedoch das ganze Bein bei der Ausführung eines shuffle beteiligt. Eines aber haben alle Shuffles gemeinsam, es handelt sich stets um *zwei* miteinander verbundene Motionen des Beins beziehungsweise des Fußes. Ein Beispiel: Linkes Bein Gewicht, rechtes Bein vorn in der Luft. Nun der Shuffle. Der rechte Fuß schlägt kurz gegen die Innenseite des linken Fußes und kehrt sofort wieder in die Luft zurück. Wenn in der frühen amerikanischen Tanzliteratur Shuffles erwähnt werden, dann muß der Historiker untersuchen, um welche Art von Shuffles es sich jeweils handelt. Auch Negertänzer haben nämlich gelegentlich schottische Shuffles benutzt.

Der erste Unterschied von irischer Jig und sudanischem Tap Dance besteht also darin, daß die irischen Tänze das ganze Bein einsetzen, sie streben, wie alle europäischen Tänze, in die Höhe. Die Negro Jig kennt zwar auch Sprünge, aber ihre speziellen Fußmotionen bleiben nahe dem Boden oder verlassen den Boden überhaupt nicht.

Der Jazz Dance hat seine flachen, bodennahen Fußmotionen weitgehend aus dem sudanischen Stil übernommen, also jene Doubles, die wir im Jazz Dance als Jazz Walks bezeichnen. Auch die Triples des sudanischen Stils können nicht nur im Tap Dance, sondern auch im Jazz Dance benutzt werden.

Wie steht es nun mit den angeblich schottischen Wings der afro-amerikanischen Jig? Diese Wings haben dem schwarzen Tanzstil Buck and Wing ihren Namen gegeben. Der schottische Wing besteht aus einem hop des belasteten Beins und einem gleichzeitigen Seitwurf des anderen Beins hoch in die Luft. Dann kehrt das belastete Bein zum Boden zurück, das andere Bein wird hinter die Wade des belasteten Beins geführt. Ganz ähnliche Motionen haben wir bereits bei den Tänzen der sudanischen Dogon kennengelernt. Es besteht also keinerlei Grund, den schwarzen Tanzstil Buck and Wing auf schottische Wurzeln zurückzuführen.

Der Begriff Buck and Wing stammt, wie Berichte ehemaliger Sklaven bezeugen, noch aus der Sklavenzeit. Den ersten schriftlichen Bericht finden wir in dem Buch von Henry Tucker: »Clog Dance made easy« (1875). Dieses Werk enthält einen Anhang, in dem versucht wird, das Phänomen des schwarzen synkopierten Buck and Wing zu erfassen. Dieser Anhang heißt: »Buck Tap Dance Routine, danced to Foxtrot Music«. Hier tauchen gleich drei neue Begriffe zum erstenmal auf, nämlich Buck, Tap Dance und Foxtrot. Henry Tucker hat den entscheidenden Unterschied von weißer und schwarzer Jig darzustellen versucht. Aber erst der weiße Minstrel-Tänzer James McIntyre hat um 1880, seiner eigenen Behauptung gemäß, als erster erkannt und auch nachgeahmt: Die Negro Jig ist synkopiert, während die irische Jig in ihrem Rhythmus absolut simpel und regelmäßig ist. Je nach Tempo kommt auf jedes Viertel, jedes Achtel, jedes Sechzehntel der Musik ein sound der Füße. Die schwarze Jig aber multipliziert, sie erzeugt ihre sounds nicht auf den regelmäßigen Beats, sondern auf freigewählten, unregelmäßigen Offbeats. Das ist eine wichtige Entdeckung. Dem Gesetz des Offbeat gehorchen bis heute Jazz Dance und Tap Dance.

Geschichte des sudanischen Tanzstils in den USA

Die sudanischen Sklaven, die ihre Klopftänze nach Nordamerika herüberbrachten, stammten aus den Ländern Senegal, Gambia, Mali, Guinea, Sierra Leone und teilweise noch Liberia. Die frühesten Nachrichten über sudanische Negro Jigs stammen aus New York (Mitte des 18. Jahrhunderts). Die erste exakte und datierbare Nachricht aber gibt der uns schon bekannte englische Geistliche Nicholas Cresswell, der von 1774 bis 1776 Virginia und Maryland besuchte und der seine Eindrücke in einem Tagebuch niederschrieb. Die Tänze der Neger fand er so scheußlich, daß, so seine eigenen Worte, seine Feder sich sträubte, darüber zu berichten. Aber Cresswell machte eine für ihn erstaunliche Entdeckung. Die weißen Kolonisten tanzten nicht nur Country Dances und Virginia Reels, sondern auch Negro Jigs. Damit stellte er gegen seinen eigenen Willen fest, daß es eine irische Jig und eine Negro Jig gab. Im Jahr 1782 erschien dann in einer Melodiensammlung von Tanzmusiken auch tatsächlich eine Negro Jig. Dieses historisch äußerst wichtige Buch hieß »A Selection of Scotch, English, Irish and Foreign Airs« (Glasgow). Die Negro Jig findet sich unter den exotischen Weisen.

Seit etwa 1820 taucht das Wort Juba für Negro Jig auf. Juba bedeutete in Nordamerika das uns schon bekannte patting, das als Ersatz für die verbotenen oder fehlenden Trommeln diente. Der früheste ausführliche Bericht über Jig und Juba wurde 1838 von dem Arzt und Farmer W. B. Smith geschrieben. In dem Artikel »The Persimmon Tree and the Beer Dance« lobte er zuerst die Nützlichkeit des Persimmon-Baums, der neben vielen anderen Produkten auch ein wohlschmeckendes bierartiges Getränk ergab. Dann aber schilderte Smith ein Bier- und Tanzfest seiner Sklaven: »Vor dem Banjo-Spieler standen zwei athletische Schwarze, die zur Melodie des Banjo Juba klatschten. Der Rest der Gesellschaft, Männer und Frauen, tanzte voller

Begeisterung. Ich betrachtete diese Tänze mit Staunen, ja Bewunderung. Die Juba-Klatscher schlugen den Takt mit der Ferse, und zwar gleichzeitig mit den Noten des Banjo. Mit ihren Händen aber schlugen sie auf alle anderen möglichen Gliedmaßen. Zu dieser doppelten Musik tanzten die Schwarzen ihre Jig. Neben ihren Fußbewegungen führten die Tänzer auch groteske Verrenkungen, ruckartige Bewegungen und geschmeidige Verdrehungen des Oberkörpers aus. Die Tänzer sangen dazu eine Juba-Ballade, die begann: ›Juber up and Juber down.‹ «

Smith und auch Northup trennten noch Juba als Tanzbegleitung vom Tanz Jig selber. Aber in anderen gleichzeitigen Berichten ist Juba bereits identisch mit Jig. Daher gab sich der große Jig-Tänzer Lane den Beinamen Juba. Auch die Begriffe Buck, Buck and Wing, Mobile Buck tauchten seit etwa 1840 auf. Neben dem noch zu behandelnden Soft Shoe tanzten die frühen Minstrels vor allem die Jig. Die meisten von ihnen waren irischer Abstammung. Daher war ihnen ihre eigene Jig wohlbekannt, aber sie entlehnten auch Figuren der Neger, wie diese umgekehrt auch Techniken der Iren übernahmen.

Schauplatz dieser Vermischung von irischer und sudanischer Jig war offenbar Virginia. Alle frühen Berichte über Jig stammen von dort. Virginia und Maryland waren überhaupt bis 1810 die Sklavenstaaten schlechthin. Dann aber begann die große Wanderung aus dem Alten Süden in den Neuen Süden: Alabama, Mississippi, Texas, Arkansas und Tennessee. Es war King Cotton, König Baumwolle, der diese Wanderung auslöste. Dieses seit 1810 begehrte Produkt fand im neuen Süden bessere Böden und Klimaverhältnisse. So wurde zwischen 1810 und 1860 eine Million der Negersklaven in die Länder des neuen Südens verschleppt, vor allem in das mittlere Mississippi-Tal. Da diese Sklaven zumeist sudanischer Abstammung waren, kommen seit etwa 1840 die wichtigsten Nachrichten über den sudanischen Jig-Tanz aus dem mittleren Mississippi-Tal und Texas. Das Delta im Staat Louisiana mit New Orleans war und blieb eine Domäne des Congo-Stils. In dem auch in deutscher Übersetzung erschienenen Buch von B. A. Botkin »Lay my Burden down« schildert ein Exsklave namens J. Smith einen jigging contest, also einen Jig-Wettbewerb, den sein Herr um 1850 in Texas veranstaltet hatte. Smith berichtete: »Der Sieger, der jiggiest fellow, den ich jemals gesehen habe, machte aus seinen Beinen wahrhafte Dampfhämmer. Dabei erzeugte er sounds, die wie die einer Trommel erklangen.«

Die ersten seit 1820 wirkenden weißen Minstrels stammen allerdings noch aus dem Osten der USA. Das waren George Washington Dixon, George Nichols, Bob Farrell, Barney Burns. Seit 1822 wurde Th. D. Rice durch den Tanz und Song »Jim Crow« weltberühmt. Da er aber wahrscheinlich den westafrikanischen Tanzstil vertrat, wird dieser Minstrel erst später behandelt. Die ersten Minstrel-Gruppen waren die vermutlich schon 1842 von E. P. Christy in Buffalo gegründeten Christy's Minstrels und die 1843 von Daniel D. Emmett in New York zusammengestellten Virginia Minstrels. Diese Gruppe pries sich selber an als »The novel, grotesque, original and unsurpassingly Melodian Ethiopian Band«. Emmett stammte aus einer ursprünglich in Virginia wohnenden, dann aber nach Ohio übergesiedelten irischen Familie. Ethiopian bedeutete schwarz, afrikanisch. Das Ziel der Virginia Minstrels war es, die grotesken

Tänze und die melodiösen Lieder der Schwarzen dem weißen Publikum als brandneue Attraktion anzubieten und zu verkaufen.

Die klassische Minstrelgruppe bestand aus vier Männern, die im ersten Teil der Show im Halbkreis auf der Bühne saßen. Von den sogenannten Endmen spielte einer Tamburin (Mr. Tambo), der andere die Knochenklapper (Mr. Bone). Die zwei Männer in der Mitte spielten Banjo und Violine. Das Programm bestand aus zwei Hauptteilen und einem kurzen Schlußteil. Im ersten Teil wurde gesungen und gespielt. Dazu kamen noch witzige Dialoge. Der zweite Teil, Olio genannt, brachte eine regelrechte Varieté-Show mit Tänzen, Liedern und kleinen Theaterstücken. Den Schluß bildete der Walkaround. Vor allem bei den späteren Minstreltruppen, die viel mehr als vier Mitglieder besaßen, war der Walkaround ein richtiges Tanz-Schauspiel. Alle Künstler umkreisten mit negerartigen Tanzschritten die Bühne. Berühmte Negro-Plantation-Songs, die von den Minstrels übernommen wurden, waren »Zip Coon«, »Coal Black Rose«, »Clare de Kitchen«, »Long Tail Blue«. Von Dan Emmett selber stammt der berühmteste Walkaround der ganzen Minstrelsy: »I wish I was in Dixie's Land« (1859). Dieses Lied wurde 1861 zur offiziellen Hymne der rebellischen Südstaaten erklärt. Denn Emmett verherrlichte hier das Sklavenleben als Idyll, das nur aus Tanz, Musik und Singen bestand.

Der berühmteste Vertreter der schwarzen Jig war William Henry Lane, ein freier Neger, der seit 1840 unter dem Namen Juba als erster Negertänzer Weltruhm erlangte. Ab 1844 gab es jigging contests zwischen John Diamond, dem größten weißen, und Juba, dem größten schwarzen Jigger der Epoche. Einige englische Kritiker, die Juba während einer England-Tournee (1848) beobachteten, haben schon damals festgestellt, daß dieser Neger mit der Zeit spielte, also synkopiert / multipliziert tanzte. Von den Londoner Kritikern erfahren wir auch, woher Jubas Tänze kamen. Da heißt es: The Virginny Breakdown, The Alabama Kick-up, The Tennessee Double Shuffle, The Louisiana Toe-and-Heel, alle diese Tänze sind von Juba großartig vorgeführt worden. Der Kritiker der »Theatrical Times« hatte sogar schon den menschlichen Sinn der afrikanischen Tänze erkannt: »Die Vorführungen dieses jungen Mannes erheben sich hoch über die Versuche der gewöhnlichen Minstrels, die nur Nachahmungen des afro-amerikanischen Lebens bringen. Juba zeigt mehr, bei Juba gibt es so etwas wie die Idealität des schwarzen Tanzes. Daher sind seine Tänze zugleich grotesk und poetisch. Trotz dieser poetischen Idealität aber verliert er nie den Sinn für die handfeste Wirklichkeit des Theaters.«

Der westafrikanische Tanzstil Soft Shoe

Der zweite wichtige Tanzstil der weißen Minstrels war der Soft Shoe. Er wurde deshalb so genannt, weil die Tänzer dabei mit normalen Schuhen auftraten und nicht mit den Holzsohlen des Clog Dance oder den Metallplättchen der Jig. Die weißen Vertreter des Clog Dance waren natürlich wieder einmal überzeugt, daß der schwarze Soft Shoe nur eine primitive Nachahmung des englischen Clog Dance darstellte. Doch auch sie mußten zugeben, daß der Soft Shoe von den Negern der Südstaaten herkam. Nicht ohne Grund wird die berühmteste Figur des Soft Shoe als Virginia Essence bezeichnet. Eine New-Yorker Zeitschrift schrieb 1858 über den Soft Shoe des berühmten weißen Minstrel-Tänzers Dan Bryant: »Dieser Tanzstil ist typisch für den unkultivierten Schwarzen des alten Plantagenlebens.« Von dem Soft Shoe des Tänzers Eddie Girard wurde bemerkt, daß dieser Tanz uralte Niggersteps verwende (Bastard Clog), nach Melodien des schwarzen Südens. Trotzdem übernahmen die weißen Minstrels den Soft Shoe. Offenbar besaß dieser Tanzstil eine außerordentliche exotische Faszination. Der Soft Shoe war nicht so barbarisch und obszön wie der Congo. Aber es war auch nicht möglich, den Soft Shoe einfach als Jig oder Clog auszugeben. Der Soft Shoe blieb nämlich am Boden, er kannte keine Hüpfer oder gar Sprünge. Die Taps waren auch nicht Selbstzweck wie im sudanischen Stil, sondern nur die Resultate der Multiplikation. Ruth Walton sagte in ihrem vorzüglichen Buch über Jazz Dance: »Im Soft Shoe springt der Tänzer nie in die Luft. Die Schönheit dieses Stils liegt in seiner glatten Eleganz, seine Raumbewegung wird durch kleine und flache Fußbewegungen erreicht.«

Wie der westafrikanische Tänzer spielt auch der amerikanische Vertreter des Soft Shoe mit dem Step. Soft Shoe ist nichts anderes als dauernde Gewichtsverlagerung mit multiplizierten Motionen. Der Virginia Essence multipliziert eine Gewichtsverlagerung vom rechten auf den linken Fuß und wieder zurück zum rechten Fuß mit raffinierten Fersen- und Ballenmotionen. Nachgewiesen kann der Essence etwa ab 1840 werden. Auf Virginia als Heimat weist die Tatsache hin, daß Virginia offenbar auch die Heimat der den Soft Shoe kultivierenden weißen Minstrelsy war. Aber die großen Meister dieses Stils waren jene schwarzen Minstrels, die nach 1865 auftreten konnten. Billy Kersands (gest. 1913) war das große Genie des schwarzen Soft Shoe. Er tanzte sogar vor der Königin Victoria und brachte Ihre Majestät mit seinen Hexereien und Tricks zum Lachen. Unter den weißen Vertretern des Soft Shoe ragte unbestritten George Primrose hervor. Sein Name wird noch heute unter den Veteranen des Tap Dance mit Ehrfurcht genannt. 1852 geboren, begann er seine Laufbahn schon im Jahr 1867. 1919 starb er als armer, aber berühmter Mann. Sogar das größte Genie des schwarzen Tap Dance im 20. Jahrhundert, Bill Bojangles Robinson, soll in Primrose sein großes Vorbild gesehen haben. Das erste Lehrbuch für Soft Shoe schrieb 1881 die zu ihrer Zeit ebenfalls berühmte Pat Rooney, wie Primrose irischer Abstammung. Das Wort Essence ist mit Sicherheit afrikanischen Ursprungs, aber wir kennen seine Bedeutung nicht. Bei den Yoruba gibt es eine Arbeitsorganisation namens Esusu, sie heißt auf Trinidad Susu. In Haiti ist ein Tanz aus Dahomey mit dem Namen Sese bekannt. Ob das Hinweise sind auf das Wort Essence, kann noch nicht gesagt werden.

Am Schluß dieses Abschnitts müssen wir noch einmal zurück zu den Anfängen der weißen Minstrelsy. Wie schon erwähnt, war der erste große Vertreter dieser Schauspiel- und Tanzkunst Thomas Dartmouth Rice, genannt Daddy Rice. Umstritten ist, wie dieser Mann getanzt hat. Rice begann seine Laufbahn am Theater von Louisville in Ohio. Er spielte zunächst in sogenannten Blackface Extravaganzas, die auch als Ethiopian Operas bezeichnet wurden. Das waren burleske Verhöhnungen berühmter europäischer Opern durch Schauspieler mit schwarzen Gesichtern. Die klassische Minstrelsy übernahm die Extravaganzas in ihren zweiten Teil, das Olio. Doch Rice hatte 1828 den Einfall seines Lebens. Er trat mit einem Tanz und Tanzlied hervor, die er angeblich von einem alten verkrüppelten Neger übernommen hatte. Das war jener Jump Jim Crow, der Daddy Rice als ersten amerikanischen Minstrel weltberühmt machte. Die zahlreichen Beschreibungen und vor allem die Zeichnungen weisen auf westafrikanischen Ursprung hin. Rice tanzte akustisch abwechselnd auf Fersen und Ballen. Dazu aber kamen – die Bilder zeigen das deutlich – isolierte Motionen der Hüften, des Schultergürtels und des Kopfs. Diese Bilder von Jim Crow sind die ersten sichtbaren Zeugnisse für die Erhaltung der afrikanischen Isolationstechnik in den USA.

Der Congo-Stil in den USA

Bantu-Kultur in den USA

Der für die Geschichte des Jazz Dance wichtigste Tanzstil war der polyzentrisch-binnenkörperliche Stil der westlichen Bantu. In den USA wurde dieser Tanzstil mit Recht als Congo Dance bezeichnet. Die amerikanischen Historiker haben diesen Stil bis jetzt kaum beachtet. Die modernen Erforscher der afro-amerikanischen Geschichte, an ihrer Spitze der große Melville J. Herskovits, gingen von der These aus, daß nur die westafrikanischen und allenfalls noch die sudanischen Sklaven die afro-amerikanische Kultur der USA geschaffen hätten.

Wir müssen daher zuerst nachweisen, daß auch Bantu-Sklaven in beträchtlicher Zahl in die USA transportiert wurden. Schon 1626 brachte ein holländisches Schiff elf schwarze Männer aus Angola nach Neu-Amsterdam, dem späteren New York. 1628 folgten drei Negerinnen aus Angola. Der erste berühmte Negeraufstand, die Cato- oder Stone-Rebellion (1739) wurde von Angola-Sklaven begonnen. Die Erhebung wurde niedergeschlagen, da die Neger sich nach ihrem ersten Triumph mit Tanzen, Trommeln und Singen befaßten. Etwa ab 1750 sind die Pinkster-Feste in den Neuengland-Staaten und New York nachweisbar. In Albany wurden diese Tanzfeste noch um 1790 von dem uns schon bekannten König Charly geleitet, der ein Fürst aus Angola war. Der Chronist Eights beschrieb das Fest von Albany. Es begann mit dem

Einmarsch des mit einer Generalsuniform bekleideten Königs, der von seinem Gefolge umgeben war. Nach dem Einmarsch begrüßte der König seine Untertanen und eröffnete den Tanz, an dem er selber gerne teilnahm. Das Hauptinstrument war eine aus einem Faß hergestellte Trommel, die auf dem Boden lag. Der Trommler saß rittlings auf diesem Instrument. Er sang dabei: Hi-a-bomba bomba bomba. Genau die gleiche Trommel und vor allem die gleiche Formel finden wir auch auf dem Congo Square und im Vaudou von New Orleans wieder. Zum mindesten diese Formel stammt mit Sicherheit aus der Congo-Angola-Kultur. Wir wissen, daß im 17. Jahrhundert holländische Sklavenhändler Neger aus Angola herüberbrachten in das heutige New York, das bis 1664 holländisch war. Vom Tanz in Albany selber erfahren wir nur, daß er paarweise ausgeführt wurde und daß er so »wild und wüst« war, daß ihn die Behörden um 1810 verboten.

Von einem Congo-Menuett, also einem typischen Congo-Paartanz, hören wir um 1800. Der englische Reisende John Davis ließ 1803 in »Travels of 4 years and a half in the USA« einen Sklaven erzählen: »Mein junger Master war ein richtiger Musikfan. Er brachte auch mir das Banjo-Spiel bei. Bald konnte ich unseren Mädchen in den schönen Mondnächten zum Tanz aufspielen. Auch mein junger Master tanzte mit, es gab sogar niemanden, der ihn im Congo-Menuett übertreffen konnte.« Auch in Richmond (Virginia) tanzte die vornehme weiße Gesellschaft den schwarzen Pelvis-Tanz Congo. So berichtete 1856 S. Mordecai, der Historiker von Richmond. Nach seinem Zeugnis wurden außer Jigs auch der Congo von der vornehmen weißen Gesellschaft getanzt. Es waren im übrigen diese Bälle, auf denen die Neger Gilliat und Briggs spielten. Waren auch die Jigs des weißen Richmond Negro-Jigs?

Das alles sind Hinweise darauf, daß Bantu-Neger nicht nur nach Brasilien, den Antillen und New Orleans transportiert wurden, sondern auch in das übrige Nordamerika. Es gibt nun genaue Belege, die diesen Import beweisen. Herskovits selber bringt diese Belege in seinem wohl berühmtesten Buch: »The Myth of the Negro Past«. Die Urkunden von Virginia ergeben für die Zeit von 1710 bis 1769 folgende Zahlen. Neger aus Senegal und Gambia: 3652; aus Guinea und Goldküste: 6777; aus Calabar (Nigermündung): 9224; aus Angola: 3860; aus Madagaskar: 1011. Sonstige Sklaven aus Afrika: 20000. Ein noch klareres Bild ergeben die Zahlen von Südcarolina in den Jahren 1733 bis 1738. Senegal und Gambia: 12444; Sierra Leone: 3900; Liberia und Elfenbeinküste: 3850; Goldküste: 18240; Angola: 11485; Congo: 10924. Zusammen bilden also hier die Bantu-Sklaven aus Congo und Angola die stärkste Gruppe überhaupt.

New Orleans – eine Congo-Exklave

New Orleans und das umliegende Gebiet von Louisiana besaßen nachweisbar eine Bantu-Kultur in Religion, Tanz und Musik. Wir dürfen mit Sicherheit annehmen, daß es dort schon vor 1750 Bantu-Sklaven gegeben hat. Diese alte Congo-Bevölkerung wurde durch zwei Schübe aus Haiti vermehrt. 1763 verloren die Franzosen Kanada an die Engländer, New Orleans ging an die Spanier. Französische Siedler, die sogenannten Acadians, flohen 1764 aus Kanada nach dem damals noch französischen Haiti, um dann allerdings schon bald wieder mit ihren Sklaven nach New Orleans weiterzufahren. Die zweite Wanderung französischer Siedler von Haiti nach New Orleans erfolgte zwischen 1804 und 1810, nachdem die schwarzen Haitianer ihre Freiheit von Frankreich erkämpft hatten. Zwischen 1800 und 1803 war New Orleans wieder französisch. Dann aber wurde ganz Louisiana von den USA käuflich erworben.

Die schwarzen Sklaven aus Haiti brachten ihren Vaudou-Kult nach New Orleans. Die Heimat der meisten haitianischen Vaudou-Götter ist Dahomey, auch der Tanzstil stammt größtenteils von dort. Doch gibt es auf Haiti auch – bis jetzt noch kaum wirklich gewürdigt – Congo-Kulte und Congo-Tänze (Chica, Calenda, Bamboula). Was bis jetzt noch gar nicht gesehen wurde, ist die Tatsache, daß die Neger von New Orleans nicht nur Congo-Tänze tanzten, sondern daß auch ihr religiöser Kult, der nun auf englisch Voodoo genannt wurde, aus Congo und Angola stammte. Das wird durch die im Voodoo-Kult von New Orleans ausgeführten Tänze bewiesen. Vor allem aber sind die Götter, die religiösen Gesänge und kultischen Formeln des schwarzen New Orleans eindeutig congolesischen Ursprungs. Zombi ist ein Bantu-Gott, der im heutigen Haiti überhaupt nicht mehr bekannt ist. Dieser Zombi aber wird in den Voodoo-Liedern von New Orleans immer wieder beschworen. Weiter kommt in New Orleans ein sonst unbekannter Gott namens Maignan vor. Auch dieser Name weist auf die afrikanischen Bantu-Kulturen hin. Munganga ist, laut Tempels, der Name für die großen Zauberer-Priester bei den Baluba (Zaïre). Manga sind bei ihnen die wirkenden Naturkräfte und die magischen Verstärkungsmittel. Nganga ist auch bei den Mashona in Rhodesien (Zimbabwe) der Name für Zauberpriester. In Brasilien heißt auch heute noch der oberste Gott: Ganga Zumba oder Ngana Zumbi. Maignan also war offenbar ein Bantu-Gott.

Schließlich kam auch in New Orleans die uns schon bekannte Voodoo-Formel vor. Sie lautete gleich in Haiti und New Orleans. Der Voodoo-Historiker Tallant hat sie in seinem Buch »Voodoo in New Orleans« überliefert. Hier der Text: »Eh! Eh! Bomba hen hen! / Canga bane te / Danga moune de te / Canga do ki li! / Canga li!« Canga ist nicht identisch mit Congo. Die Canga bildeten vielmehr ein eigenes Bantu-Volk.

Der Voodoo war in New Orleans kein Geheimkult. Er fand vielmehr am 21. Juni, dem Johannistag, am Lake Pontchartrain in aller Öffentlichkeit statt. Auch weiße Frauen tanzten die ekstatischen Voodoo-Tänze bei dieser Feier. Das Voodoo-Zentrum innerhalb der Stadt war bis 1890 ein aufgelassener Bauplatz in der Dumaine Street. Die Calenda (Kalenda, Calinda), Haupttanz der Voodoo-Feste, war, wie der Name und die Beschreibungen erkennen lassen, congolesischen Ursprungs. Dieser Tanz setzte den Pelvis als Hauptzentrum ein, die Füße führten ganz flache Shuffles aus. Der Reisende Ch. D. Warner gab 1889 in einem Buch »Studies in the South and West« die genaue Beschreibung eines ekstatischen Voodoo-Festes. Das Fest fand in der unmittelbaren Nähe des Congo Square statt. Der Tanz war die Calenda. Der

Priester als Cheftänzer »bewegte seinen Kopf in der Ekstase rückwärts und vorwärts, seine Hüften schwangen nach vorn und zurück, die Füße führten schlurfende Shuffle-Bewegungen aus«. Warner betont ausdrücklich, daß nicht nur Neger und Negerinnen, sondern auch weiße Männer und Frauen an diesem ekstatischen Voodoo-Fest teilnahmen.

Congo Square

Die größte Touristenattraktion von New Orleans war der Negertanz auf dem Congo Square. Schon der Name besagt, daß hier Congo Dances getanzt wurden. Wir kennen aus verschiedenen Quellen die Namen dieser Congo-Tänze: Congo, Bamboula, Calenda, Chica, Counjaille, Cata, Chacta. Aus diesen congolesischen binnenkörperlich-polyzentrischen Pelvis-Tänzen ist der Jazz Dance entstanden. Allerdings reichen die nordamerikanischen Quellen nicht aus, um die Eigenart der einzelnen Congo Dances wirklich erkennen zu lassen. Aber zum Glück kommen die Congo Dances des alten New Orleans noch heute auf den Antillen vor. Wir können daher die Congo-Tänze von New Orleans rekonstruieren.

Über die Geschichte des Congo Square ist viel Unsinn geschrieben worden. Fast alle modernen Jazz-Historiker behaupteten, daß die Jazzmusik von New Orleans von der Tanzmusik des Congo Square herkam. Die Jazzmusik hat aber in Wirklichkeit mit der Musik des Congo Square nichts zu tun. Sie ist vielmehr westafrikanisch-sudanischen Ursprungs. Die Geschichte des Congo Square beginnt 1817. Die neuen Yankee-Behörden von New Orleans verordneten, daß in Zukunft die Negersklaven sich nicht mehr nach Belieben zum Tanzen versammeln durften, sondern nur noch unter polizeilicher Aufsicht an den Sonntagnachmittagen auf dem besagten Platz. Die frühen Schilderer, durchweg Reisende aus dem Norden, waren über das wüste Treiben entsetzt. Immerhin erfahren wir von ihnen etwas über die Instrumente und die Tänze. Die Musik wurde erzeugt von zwei Trommeln und einem Banjo, weiter mit Knochenklappern und Kiefern von Kühen. Die große Trommel lag, wie in Albany, auf dem Boden. Sie wurde in New Orleans aber von zwei Musikern geschlagen. Der eine saß rittlings auf der Trommel und schlug auf das Fell, der andere saß hinter der Trommel und schlug auf dem offenen Rand der Faßtrommel zusätzliche Rhythmen. Ein dritter Drummer bearbeitete eine kleine Trommel, die er zwischen den Knien hielt. Über den Tanz berichtete der Reisende Latrobe: »Ich habe noch nie etwas zugleich so Wild-Barbarisches wie Eintönig-Langweiliges gesehen.« (1819) Warum langweilig? Nun, Latrobe stellte fest, daß die Frauen die Füße nicht vom Boden abhoben und den Körper kaum vorwärts bewegten. Wild-barbarisch, das waren natürlich die Pelvis-Motionen. Latrobe ist für den Historiker der erste Zeuge für den flachen binnenkörperlichen Congo-Stil von New Orleans.

Die Geschäftswelt von New Orleans schätzte, allen moralischen Bedenken zum Trotz, den Congo Square als gewinnbringende Touristenattraktion. Daher lobten auch die Zeitungen von New Orleans »The most grotesque African Dances« als amüsant und interessant. Aber 1846 wurde der Congo Square von den Behörden geschlossen. Die Calenda war, weil allzu obszön, zum Schandfleck für New Orleans geworden. Die Negersklaven tanzten nun auf jenem etwas abgelegenen Platz in der Dumaine Street, der auch dem Voodoo-Kult diente. Dort konnten Congo-Tänze bis fast 1900 beobachtet werden. Schon in den fünfziger Jahren schilderte Henry Didimus eine Bamboula: »Die Füße bewegen sich kaum vom Boden weg, sie rücken bestenfalls um ihre eigene Länge vorwärts. Dabei erheben sie sich und fallen nieder, sie drehen sich abwechselnd nach außen und innen, berühren den Boden zuerst mit der Ferse, um dann auf Ballen abzusinken.« Dieser Didimus hat ausgezeichnet beobachtet. Die von ihm geschilderten Fußbewegungen sind nichts anderes als flache Doubles, also Jazz Walks. Die 1867 veröffentlichte Sammlung »Slave Songs of the USA« brachte vier Counjailles, zwei Bamboulas, eine Calenda und eine Chacta. Alle diese Tänze stammten von einer Farmers-Gattin aus Louisiana. Leider erfahren wir über die Tänze selber gar nichts, lediglich die Melodien sind aufgezeichnet. Immerhin wird die Counjaille als eine Art von Menuett, also als Paartanz, bezeichnet.

Etwas mehr erfahren wir über die Tänze auf dem Congo Square von George Washington Cable, der 1886 je einen Aufsatz über den Congo Square und über den Voodoo von New Orleans publizierte. Cable, auch als Autor von Romanen aus dem schwarzen New Orleans berühmt, wird von allen Jazz-Historikern noch heute als Augenzeuge vorgestellt. In Wirklichkeit konnte er, wie er selber betonte, 1886 Tänze auf dem Congo Square gar nicht mehr beobachten. Cable benutzte Berichte früherer Autoren für seine Schilderungen. Doch sicherlich hatte er auch noch Gelegenheit, echte Congo-Tänze in der Dumaine Street zu beobachten. Aber Cable verabscheute diese Tänze. Nur Bamboula und Counjaille werden wegen ihrer Musik einigermaßen ausführlich behandelt. Die Bamboula fand er abscheulich.

Der Grund war wieder einmal jener Körperteil, der in den puritanischen Kreisen, denen Cable nahestand, nicht genannt werden durfte. Ein interessanter Hinweis auf den congolesischen Ursprung der Bamboula ist die von Cable notierte Tatsache, daß die Frauen sich kaum vom Platz bewegten, während die Männer wilde Sprünge ausführten. Bei der Counjaille beobachtete Cable vor allem das patting auf Schenkel und Brüste.

Von den anderen Tänzen des alten New Orleans erwähnte Cable neben Bamboula, Chacta, Counjaille und Calenda noch Voodoo und Congo, »der auf Haiti und den Windward-Inseln auch Chica genannt wurde und auch unter dem Namen Calenda bekannt ist, dabei handelt es sich um eine Art Fandango«. Eines machte Cable klar: Congo ist identisch mit Chica, Calenda und dem spanischen Fandango. In allen diesen Tänzen werden, so Cable, nicht die Beine und Füße, sondern es wird die »obere Hälfte des Körpers« eingesetzt, also Schultern, Brustkorb und vor allem der Pelvis.

Die Chacta von New Orleans und Louisiana erinnert an den Tanz aus Gabun: ruhige, binnenkörperliche Pelvis-Motionen der Frauen, Sprünge der Männer, Annäherung des Mannes an die Frau.

Lafcadio Hearn war der erste weiße Kenner und Bewunderer der Bantu-Kultur von New Orleans. In mehreren Zeitungsartikeln schilderte er den binnenkörperlichflachfüßigen Pelvis-Congo-Tanz in der Dumaine Street. In einem Bericht der »New York World« (1885) schrieb er: »Die Frauen bewegen ihre Füße kaum vom Boden weg. Sie verrenken nur ihren Oberkörper und schwenken die Hüften in wellenartigen Bewegungen. Die Männer aber springen in die Höhe und vollführen akrobatische Kunststücke. Die Frauen, die ich fragte, sagten: ›C'est le Congo.‹« Ähnlich schrieb Hearn an seinen Freund Henry Edward Krehbiel, der als erster versuchte, auch die Musik der Afro-Amerikaner wissenschaftlich zu erforschen.

Westindischer Exkurs

Wenn wir aber wirklich wissen wollen, mit welchen Techniken die Congo Dances von New Orleans, die direkten Vorläufer des Jazz Dance, ausgeführt wurden, dann müssen wir einen Blick auf die schwarzen Tänze von Westindien richten. Die von Cable so verabscheute Calenda wurde 1722 von dem Franzosen Père Labat zum erstenmal geschildert. Er beschrieb einen Fronttanz, in dem eine Männerlinie sich tanzend auf eine Frauenlinie zu bewegte. Bei der Begegnung wurden Bauch und Becken zusammengestoßen. Das ist natürlich der uns schon bekannte Batuque aus Angola. Eine gute Calenda-Beschreibung gab 1816 der Engländer George Pinckard in seinem Buch »Notes on the West Indies«. Darin heißt es: »Der Tanz besteht aus Stampfen der Füße, Verdrehungen des Oberkörpers und einer großen Anzahl unanständiger Bewegungen des Beckens. Die äußeren Gliedmaßen – Beine und Arme – haben wenig zu tun. Die Tänzer bringen nämlich die Füße kaum vom Boden weg, aber der Körper selber dreht und windet sich um seine eigene Achse.«

Der in den Augen der Weißen obszönste Pelvis-Congo-Tanz war die schon von Cable erwähnte Chica, die allerdings mit Sicherheit mit der Calenda identisch ist. Der Franzose Moreau de Saint-Méry hat diesen Tanz 1796 in seinem berühmten Büchlein »De la Danse« beschrieben. Er hat als erster Weißer die Isolation der weiblichen Brüste beobachtet. Er schrieb nämlich über die Chica der schwarzen Frauen von Curaçao: »Ihre Brüste bewegen sich in rasender Geschwindigkeit unabhängig vom Brustkorb.« Weiter betonte Saint-Méry, daß die Chica fast ausschließlich von den Congo-Negern getanzt wurde. Sie ist also identisch mit den Congo-Tänzen von Haiti und New Orleans. Auf Haiti wurde die Chica auch als Banda bezeichnet. Das uns schon bekannte zentralafrikanische Volk der Banda dokumentiert auch in Westindien den Bantu-Stil des Congo auf großartige Weise. Lisa Lekis sagt in ihrem Buch »Dancing Gods«, der Banda-Tanz, dem Totengott Baron Samedi geweiht, sei der erotischste Tanz von ganz Haiti. Ein Banda-Tanz war auch die afro-kubanische Zarabanda (Sarabanda), über deren Ursprung viel Falsches geschrieben wurde. Die Zarabanda kam um 1580 nach Spanien und wurde dort von der andalusischen Jugend begeistert getanzt. Bald aber wurde dieser Tanz mit schweren Strafen geahndet. Der Grund war klar. Die Zarabanda war ein erotischer Congo-Pelvis-Tanz.

Ein anderer Name für die Chica war auf Haiti Bamboula, richtig: Baboula nach der kleinen haitianischen Trommel Boula. Earl Leaf hat auf den Virgin Islands noch eine traditionelle Bamboula gesehen. Die männlichen Tänzer umschlingen dabei mit ihren Armen die Hinterteile der Tänzerinnen, um diese in rotierende Schwingungen zu versetzen. Auch der Batuque kommt vor. Zusammenfassend können wir mit Sicherheit behaupten: Calenda = Bamboula = Chica = Congo = Banda. Daher konnte auch bei den Bamboula-Tänzen von New Orleans gesungen werden: »Dansez Calenda!« Alle diese westindischen Tänze kamen auch im alten New Orleans vor.

Ring Shout

Zum Congo-Stil müssen auch die Ring Shouts der methodistischen und baptistischen Negersklaven gerechnet werden. Interessant ist die christliche Rechtfertigung dieser Tänze. Für beide Kirchen war Tanz als Sünde verboten. Tanz aber war für die methodistischen und baptistischen Pastoren nur dann vorhanden, wenn die Füße, wie in den schottischen und irischen Tänzen, vom Boden gehoben und in der Luft gekreuzt wurden. In den Shout-Tänzen aber verließen die Füße den Boden überhaupt nicht. Daher galt der Ring Shout nicht als Tanz. In Wirklichkeit handelte es sich um einen total polyzentrisch-binnenkörperlichen afrikanischen Tanz, der zur Ekstase führte. Eine kleine Gruppe sang als Begleitung religiöse Spirituals. Der Rhythmus wurde durch patting erzeugt. Die Tänzer aber bewegten sich hintereinander im Kreis, wobei alle Zentren, alle Muskeln des Körpers aktiviert wurden. Vor allem Schultern und Becken wurden in »jerking, hitching movements« (ruckartige, zuckende Bewegungen) versetzt. Schon die ersten Beschreibungen der Ring Shouts aus den sechziger Jahren des 19. Jahrhunderts zeigen klar, daß hier die Beine kaum eine Rolle spielten, sondern daß sich der ganze Tanz innerhalb des Körpers abspielte. Der Ring Shout ist auch noch heute in abgelegenen ländlichen Gebieten des Südens verbreitet.

Zweites Kapitel

Entstehung und erster Höhepunkt des Jazz Dance von 1865 bis 1939

Erste Phase von 1865 bis 1889
Eine Zeit der Anpassung und des Übergangs

Die Proklamation des Präsidenten Lincoln vom 1. Januar 1863 hatte nur die Sklaven der abgefallenen Südstaaten für frei erklärt. Erst 1865 wurden alle in den USA noch als Sklaven lebenden Neger vom Kongreß zu freien Bürgern gemacht. Die meisten Ex-Sklaven standen jedoch wirtschaftlich vor dem Nichts, sie mußten es erst lernen, auf eigenen Füßen zu stehen.

Das 1865 gegründete Freedmen's Bureau versuchte, nicht ohne Erfolg, den neuen schwarzen Bürgern durch Landzuteilung, Arbeitsbeschaffung und Errichtung von Schulen zu helfen, aber die wirtschaftlich-gesellschaftliche Macht blieb im Süden bei der weißen Herrenklasse. Die meisten Neger waren nach wie vor abhängig von ihren seitherigen Herren. Sie wurden Landarbeiter oder Sharecropper, das heißt Pächter, die einen großen Teil der Ernte an den weißen Besitzer abliefern mußten. Zwar versuchte die Regierung in Washington, durch die sogenannten Reconstruction Acts und Verfassungsänderungen die Macht der weißen Herrenklasse zu beschneiden und den Negern wenigstens das Wahlrecht zu sichern. 1867 wurden die reaktionären Regierungen der Bürgerkriegsstaaten aufgelöst und durch Militärregierungen ersetzt. Die führenden Rebellen des Südens verloren das Wahlrecht, Neger zogen in die Parlamente der Südstaaten ein. Ab 1877 verließen die letzten Bundestruppen den Süden. Damit war der Weg frei für die »Erlösung des Südens«, also für die weiße Gegenrevolution, vertreten durch die reaktionäre Demokratische Partei. Der Ku-Klux-Klan beherrschte den Süden, die Ära der Lynchmorde begann. Die erste Statistik vom Jahr 1882 verzeichnet bereits fünfzig Opfer der weißen Lynch-Justiz. Bis spätestens 1890 war die weiße Herrschaft im Süden wieder hergestellt. Die Neger verloren allmählich – zuerst 1890 im Staat Mississippi – das Wahlrecht. Sie waren nun wieder »an ihrem Platz«. Den Negern blieb nichts anderes übrig, als die neu-alte Lage anzuerkennen. Booker T. Washington, bis 1900 der Führer der nordamerikanischen Neger, erkannte die Macht der Weißen an; daher sollten die Neger sich zunächst auf Ackerbau und Handwerk beschränken.

Dieselbe Anpassung wurde den Negern auch in der Musik und im Tanz aufgezwungen. Die dunkelste Zeit der schwarzen Dichtung nannte ein Beobachter die Jahre zwischen 1865 und 1889. Etwas besser stand es mit der schwarzen Musik. Die Sammlung »Slave Songs of the United States« von 1867 war ein enormer Fortschritt. Die von den Herausgebern gesammelten Spirituals und Plantation Songs wurden vor allem in den ab 1865 gegründeten Neger-Universitäten gepflegt, zuerst an der Fisk University von Nashville (Tennessee). Die Fisk Jubilee Singers verbreiteten ab 1871 auf zahlreichen Tourneen, die auch nach Europa führten, den Ruhm der schwarzen Spirituals. Aber die Fisk Singers, ab 1872 auch die Hampton Singers, sangen für ein weißes Publikum. Sie mußten daher die ekstatisch-religiöse Wildheit der echten Negro-Spirituals beseitigen. Der Vorsänger wurde durch einen Chor ersetzt. An die Stelle der besonderen schwarzen Vielstimmigkeit traten die vertikalen Harmonien der europäischen Musik. Die Blue Notes wurden zugunsten der »reinen Töne« aufgegeben. Allenfalls blieben noch Reste von Offbeat erhalten.

Der schwarze Tanz blieb für die Öffentlichkeit eine Domäne der weißen Minstrels. Aus der klassischen Vier-Mann-Gruppe wurden nun gigantische Shows mit ganzen Heerscharen von Musikern, Sängern, Schauspielern und Tänzern. Der berühmteste weiße Minstrel-Tänzer war der schon erwähnte George Primrose, dem der Soft Shoe seine Vollendung verdankte. Schon während des Bürgerkriegs allerdings entstand die erste schwarze Minstrel-Gruppe: Lew Johnson's Plantation Minstrels. Aber erst die von dem Neger George Hicks 1865 gegründeten Georgia Minstrels wurden berühmt. Ihr prominentestes Mitglied war der Komponist James Bland. Sein 1878 publizierter Song wurde in ganz Amerika gesungen: »Carry me back to old Virginny«. Die großen Tänzer der Truppe waren Billy Kersands, Sam Lucas und die Bohee Brothers. Kersands war gleichermaßen geschickt in Soft Shoe und Buck and Wing. Hicks mußte schon 1872 seine Truppe an einen Weißen verkaufen, denn eine reine Negergruppe war nicht lebensfähig. Nach mehreren Besitzerwechseln hieß die Truppe um 1880 dann Haverley's Genuine Colored Minstrels. Unter diesem Namen trat sie 1881 und 1882 in England auf. Der erste Teil bestand nur noch aus Instrumentalstücken und

Negerliedern (Coon Songs), so etwa »Mary's gone with a Coon« oder »Dem Golden Slippers« von James Bland (Coon war der neue Name für Neger). Der zweite Teil brachte hauptsächlich Tänze und realistische Szenen aus dem alten Süden. Der Schluß bestand aus einer regelrechten Neger-Militärparade mit der entsprechenden Blasmusik ... Das war der Auftritt der Coonville Guards. Diese großen Negertruppen, die unter weißer Leitung standen, tanzten auch überwiegend für ein weißes Publikum. Es gab allerdings auch kleinere Minstrel-Truppen, die unter schwarzer Leitung standen und nur im Süden vor einem schwarzen Publikum auftraten.

Natürlich lebten die meisten Neger noch immer allein untereinander, in ihrer eigenen Welt und Kultur, mit ihren eigenen Tänzen, ihrer eigenen Musik. Allerdings wissen wir über die schwarzen Tänze dieser Phase nicht viel. Nur aus New Orleans besitzen wir die uns schon bekannten Berichte über die Congo Dances. Einige Nachrichten liegen auch vor über Buck and Wing und Cakewalk. Dieser Cakewalk geht mit Sicherheit in die Sklavenzeit zurück. Ursprünglich handelte es sich um einen Tanzwettbewerb. Die Paare trugen dabei häufig Gefäße mit Wasser auf dem Kopf. Der Schritt war zunächst nur der altbekannte Shuffle Step. Beim ursprünglichen Cakewalk mußte eine mit Kreide bezeichnete Strecke zurückgelegt werden. Daher hieß der Cakewalk ursprünglich Chalk Line Walk (Kreidetanz). Bei der ersten Jahrhundertfeier der USA im Jahre 1876 zeigte eine Negergruppe in Philadelphia einen solchen Chalk Line Walk. 1883 hören wir von Sam Johnson's Cakewalk, der in einem weißen Theaterstück aufgeführt wurde. Bis 1890 kamen zu den einfachen Shuffle Steps die berühmten Beinwürfe des Cakewalk und die Vor- und Rückwärtsbeugungen des Oberkörpers hinzu. Ehemalige Sklaven berichten auch von Buck und Buck and Wing. (Buck war ein altes Wort für den männlichen Neger.) Um 1880 entdeckten dann die weißen Minstrels, wie schon erwähnt, die Synkopation von Buck und Buck and Wing. Cakewalk und Buck gehören mit in die Vorgeschichte des Jazz Dance. Auch die Jazzmusik geht bis in die siebziger Jahre zurück. Das gilt vor allem für den Ragtime, der ab 1896 weltberühmt wurde. Dieser Klavierstil stammt aus dem Mississippi-Missouri-Gebiet. St. Louis wurde zur Wiege des Ragtime. Auch arme Negerfamilien erwarben häufig nach 1865 ein wenn auch noch so altes Klavier, wie Booker T. Washington zu seinem Entsetzen in einer armen Familie erfuhr. Die Leute besaßen ein Klavier, aber nur eine Gabel für die ganze Familie. Vor allem in den Kneipen (honky tonks) und Tanzlokalen der städtischen Neger wurde der synkopierte Ragtime schon in den siebziger Jahren gespielt. Aus den achtziger Jahren sind uns die Namen einiger früher Ragtime-Pianisten überliefert. Damals hieß der Ragtime noch Jig-Piano. Diese Bezeichnung war vollkommen richtig, denn der Ragtime war nichts anderes als eine pianistische Nachahmung jener Musik, die die alte Jig begleitete: Patting und Banjo. Die linke Hand übernahm im Ragtime die rhythmische Aufgabe der Hände und Füße, indem sie einen gleichmäßigen Baßbeat spielte. Die rechte Hand aber imitierte das Banjo, sie spielte synkopierte Melodien, die berühmte Nachschlagsynkope des Ragtime. Diese Musik aber bereitete den Weg für die Jazzmusik vor, deren große Vertreter alle zwischen 1865 und 1889 geboren waren.

Zweite Phase von 1890 bis 1916
Erster Aufstieg und Sieg

Die große Wanderung von Süden nach Norden

Die politisch-gesellschaftliche Unterwerfung der Neger in den Südstaaten war 1890 vollendet. Dieses Jahr brachte mit 190 gekillten Negern den Rekord an Lynchmorden. Aber alle neuen musikalischen und tänzerischen Phänomene der neunziger Jahre stammten noch immer aus der afro-amerikanischen Volkskultur der Südstaaten. Doch ihren Durchbruch erlebten diese neu-alten Phänomene erst im Norden. New York und Chicago wurden ab 1890 zu den Zentren der afro-amerikanischen Kultur. Der Cakewalk setzte sich von New York aus durch, 1892 fand dort der erste Cakewalk-Wettbewerb statt. Der Siegeszug des Ragtime begann 1896 in New York und Chicago. Die Ausbreitung der Jazzmusik erfolgte ab 1915 von Chicago und ab 1917 von New York aus. Die Pelvis-Tänze eroberten seit 1900 von New York aus die Welt. Daher hatten die großen schwarzen Musiker und Tänzer erst im Norden Erfolg. Geboren aber waren sie alle noch im Süden.

Die Ursache für den Aufstieg und Sieg der schwarzen Musik und des schwarzen Tanzes im Norden hatte wirtschaftliche und politische Ursachen. Zwischen 1890 und 1920 verließen Millionen von Negern den Süden, um im Norden besser bezahlte Arbeitsplätze und ein freieres Leben zu finden. Diese Auswanderer brachten die afro-amerikanische Volkskultur des Südens in die nun entstehenden Neger-Ghettos der Städte im Norden.

Um die Bedeutung der Süd-Nord-Wanderung zu zeigen, bringen wir einige Zahlen. Im Jahr 1900 war Washington mit 86 000 schwarzen Bürgern die Stadt mit der größten Negerbevölkerung der USA. Baltimore und New Orleans folgten dicht hinter Washington. New York stand zusammen mit Philadelphia (zusammen je 60 000 Afro-Amerikaner) erst an vierter Stelle. 1910 stand Washington noch immer an der Spitze mit 94 000 schwarzen Einwohnern. Aber nun folgte schon New York mit 91 000, dann New Orleans mit 89 000, Philadelphia und Baltimore mit je 84 000.

1920 stand New York mit 152 000 Negern an der Spitze. Es folgten Baltimore, Philadelphia, Washington und Chicago. 1930 zählte man in New York 327 000 Neger. An die zweite Stelle war Chicago mit 234 000 schwarzen Bürgern getreten. 1940 lebten in New York 458 000 Neger, in Chicago 277 000.

Harlem im Herzen von New York war seit 1920 zur größten Negerstadt der Welt geworden. Bis 1900 war dieses Viertel eine vornehme weiße Wohngegend gewesen. Aber dann drangen die Neger ein. Sie waren zuerst nur auf ein kleines Quadrat beschränkt, das um die siebte Avenue (von Süden nach Norden) und die 135. Straße (von Ost nach West) lag. Von diesem Zentrum aus verbreiteten sich die Neger konzentrisch in alle Richtungen. Bis 1940 hatten sie im Süden den Central Park, im Westen den Hudson River, im Norden die 141. Straße, im Osten den Harlem River erreicht. In diesem Jahr lebten in Harlem bereits an 300 000 Schwarze.

Ein neues politisches Selbstbewußtsein

Die Millionen von Negern, die aus dem Süden nach Norden gewandert waren, trugen zum Aufschwung des weißen Kapitalismus in den Nordstaaten bei. Man brauchte die Schwarzen als Arbeitskräfte in der Industrie. Das Wissen um ihre wirtschaftliche Notwendigkeit erzeugte bei den Negern des Nordens um 1900 ein neues politisches Selbstbewußtsein. Die Zeiten, in denen B. T. Washington Zurückhaltung und Bescheidenheit gepredigt hatte, waren endgültig vorbei. Neue revolutionäre Bewegungen entstanden, eine kämpferische Negerpresse kam ins Leben. W. E. B. Dubois, nun der anerkannte Führer der kämpferischen Negerintelligenz, rief 1905 in Niagara Falls eine Konferenz zur Verteidigung der Rechte der Neger zusammen. Daraus entstand 1909 die NAACP, die National Association for the Advancement of Colored People. Ihre Forderungen waren: Abschaffung jeder Art von Rassentrennung, gleiche Erziehungsmöglichkeiten für Schwarze und Weiße, Wahlrecht für alle Neger der USA. Das Kampfblatt, das Dubois herausgab, war die »Crisis«. Sein erstes großes Buch erschien 1903: »The Souls of Black People«.

NAACP war für die damalige Zeit eine radikale politische Kampfbewegung. Daneben aber entstand eine zweite Organisation, die sich hauptsächlich mit praktischen Problemen befaßte. Das war die 1911 geschaffene National Urban League. Ihre Hauptaufgabe sah diese Liga in den neuen industriellen Zentren des Nordens, also in den sozialen Problemen der durch die Süd-Nord-Wanderung entstandenen Neger-Ghettos. Seit 1900 entstand auch eine kämpferische Neger-Presse und -Literatur: »The Guardian« (1901), »The Defender« (1905), »The Crisis« (1910). Die neue Neger-Literatur wurde repräsentiert durch den Erzähler Charles W. Chestnutt und den Lyriker Paul L. Dunbar. Aufs engste verbunden mit dem neuen, noch zu behandelnden Negro Musical war der Dichter James Weldon Johnson, Bruder des Komponisten J. Rosamond Johnson. Beide kamen aus Florida nach New York. Von James Weldon stammte die erste Nationalhymne der selbstbewußt gewordenen Afro-Amerikaner: »Lift every voice and sing / till Earth and Heaven Ring / Ring with the Harmonies of Liberty« (Erhebt eure Stimmen und singt, bis Erd und Himmel erklingt, erklingt mit den Harmonien der Freiheit).

Die Anfänge des Jazz Dance

Was bedeutet das Wort Jazz?

Die Begriffe Jazz Music und Jazz Dance tauchen erst am Schluß der in diesem Abschnitt behandelten Phase auf. 1915 spielte eine weiße Gruppe aus New Orleans in Lamb's Café in Chicago zum Tanz auf. Sie nannte sich Tom Brown's Dixieland Jass Band. Ihr Entdecker Joe Frisco nannte sich stets mit Recht Schöpfer des Jazz Dance. Denn die frühe Jazzmusik war natürlich Musik, zu der Jazz Dance getanzt wurde. Berühmt wurde der Jazz als Musik allerdings erst ab 1916/17. Die weiße Original Dixieland Jazz Band, ebenfalls aus New Orleans, spielte 1916 in Chicago und 1917 in Reisenwebers berühmtem Café in New York. Im gleichen Jahr 1917 erschien dann auch die erste musikalische Tanzsuite, die sich als Jazz Dance bezeichnete. Diese Suite wird im nächsten Abschnitt noch ausführlich behandelt werden.

Man hat das Wort Jazz aus allen möglichen Wurzeln abgeleitet. Neue Forschungen aber haben ergeben, daß das Wort als Hauptwort und Zeitwort von den Negern schon im 19. Jahrhundert benutzt wurde. Es handelt sich also mit Sicherheit um ein afro-amerikanisches Wort. Seine ursprüngliche Bedeutung als Hauptwort war: Kraft, Heftigkeit, ekstatische Erregung. Als Zeitwort gibt es auch heute noch: jazz around und jazz up. Jazz around bedeutet: dauernd in Bewegung und Erregung sein. Jazz up: aktivieren, begeistern, in ekstatischen Zustand versetzen. Natürlich besitzt das Wort Jazz auch eine sexuelle Bedeutung: erotische Bewegung und Ekstase. Im Tanz begegnen wir dem Wort Jazz im Jahr 1909. Damals ist die Rede von einer Figur, die Jazzbo Glide genannt wurde.

Das Wort Jazz deckt sich in seiner Bedeutung mit einem anderen alten afro-amerikanischen Begriff, dem Wort funky. Funky hat sowohl eine sexuelle als auch musikalische und motorische Bedeutung. Funky kann man etwa übersetzen mit erdhaft, sinnlich, ekstatisch. Im Tanz ist mit funky ganz einfach die schwarze polyzentrische Technik gemeint. Daher ist funky in den modernen Soul-Tänzen identisch mit binnenkörperlichen Pelvis-Motionen. Einer der frühesten Pelvis-Tänze, die wir kennen, hieß Funky Butt (Butt war und ist eine Abkürzung von buttocks = Hinterbacken). Buddy Bolden, der »Vater des Jazz«, spielte den Funky Butt. Er rief dazu: »Shake your asses, you bitches.« Marshall Stearns, der große Jazzforscher, hatte das Glück, um 1960 mit einer schwarzen Tänzerin zu sprechen, die den Funky Butt in ihrer Jugend noch gesehen hatte. Ihr Name war Coot Grant, Minstrel-Tänzerin um 1900 und Tochter des Besitzers eines schwarzen Tanzlokals. Sie erzählte Stearns: »Na ja, Sie wissen, die Frauen zogen da manchmal ihre Röcke hoch, um ihre Petticoats zu zeigen. Genau das passierte im Funky Butt. Da gab es eine große, stattliche Frau, die in Stahlwerken bei den Hochöfen arbeitete. Das war ein richtiger Männerjob. Also das war Sue, und die liebte die Männer. Wenn sie in meines Vaters Honky Tonk reinkam, riefen die Männer gleich: Hallo, Big Sue, zeig uns doch deinen Funky Butt. Das machte sie high und glücklich, sie zog ihre Röcke hoch und machte mit ihren Hinterbacken Bewegungen wie ein Alligator, der einen Uferdamm hinaufzukrabbeln versucht.«

Hier also haben wir jene Motionen der isolierten Hinterbacken, die uns schon aus dem afrikanischen Congo-Stil bekannt sind. Damit taucht das Negerwort Funky für Pelvis-Motionen zum erstenmal auf. Überhaupt hören wir damit erstmals von einem schwarzen Namen für schwarzen Tanz. Das war etwas völlig Neues. Zwischen 1890 und 1960 aber tauchten eine Fülle von schwarzen Namen für afro-amerikanische Tänze auf. Während seither die schwarzen Tänze mit weißen Namen bezeichnet wurden, werden von nun an die afro-amerikanischen Tänze mit eigenen Namen bezeichnet. Damit aber wurde die gesellschaftliche und künstlerische Emanzipation der Afro-Amerikaner bestätigt und dokumentiert. Vor allem wurden nun die neu-alten

Namen für die binnenkörperlich-polyzentrischen Congo-Tänze bekannt. Allerdings wurden diese Tänze erst ab 1910 von der weißen Jugend übernommen. Vorher kamen noch Cakewalk, Ragtime und Onestep. Auch diese Tänze gehören in die Vorgeschichte des Jazz Dance.

Cakewalk, Ragtime und Onestep

Ende der neunziger Jahre wurde der Ragtime zur Begleitung für den Cakewalk. Doch die Neger benutzten diese Musik auch für andere Tänze: Onestep, Twostep, Slow Drag und Buck and Wing. Der Ragtime brauchte einige Jahre länger als der Cakewalk, um in der weißen Öffentlichkeit der Nordstaaten bekannt zu werden. 1890 tanzte das später berühmte Paar Dora Dean und Charles Johnson einen Cakewalk in »The Creole Show«. Diese All-Negro-Show war deswegen so bekannt, weil in ihr zum erstenmal auch hübsche Frauen tanzten. 1892 fand im Madison Square Garden von New York der erste Wettbewerb im Cakewalk statt.

Den Ragtime lernte New York erst 1896 kennen. Ben Harney, ein weißer Musiker aus Kentucky, begleitete einen schwarzen Buck and Wing mit einem Ragtime. 1897 publizierte der weiße William Krell aus Chicago seinen Mississippi Rag mit folgenden Teilen: Cakewalk, Plantation Song, Trio, Buck and Wing. Im gleichen Jahr brachte Tom Turpin als erster Neger einen Ragtime heraus, den Harlem Rag. 1898 gab es in New York bereits das erste schwarze Cakewalk-Ragtime-Musical, »Clorindy – The Origin of the Cakewalk«. 1899 wurde Scott Joplin mit seinem Maple Leaf Rag berühmt. 1900 brachte der bekannte Marsch-Musiker John Philip Sousa den ersten Ragtime zur Weltausstellung nach Paris. Das war der 1898 von Fred Stone geschriebene »My Ragtime Baby«. 1903 schließlich wurde der Cakewalk von der vornehmen Londoner Gesellschaft entdeckt. Das 1902 in New York uraufgeführte Negro-Musical »In Dahomey« hatte den Tanz den Engländern gezeigt.

Einen speziellen Tanz Ragtime gab es zunächst nicht, sondern nur Cakewalk, begleitet von Ragtime-Musik. Der alte Plantagentanz Cakewalk wurde nach 1890 zum Kunst- und Bühnentanz. Allerdings zeigte der Cakewalk der neunziger Jahre nicht nur artistische Beinwürfe und akrobatische Oberkörperbewegungen, sondern auch Pelvis-Motionen. Die Zeitschrift »Musical Courier« sprach daher 1899 vom Cakewalk als einem Bauchtanz: »Die feine Gesellschaft hat beschlossen, daß Ragtime und Cakewalk die Superdinge der Zeit sein sollen. Man liest mit Erstaunen und Abscheu von großen historischen und aristokratischen Namen, die sich an diesem Sex-Tanz beteiligen. Der Cakewalk ist nichts anderes als ein afrikanischer Bauchtanz, eine leicht gemilderte Form afrikanischer Orgien.« Für den Historiker ist die hier festgestellte Verbindung von Bein- und Pelvis-Bewegungen ein Hinweis auf den westafrikanischen Ursprung des Cakewalk.

Wir wissen nicht genau, wie die großen Neger-Tänzer der neunziger Jahre, etwa George Walker, den Cakewalk getanzt haben. Aber schon 1906 erschien in Berlin die erste Darstellung des Cakewalk. 1907 brachte der Wiener Tanzlehrer W. K. v. Jolizza in seinem Buch »Die Schule des Tanzes« eine genaue Choreographie des Cakewalk. Allerdings muß er sich zuerst moralisch entrüsten. Der Cakewalk ist in mehrere

Figuren, das heißt choreographische Teile gegliedert. Wir geben die vierte Figur. Der Herr führt mit beiden Händen vom Handgelenk ausgehende, rollende, dem Rudern ähnliche Bewegungen aus, während die Dame ihre Arme und Hände stets in gleicher Weise wie früher haltend, mit dem Oberkörper kreisende, gleichsam sich windende Bewegungen beschreibt. Beide schreiten hierbei mit hocherhobenen Schritten. Die siebte Figur bildet die Schlußfigur. Über sie heißt es: Dabei wird der groteske Anblick des Vorwärtsschreitens mit hocherhobenen Beinen noch dadurch gesteigert, daß beide Tanzenden sich stark nach rückwärts beugen, wobei sich die Dame zur Abwechslung auch in den Herrn einhängen kann.

Ein spezieller Tanz Ragtime kann seit 1903 nachgewiesen werden. Scott Joplin produzierte in diesem Jahr eine Folk-Opera mit dem Titel »The Rag Time Dance«. Darin wurde unterschieden zwischen Cakewalk, Ragtime und Slow Drag, einem Pelvis-Tanz. Der Grundschritt des speziellen Ragtime-Tanzes war der traditionelle shuffling step, also ein Double oder Jazz Walk. Auch Wechselschritte wie im Twostep, dem späteren Quickstep (schneller Foxtrott) wurden benutzt. In dem von Koebner 1913 (Tanzbrevier) beschriebenen Ragtime wurden sowohl einfache Schritte als auch Doubles benutzt. Die Schritte eins bis drei waren einfache Vorwärtsschritte mit rechtem Fuß, linkem Fuß, rechtem Fuß. Auf vier aber ging der Tänzer tief in die Knie (dip). Das also war – auf drei und vier – ein regelrechter Jazz Walk. Beim Run seitwärts kam auf jeden Taktteil ein normaler Schritt. Der Raggy Step zeigte aber wieder auf eins und zwei einen Double: rechter Fuß unbelastet über linkem Fuß kreuzen, mit rechtem Fuß kleiner Sprung zur Seite nach links, linker Fuß links seitwärts, rechter Fuß zu linkem Fuß.

Auch der zu Ragtime getanzte Onestep wurde ursprünglich mit shuffling steps getanzt. Dazu kamen noch jazzmäßige Verdrehungen des Beckens und des Oberkörpers. Auch in Europa wurden zunächst die afro-amerikanischen Techniken des Onestep übernommen. Das waren die berühmten und berüchtigten Schiebe- und Wackeltänze, die von der deutschen Polizei verfolgt wurden. In einer Polizeiverordnung vom 31.5.1913 hieß es: »Tänzer, welche Schiebe-, Wackel- und sonstige anstößige Tänze ausführen, können mit Gefängnis bis zu zwei Jahren bestraft werden.« Doch schon bald wurde der Onestep gezähmt. Vernon Castle, der damalige Tanzpapst von New York, schrieb: »Der moderne Onestep wird mit glatten, normalen Gehschritten getanzt. Also nicht mehr mit shuffles! Dieser moderne Onestep vermeidet alles Gehopse, alle Twists des Oberkörpers, alles Wackeln mit den Ellbogen und vor allem die tiefen dips (in die Knie gehen). Unser Onestep hat nichts mehr zu tun mit Turkey Trot, Bunny Hug oder Grizzly Bear.« (V. Castle: »Modern Dancing«)

Genau diese von Castle verurteilten Pelvis-Tänze wurden aber schon bald die direkten Ahnen des modernen Jazz Dance.

Die neuen Pelvis-Congo-Tänze

Schwarze Tanz-Namen

Zwischen 1890 und 1916 kam es zu einer wahren Explosion der schwarzen Pelvis-Tänze. Ihre Heimat war nun nicht nur Louisiana mit New Orleans, sondern der ganze alte und neue Süden. Das zeigten schon die Namen dieser Pelvis-Tänze, wie etwa Georgia Grind. Wichtig aber war die Tatsache, daß die nun auch im Norden sich verbreitenden Pelvis-Tänze ihre schwarzen Bezeichnungen behielten. Auch mit diesen alten, ihren eigenen Namen demonstrierten die Afro-Amerikaner seit 1890 ihren Willen zur Emanzipation. Diese Namen waren teilweise afrikanischen Ursprungs: Congo, Mooch, Shimmy, Funky Butt, Pasmala, Hootchy Kootchy. Andere Namen bezeichneten anschaulich die betreffenden Motionen. Grind bedeutete das Mahlen, Mess around das Schweifen, Twist das Drehen, Snake Hips das schlangenartige Winden der Hüften. Wiggle, Waddle, Shake, Fish Tail malten in Worten die gleichen Bewegungen.

Aufs engste verbunden mit den Pelvis-Motionen waren Fußtechniken, die es im weißen Tanz nicht gab und gibt. Das sind die heute als Slides bezeichneten »Rutscher« auf dem belasteten Fuß. Die weißen Tänzer sprachen von Hops (Hüpfer) in den Boden hinein. Der normale Hop ist natürlich ein Hüpfer auf einem Bein und Landen auf dem gleichen Bein. Bei den Slides aber wird der Boden überhaupt nicht verlassen, der belastete Fuß rutscht auf dem Boden nach vorwärts, rückwärts oder zur Seite. Diese schwierigen Techniken sind ohne die Hilfe der Hüften nicht möglich, von ihnen geht der Anstoß, der Schwung aus, der den Fuß dann mitreißt. Pelvis-Tänze und Slides gehören daher aufs engste zusammen.

Die Geschichte der Pelvis-Tänze

Über die Geschichte der neu-alten Pelvis-Tänze sind wir durch die Dance Songs unterrichtet. Es handelt sich dabei um Lieder, in denen Anweisungen für die Ausführung des betreffenden Tanzes gegeben wurden. Ein berühmter Verfasser von Dance Songs war der schwarze, aus Atlanta in Georgia stammende Komponist Perry Bradford. Die frühesten Namen der schwarzen Pelvis-Tänze stammen noch aus den neunziger Jahren. Der Funky Butt wurde schon erwähnt. Neu war auch der Slow Drag. In diesem Tanz bewegten sich die Partner nicht vom Platz, sie klebten aneinander und stießen die Hüften gegeneinander – with plenty of grinds –, also mit einer Menge von mahlenden Pelvis-Motionen. Die Musik für Slow Drag war Ragtime. Scott Joplin schrieb mehrere Slow Drags (1901: »Sunflower Slow Drag«, 1903: »Palmleaf Rag – A Slow Drag«). Bekannt wurde auch der Slow Drag »Nappy Lee« von Joe Jordan, dem musikalischen Leiter des berühmten schwarzen Pekin-Theaters in Chicago.

Das erste genaue Datum haben wir für die Tänze Pasmala und Turkey Trot. 1895 wurde der Pasmala von dem berühmten schwarzen Sänger und Komponisten Ernest Hogan und seiner Gruppe vorgestellt. Der Dance Song verlangte hintereinander drei Slides rückwärts. Außerdem wurde empfohlen, zur Weltausstellung nach Chicago zu fahren und dort den Turkey Trot zu erlernen. Dieser Truthahn-Tanz war ein schwarzer Onestep mit Pelvis-Motionen und fliegenden Armbewegungen. Erst 1910 erreichte der Turkey Trot auch New York. Dort erregte er Aufsehen wegen seiner »obszönen« Bewegungen.

Ein Gericht verurteilte einen Turkey-Trotter zu fünfzig Tagen Gefängnis. Fünfzehn junge Damen, die in ihrer Dienstzeit Turkey Trot getanzt hatten, wurden von ihrer Firma fristlos entlassen. Eine bestimmte Figur des Turkey Trot war der Grizzly Bear. Dabei griff der böse Bär den armen Truthahn an. So also entstand aus dem Turkey Trot der Bärentanz, der auch in Deutschland war und verboten wurde. Berühmt wurde der Erlaß der Dresdener Polizei aus dem Jahre 1913: »Energische Maßnahmen der Polizei gegen den Bärentanz. Die Kgl. Polizeidirektion Dresden hat sich veranlaßt gesehen, energische Maßnahmen gegen die Auswüchse des Tanzes zu ergreifen, und folgenden Erlaß an den Vorstand des Vereins der Saalinhaber erlassen: Bei der Kgl. Polizeidirektion sind Klagen geführt worden, daß bei öffentlichen Tanzveranstaltungen der sog. Bärentanz in einer Weise getanzt werde, die das Sittlichkeitsgefühl verletze und bei Saalbesuchern Ärgernis errege. Es sind nämlich bei diesem Tanz nicht nur die üblichen plumpen und humpelnden Bewegungen ausgeführt worden, sondern vor allem hat die Tänzerin dabei häufig die Beine seitwärts so abgespreizt, daß man die Unterkleider, Strümpfe usw. dabei sah, oder sie hat beim Beugen des einen Beines nach vorwärts das andere Bein so weit nach rückwärts am Boden entlanggestreckt, daß sich der Kleiderrock hochschob und nicht nur der mit dem Strumpf bekleidete Unterschenkel, sondern sogar ein Stück des nackten Oberschenkels sichtbar wurde. Derartige Auswüchse kann die Kgl. Polizeidirektion nicht dulden.«

Im Jahr 1909 veröffentlichte Bradford den Song zu dem Tanz Bullfrog Hop. In diesem Song kommen hochinteressante technische Bezeichnungen vor. Zum ersten Male taucht hier das Wort Jazzbo in einem Tanzlied auf. In der Tat war dieser Bullfrog Hop bereits ein echter polyzentrisch-binnenkörperlicher Jazz Dance. Wiggle von Seite zu Seite bezeichnet einen Hüftstoß nach rechts und nach links. Jazzbo Glide ist ein Slide rückwärts, der »mit viel Pep« ausgeführte Shimmy wurde 1917 direkt als Jazz Dance bezeichnet. Als Haltung wird genannt: Stoop low, also Beugen nach vorn (Collapse). Possum Trot – 1915 mit einem eigenen Tanz-Song vertreten – wurde mit »fast flat hops« getanzt, also mit Slides vorwärts. Auch die in dem Song genannte Figur »Scratch the Gravel« (Kieskratzen) bezeichnete flache Slides. Wir haben also in diesem Tanz nebeneinander Pelvis-Motionen und Slides. 1910 gab es den Tanz Walking the Dog. Dieser Tanz wurde in den sechziger Jahren wieder beliebt. Als Techniken wurden genannt: Slide back, die Pelvis-Motionen des Slow Drag, ein Sprung zur Seite und vor allem der Texas Tommy (Tommy bedeutet im Slang Prostituierte und ist bereits ein Hinweis auf die »Obszönität« dieser Tanzfigur). Es gab auch einen speziellen Tanz Texas Tommy, der 1912 New York erreichte. Vorgeschrieben waren kreisende Pelvis-Motionen, Fußkicks, Hüpfer und ganz besonders schon die Throwaways oder Breakaways (Wegwerfen der Dame) des späteren Lindy Hop beziehungsweise Jive.

In Bradfords Dance Song »Rules and Regulations« von 1911 wurden folgende Techniken und Tänze genannt: Jazzbo Glide, Scratching the Gravel, Shimmy, Wabble, Bullfrog Hop, Georgia Bobo (Grind), Puppy's Tail (Rutscher rückwärts) und schließlich noch Balling the Jack. Das Wort schon weist wieder auf »obszöne« Pelvis-Motionen hin. Balling ist ein Slangwort für den Liebesakt. Genau dieser Tanz wurde 1913 zu einem der großen Tanzhits von New York. Die Vorschrift lautete: Twist your hips with all your might, das heißt, die Grundfigur war ein Pelvis-Kreis. Die Haltung war Collapse. Die gleichen Techniken wurden schon 1912 in dem Tanz Mess around verlangt. Dieser Tanz tauchte dann 1962 wieder auf mit dem Song von Chubby Checker. Die genannten Pelvis-Tänze und der Tango erzeugten zwischen 1910 und 1914 in Amerika und Europa den berühmten Dance Craze, jenes Tanzfieber, das dann unmittelbar in das Zeitalter des Modern Jazz Dance hineinführte.

Allerdings regten sich ab 1914 auch Widerstände. Das uns schon bekannte Tanzlehrer-Paar Vernon und Irene Castle hatte bis 1913 die Pelvis-Welle begeistert mitgemacht. Im Castle-House spielte der Neger James Reese Europe, ein Vorkämpfer der neuen synkopierten Tanzmusik, für die Schüler des Hauses. Aber die weiße Gesellschaft entdeckte um 1914 die fürchterliche Tatsache, daß sie Niggertänze gelernt hatte. Daher bekämpften die Castles seit 1914 die Pelvis-Tänze im Namen des guten, lies weißen Geschmacks. Im Castle-House wurden Plakate angeschlagen, die proklamierten: Wackle nicht mit den Schultern, schüttle nicht mit den Hüften, verdrehe den Oberkörper nicht, wedle nicht mit den Ellbogen und Armen, hüpfe nicht, sondern gleite ruhig über die Tanzfläche. Laß den Turkey Trot, laß den Grizzly Bear, laß den Bunny Hug und alle ähnlichen Tänze. Sie sind häßlich und ohne Anmut. Vor allem aber sind sie nicht mehr modern.

Buck, Buck and Wing

Um 1880 hatte der weiße Minstrel James McIntyre als erster, wie er behauptete, die Synkopation der Negro Jig entdeckt. Von da ab bezeichnete man diese Jigs mit den von den Negern schon vor dem Bürgerkrieg bekannten Namen Buck beziehungsweise Buck and Wing. Die Worte Jigging und Clogging für die afro-amerikanischen Klopftänze verschwanden. An ihre Stelle trat nun Buck beziehungsweise Buck and Wing. Eine andere schwarze Bezeichnung für diesen Tanzstil war Hoofing. Der Buck war nichts anderes als der multiplizierte Tanzstil der sudanischen Neger. Im Buck and Wing kamen noch Erhebungen hinzu. Ein Beispiel: Hop auf linkem Fuß, Beinwurf zur Seite mit rechtem Fuß, Landung auf linkem Fuß, rechter Fuß zu linkem Fuß zurück. Diese Sprungfigur haben wir schon bei den sudanischen Dogon kennengelernt. In den schottischen Tänzen wurden ähnliche Bewegungsfolgen als high cut, pigeon wing oder einfach als wing (Flügel) bezeichnet. Das Wort wing also ist eindeutig schottischen Ursprungs, aber die Technik selber verweist auf sudanische Wurzeln.

Bis in die zwanziger Jahre hinein unterschieden die afro-amerikanischen Tänzer noch sehr genau zwischen reinem Buck und Buck and Wing. Die konservativen Tänzer hielten noch bis 1930 am reinen Buck oder Hoofing fest. Bei diesem Buck wurden die Füße niemals weit vom Boden entfernt. Seit etwa 1910 gab es in Harlem den legendären Hoofers' Club, dessen King der bekannte Rastus Brown war. Auf ihn schauten alle jungen Tänzer von Harlem. Aber von ihm hieß es auch ausdrücklich: He did no wings. Auch Bill Bojangles Robinson, geboren 1878 im tiefen Süden, aktiv seit 1892, in den zwanziger Jahren als größter Tap-Tänzer gepriesen, auch dieser große Künstler hielt wenig von wings, aber alles von den flachen, multiplizierten Motionen des Buck.

Zum alten Buck Dance gehörten auch die Sand Dances und Stop Dances. Sand Dance: Die multiplizierten Steps wurden in ausgestreutem Sand sichtbar gemacht. Stop Dance: Die Musik spielte von jedem Takt nur eine Note oder verstummte gar über mehrere Takte hinweg. Aus diesen Stop Dances wurden zwischen 1890 und 1915 die heute noch im Tap Dance gültigen Time Steps entwickelt, mit deren Hilfe der Tänzer sein Tempo für sich selber und die ihn begleitende Musik immer wieder aufs neue regelt und feststellt. Der oder die Musiker verstummen dabei, er oder sie schauen nur wie gebannt auf den Tänzer. Alle Time Steps sind natürlich synkopiert beziehungsweise multipliziert.

Alle schwarzen Tänzer und Tänzerinnen tanzten zwischen 1890 und 1916 Buck beziehungsweise Buck and Wing. Ihre Namen sind noch heute jedem Freund des Tap Dance bekannt: The Whitman Sisters, Ida Forsyne, George Walker, Bill Robinson, Ernest Hogan, Harry Swinton, Willie Covan, Johnny Ford, Harland Dixon. Doch fast alle diese Tänzer und Tänzerinnen tanzten auch Soft Shoe, Cakewalk und die neualten Pelvis-Tänze. Daher gehören diese großen Namen auch in die Vorgeschichte des Jazz Dance. Wichtig ist, daß nun die Afro-Amerikaner selber ihre verschiedenen Tanzstile mit den entsprechenden Namen bezeichneten. Aus der Vereinigung von Buck and Wing und Soft Shoe entstand ab 1925 der moderne Tap Dance. Der moderne Jazz Dance entstand überwiegend aus den Congo-Pelvis-Tänzen. Cakewalk und Ragtime erzeugten ab 1914 den modernen Langsamen Foxtrott und den Marschtanz.

Das neue Negro Musical

Die seit 1890 einsetzende gesellschaftliche Emanzipationsbewegung der Neger hatte einen künstlerischen Aufschwung in den Nordstaaten der USA zur Folge. Die wirtschaftliche Voraussetzung für diesen Aufschwung war nämlich der Einsatz schwarzer, aus den Südstaaten stammender Proletarier in den Industrien des Nordens. Diese proletarischen Massen bildeten ab 1890 das wichtigste Publikum für die frühe Jazzmusik, die schwarzen Shows und Musicals. So bekamen die schwarzen Musiker, Tänzer, Schauspieler und Akrobaten zum erstenmal gutbezahlte Arbeitsmöglichkeiten. Während die weiße Minstrelsy ab 1900 verschwand, blühten die schwarzen Minstrel Shows jetzt erst auf. Im schwarzen Süden zogen schwarze

Minstrel-Gruppen noch bis 1940 durch das Land. Die schwarzen Minstrel Shows erschienen seit etwa 1900 unter verschiedenen Namen. Da gab es zuerst einmal die Tent Shows. Die betreffenden Gruppen traten in rasch aufgeschlagenen Zelten auf. Diese Tent Shows waren aber wieder in Klassen eingeteilt. Ganz unten war die Medicine Show, bestehend aus einem »Doktor«, einem Tänzer-Sänger und einem Anpreiser-Verkäufer. Wesentlich höher stand die Gilly. Das war eine Art von Jahrmarkt, verbunden mit einer schwarzen Tanz-, Musik- und Komödien-Show. Das Zelt dieser Negro Minstrels hieß Jig Tent. Die Gillies traten vor allem im Süden vor weißen und schwarzen Bauern auf. Eine Stufe höher stand die Carnival Show. Sie verband einen regelrechten Zirkus mit einer schwarzen Minstrel Show. Insgesamt bildeten die Tent Shows die proletarische Klasse der Negro Minstrelsy. Zur Mittelklasse, auch für ein weißes Mittelklasse-Publikum bestimmt, gehörten die Road Shows. Hier traten die Künstler in Sälen auf. Durchweg standen diese Road Shows unter weißer Leitung. Einige sind bis heute berühmt, denn sie beschäftigten zum Teil die Spitzenklasse der schwarzen Künstler. *Old Kentucky*, um 1900 gegründet, zählte zu seinen Mitgliedern so berühmte Leute wie den Komponisten Eubie Blake, die Tänzer Bill Robinson und Harry Swinton. *Black Patti's Troubadours*, seit 1891 bestehend, hatten ihren Namen von der ersten großen schwarzen Sängerin Sissieretta Jones, genannt die schwarze Patti (nach der italienischen Sängerin Adelina Patti). In dieser Truppe traten neben der Sängerin selber Ida Forsyne und Rastus Brown auf. *Smart Set* spielte fast nur vor einem weißen Publikum. Der größte Tänzer und Musiker dieser Truppe war der uns schon bekannte Ernest Hogan, dem wir gleich noch einmal begegnen werden.

Zu den Road Shows gehörten natürlich auch alle Truppen, die sich nach wie vor als Minstrel Companies bezeichneten. Mahara's Minstrels beschäftigten zwischen 1896 und 1900 W. C. Handy, den sogenannten Vater des Blues, als Orchesterleiter. Eine andere schwarze Minstrel-Truppe waren die Rabbit Foot Minstrels, bei denen die große Blues-Sängerin Ma Rainey ihre Laufbahn begann.

Das Ziel jedes schwarzen Künstlers war es, im Norden zu bleiben und vor allem in New York auftreten zu dürfen. Dort hatte zum erstenmal seit etwa 1890 ein gebildetes und tolerantes weißes Publikum die Negermusik und den Negertanz als authentisch amerikanisch entdeckt. So entstand in New York als dritte Stufe der afro-amerikanischen Kunst – nach Tent Show und Road Show – eine neue Bühnengattung des afro-amerikanischen Tanz- und Musik-Theaters: das Negro Musical des Broadways von New York. Hier handelte es sich um die erste Form von schwarzer Theater-*Kunst*. Nicht unbeteiligt an der neuen Wertschätzung der afro-amerikanischen Musik war der von 1892 bis 1895 als Direktor des Nationalkonservatoriums wirkende tschechische Komponist Antonín Dvořák. Er hatte in seiner 1893 in New York uraufgeführten Sinfonie »Aus der neuen Welt« – vor allem im zweiten Satz – Motive und Harmonien der schwarzen Spirituals benutzt. Er selber schrieb: »Diese wunderschönen Themen sind Produkte des amerikanischen Bodens, sie sind echt amerikanisch. Sie sind die wahren Volkslieder Amerikas. Ihr amerikanischen Komponisten müßtet euch damit beschäftigen! Ich habe in den Negermelodien von Amerika alles gefunden, was nötig ist für eine große und edle Schule der Musik.«

Mit Dvořák und seinem schwarzen Schüler Burleigh begann jene Musikschule, die das neue Negro Musical schuf, das sich seit etwa 1890 aus der Minstrelsy entwickelte. Eine ganze Reihe von Eigenschaften jedoch trennten das Negro Musical von der alten Minstrel Show.

1. Zum erstenmal traten schwarze Frauen als Sängerinnen und Tänzerinnen auf.
2. Die neuen Musicals besaßen ein Plot, eine durchgehende Handlung.
3. Die Musik der Musicals und ihre Texte wurden jeweils von bestimmten Komponisten und Dichtern verfaßt. Der bedeutendste Musical-Komponist war Will Marion Cook, für kurze Zeit ein Schüler von Dvořák. Andere bekannte Musical-Komponisten waren: Bob Cole, Ford Dabney und J. Rosamond Johnson. Dessen Bruder James Weldon Johnson gehörte neben Paul Lawrence Dunbar zu den wichtigsten Textdichtern der neuen Musicals.
4. Die größten schwarzen Tänzer der Zeit wurden beschäftigt und gut bezahlt: das Paar George Walker und Bert Williams, weiter Ernest Hogan und Sam Lucas.
5. Die Leitung war in der Regel schwarz. Es handelte sich um sogenannte All-Negro-Casts.
6. Die neuen Stücke wurden ab 1896 am Broadway vor einem überwiegend weißen Publikum aufgeführt.

Am 4. August 1890 wurde die erste dieser neuartigen Shows, allerdings noch in einem kleinen Ort außerhalb von New York, gezeigt: »The Creole Show«. Der weiße Produzent Sam T. Jack hatte hier zum erstenmal neben dem großen Tänzer Sam Lucas sechzehn bildhübsche Tänzerinnen engagiert. 1891 kam aus Louisville (Kentucky) die Musical Show »The South before the War« nach New York. Sie besaß noch keine durchgehende Handlung, doch gelang es ihr, realistisch die Atmosphäre der alten Plantagen zu beschwören. Eddie Leonard tanzte hier einen virtuosen Virginia Essence. Der blutjunge Bill Robinson begann mit diesem Stück seine Laufbahn als Buck-Tänzer. Diesen Stil hatte er schon als Junge in seiner Heimatstadt Richmond gelernt. 1893 konnte das schwarze Amerika zum erstenmal so etwas wie ein Nationalfest feiern. Die Weltausstellung von Chicago führte einen Colored American Day ein. Für diesen Zweck hatte man ein komplettes afrikanisches Dorf aufgebaut, in dem schwarze Tänze gezeigt wurden. Der Dichter Paul L. Dunbar trug seine Gedichte vor einem weißen Publikum vor. Dieser Colored American Day erregte die Phantasie von N. Salisbury, dem Agenten von Buffalo Bill's Circus. In Brooklyn, also im Herzen von New York, erstellte er im Jahre 1894 in seiner Show »Black America« ein südstaatliches Negerdorf, das eine Kirche mit einem schwarzen Prediger einschloß. Dieses Musical besaß nun zum erstenmal ein durchgehendes Programm. Gezeigt wurde der Weg, den die afrikanische Kunst von Afrika aus nach Amerika genommen hatte.

Im Jahr 1896 wurde das erste Negro Musical am *Broadway* gezeigt: »Oriental America«. Der Manager war zwar noch ein Weißer, aber das Neue an dieser Show war, daß die Neger hier nicht mehr wie in der Minstrelsy als Clowns und Coons erschienen, sondern daß sie sich selber als menschliche Wesen vorstellen durften. Daher trugen die Künstler auch keine Blackface-Bemalung mehr. Mit »Oriental

America« begann die erste Broadway-Epoche der schwarzen Musik und des schwarzen Tanzes. Der endgültige Abschied von der schwarzen Minstrelsy und damit der Durchbruch zum selbständigen Negro Musical kam 1898 mit zwei Stücken. Das eine war »A Trip to Coontown«. Das andere hieß »Clorindy – The Origin of the Cakewalk«. »A Trip to Coontown« wurde von Bob Cole und J. Rosamond Johnson komponiert. Sam Lucas war der Tanzstar. Thema war eine Fahrt in eine Stadt des schwarzen Südens (Coontown). James Weldon Johnson schrieb über dieses Stück: »Es handelte sich um das erste Negro Musical, das aus dem Muster der Minstrels ausbrach. Dieses Stück zeigte nicht mehr das traditionelle Potpourri, sondern es besaß von Anfang bis Schluß eine geschlossene und sinnvolle Handlung.« Der größte Erfolg des Jahres 1898 aber war »Clorindy«. Komponist: W. M. Cook. Textdichter: P. L. Dunbar. Tanzstar: Ernest Hogan. Aufführungsort: Casino Roof Garden am Broadway. Hier handelte es sich um das erste schwarze Jazz Dance Musical. Der Tanz zeigte die großen Stile der Zeit: Cakewalk und Buck and Wing. Für Hogan war dieses Musical der Höhepunkt seiner Laufbahn. Dieser Mann, ursprünglich Reuben Crowder, war das erste afro-amerikanische Allround-Genie. Er war Sänger und Komponist, Tänzer und Schauspieler in einer Person. Nach dem Triumph von »Clorindy« verkündete sein Komponist Cook: Endlich sind wir am Broadway, und hier werden wir bleiben. Im gleichen Jahr 1898 erlebten ihren Durchbruch am Broadway auch jene zwei schwarzen Künstler, die im folgenden Jahrzehnt als die größten Tänzer und Komödianten gefeiert wurden: Bert Williams und George Walker. Sie waren schon 1896 nach New York gekommen, aber erst 1898 konnten sie triumphieren. Sie traten 40 Wochen lang im Spitzen-Varieté des Broadways auf. Walker war der Dandy-Cakewalker, Williams aber der clownhafte Pelvis-Tänzer. Jack Donahue, einer der bekanntesten weißen Hoofer, bekannte: »Walker tanzte einen eleganten und raffinierten Cakewalk, während Williams hinter ihm her folgte mit einem lockeren Mooch.« Hier also wird genau zwischen den Stilen unterschieden. Williams brachte als erster die Congo-Pelvis-Tänze auf die Bühne des Broadways. Die weißen Kritiker der Zeit meinten allerdings, Williams könne überhaupt nicht tanzen, er bewege sich nur grotesk. In Wirklichkeit war Williams der erste große Jazz Dancer.

Walker und Williams verbanden sich ab 1898 mit dem Komponisten Cook. Die ersten Stücke des neuen Trios waren nicht sehr erfolgreich. Aber 1902 kam der große Broadway-Triumph. Das Negro Musical »In Dahomey« machte Cook, Walker und Williams weltberühmt. Mit der Londoner Aufführung dieses Musicals im Jahr 1903 begann der Siegeszug des Cakewalk in Europa. Insgesamt wurden die Jahre 1898 bis 1910 die ersten großen Jahre der schwarzen Musik, des schwarzen Tanzes, des schwarzen Theaters. In den gleichen Jahren verbreitete sich von New Orleans aus die Jazzmusik. Das Vergnügungsviertel Storyville, das vielen schwarzen Musikern von New Orleans gutbezahlte Arbeit gab, wurde 1897 offiziell geschaffen. Im Jahr 1910 wurde zum letztenmal ein Negro Musical am Broadway aufgeführt: »The Oyster Man«. Erst 1921 erschien dort wieder ein schwarzes Musical. Der Grund für die Pause war der Einzug der Neger in Harlem und die dadurch entstehende Harlemer Negerkultur. In zwei Theatern, dem Lincoln und dem Lafayette, wurden Musicals von Negern für Neger aufgeführt. Am berühmtesten wurde 1913 »Darktown Follies« im Lafayette. Zu diesem Musical strömten Tausende weißer Musikfreunde von Downtown nach Harlem. Es wurde chic, in das Negerghetto zu fahren. Der Schöpfer der »Darktown Follies« war der Neger John Leubrie Hill, der zugleich Komponist, Textdichter und Schauspieler war. Das Stück handelte von einer Art schwarzem Verlorenem Sohn, der nach seinem Ausflug in die mondäne weiße Welt reumütig wieder nach Hause zurückkehrt. Völlig neu, vorher ganz unmöglich, war eine echte Liebesgeschichte zwischen einem schwarzen Mann und einer schwarzen Frau. Schon das war eine Sensation. Aber die größte Wirkung ging von den Tänzen aus. Gleich zwei Pelvis-Tänze eroberten von Harlem aus die weiße Gesellschaft von New York: Balling the Jack und Texas Tommy. Weiter traten auch zwei junge Pioniere des modernen Tap Dance auf: Toots Davis und Eddie Rector. Auch gab es natürlich noch immer einen Cakewalk. Aber die tänzerische Sensation schlechtweg war ein Kreistanz, der von allen Mitwirkenden mit den Pelvis-Motionen des Balling the Jack ausgeführt wurde. Dabei sang die ganze Kompanie: »At the Ball, that's all.« Für die Weißen war das ganz klar: »Beim Ball, das ist alles.« Nur die Neger wußten, daß ball ein sehr zweideutiges Wort war und ist. Der große Florenz Ziegfeld kaufte die ganze Tanz-Routine von At the Ball für seine Ziegfeld-Girls am Broadway. Mit »Darktown Follies« begann Harlems große Zeit, die Epoche der Harlem Negro Renaissance.

Dritte Phase von 1917 bis 1930
Die Geburt des Jazz Dance

Das Jahr 1917

Für die afro-amerikanische Musik und den afro-amerikanischen Tanz wurde das Jahr 1917 zum revolutionären Epochenjahr Nummer 1, im selben Jahr, in dem in Rußland die Große Sozialistische Oktoberrevolution die Wende brachte und die USA in den ersten Weltkrieg eintraten. Die weiße Original Dixieland Jazz Band spielte zum erstenmal in New York. Zwar war schon im gleichen Jahr auch die schwarze Original Creole Band unter der Leitung von Freddie Keppard in New York aufgetreten, aber erst die Original Dixieland Jazz Band erreichte den Durchbruch des Jazz beim weißen Publikum.

Noch wichtiger als für die Jazzmusik wurde das Jahr 1917 für den Jazz Dance. Der schwarze Komponist W. Benton Overstreet publizierte eine Tanzsuite unter dem Namen Jazz Dance. Der Untertitel lautete: Song and Foxtrot. Alle vier in dieser Suite erscheinenden Tänze waren Congo-Pelvis-Tänze: Texas Tommy, Eagle Rock, Buzz und Shimmy. Der Texas Tommy war schon seit 1910 bekannt, den Eagle Rock spielte bereits Buddy Bolden. Der Buzz war identisch mit Bee, einem Tanz mit shuffling steps und flatternden Armbewegungen. Bereits 1913 hatte Bradford einen Baltimore

Buzz veröffentlicht. Der Shimmy wurde bereits um 1900 erwähnt. Overstreets Jazz Dance enthielt also keine neuen Tänze, seine Suite faßte nur vier vorhandene binnenkörperliche Pelvis-Tänze unter dem Namen Jazz Dance zusammen. Im gleichen Jahr 1917 gab es auch einen speziellen Shimmy-Song von Spencer Williams: »Shim-Ma-Sha-Wabble«. Auch Bradford brachte 1917 einen neuen Dance Song heraus: »Scratchin' the Gravel«. Hier wurde zuerst ein mooch nach links und rechts genannt. Das waren Hüftstöße nach links und rechts. Dann kam der Shimmy. Weiter wurden verlangt: Whirl around, also ein Hüftkreis. Dann aber kam eine binnenkörperliche Motion, die erst wieder in den modernen Soul-Tänzen der sechziger Jahre auftauchte: Going down to the Ground. Damit waren Hüftkreise gemeint, die sich spiralenförmig tief nach unten bewegten. Sway the knees, das sind heute noch benutzte Jazz-Motionen der geschlossenen Knie nach rechts und nach links. Zum Schluß wurden noch genannt Sooey und Scratchin' the Gravel. Das waren die uns schon bekannten Slides des belasteten Fußes. Noch ein vierter Dance Song entstand 1917. Das war der uns schon bekannte Tanz Walking the Dog, der bereits im Jahr 1910 erwähnt wurde.

Diese vier Dance Songs des Jahres 1917 machten deutlich, daß der Tanzstil, der von nun an als Jazz Dance bezeichnet wurde, nichts anderes war als der polyzentrisch-binnenkörperliche Pelvis-Stil, der seit 1890 in zahlreichen Einzeltänzen seinen Durchbruch erreicht hatte. In den zwanziger Jahren allerdings verstand man zunächst unter Jazz Dance nur die Gesellschaftstänze der städtischen Neger und die Show-Tänze der professionellen Negerkünstler.

Der spezielle Jazz Dance

Es gab zwischen 1919 und 1922 einen speziellen Jazz Dance. Amerikanische Choreographien gibt es keine, wohl aber deutsche Beschreibungen, die immerhin erkennen lassen, daß die europäischen Tänzer sich bemühten, die polyzentrischen Motionen der Neger nachzuahmen. Die Deutsche Nachrichten-Agentur schrieb 1921 mit völligem Recht: »Der Jazz ist der Modetanz von heute, ein Gliederschütteln und Verrenken, wie man es sonst niemals im Tanzsaal sah.« Die »Weltbühne« allerdings verteidigte den Jazz Dance: »Er schlägt jeden Ansatz von Würde, von korrekter Haltung, von Schneidigkeit, von Stehkragen in Grund und Boden ... Der deutsche Oberlehrer kann ihn nicht tanzen. Der preußische Reserveoffizier kann ihn nicht tanzen. Wären doch alle Minister und Geheimräte und Professoren und Politiker verpflichtet, zuweilen öffentlich Jazz zu tanzen.«

Der Shimmy

Ab 1920 triumphierte der Shimmy auch in Europa. Die europäischen Tänzer versuchten, die vom Pelvis ausgehenden Shimmy Shakes nachzuahmen, aber den Tanztheoretikern gelang es nicht, diese Motionen exakt zu beschreiben. Das »Berliner Tageblatt« schrieb: »Dieser Tanz, der darin bestand, daß das Tanzpaar, ohne Tanzschritte auszuführen, sich nach Art der indischen Bauchtänzerinnen in den Hüften wiegte und dazu die Schultern zum Takte der Musik hin und her schwenkte, erregte schon durch seine freie Bezeichnung den Unwillen gewisser amerikanischer Kreise, und wurde auch bald von der Polizei in allen öffentlichen Tanzlokalen verboten.« In diesem Artikel wurde auch die berühmte Shimmy-Legende erwähnt. Shimmy soll nach dieser Legende bedeuten: eine amerikanische Version des französischen Wortes chemise (Hemd). Eine schwarze Tänzerin soll auf die Frage, was sie da tanze, geantwortet haben: »I'm shaking my shimmy.« In Wirklichkeit war shimmy ein afro-amerikanisches Slang-Wort für jenen Körperteil, der keinen salonfähigen Ausdruck besitzt. Beim Shimmy ist das Wort Freezing wichtig, es bedeutet, wörtlich übersetzt, gefrieren. Aber im Shimmy ist damit die Wellenbewegung des Rückens gemeint, die an das Rippeln eines gefrierenden Gewässers erinnert. Daher wird das Freezing des Shimmy auch als Jelly Roll bezeichnet: wackelnde Sülze. Im Negerslang besitzt Jelly Roll natürlich auch eine sexuelle Bedeutung. Ferdinand la Menthe nannte sich als Jazz Pianist Jelly Roll Morton. Von Louis Armstrong gibt es einen berühmten Titel: »I ain't gonna give nobody none of my Jelly Roll« (Ich gebe niemand etwas von meinem Jelly Roll).

Der Shimmy wird als schwarzer Tanz seit etwa 1900 erwähnt. 1909 taucht er in Bradfords Song »Bullfrog Hop« auf. 1917 bildet der Shimmy einen Teil von Overstreets Suite. Es kann also keine Rede davon sein, daß erst die weißen Filmstars Mae West und Gilda Gray im Jahr 1919 den Shimmy erfunden haben.

In allen von Stearns erwähnten Berichten über den Shimmy wird die totale Binnenkörperlichkeit dieses Tanzes betont. Dieser Autor bringt auch die Aussage der Sängerin und Tänzerin Ethel Waters, wonach der Shimmy auf den Voodoo-Kult und die westindischen Pelvis-Tänze zurückgehen soll. Sie nannte als Heimat des Shimmy die Virgin Islands, auf denen Earl Leaf noch die echte schwarze Bamboula mit Po- und Bauchmotionen gesehen hatte. Interessant ist in dieser Hinsicht eine berühmte Zeichnung von Karl Arnold aus dem Jahr 1921: Jazz-Orchester und Shimmy-Tanz. Hier machen die deutschen Shimmy-Tänzer genau die von Earl Leaf geschilderten Motionen. Sie berühren mit beiden Händen die Po-Backen ihrer Damen und versuchen, diese in rotierende Bewegungen zu versetzen. Dazu kommen noch, auf der Zeichnung deutlich zu sehen, isolierte Schulter-Schüttel-Motionen. Schon damals also haben deutsche Tänzer versucht, im Stil des schwarzen Jazz Dance zu tanzen.

Tap, Charleston, Black Bottom, Lindy

In den großen Negro Musicals der zwanziger Jahre, denen wir gleich begegnen, wurden neben den neuen Pelvis-Jazztänzen noch immer auch Buck and Wing getanzt. Bis 1925 aber unterschied man noch nicht streng zwischen Jazz Dance und Tap Dance, dem alten Buck and Wing. Beide Stile zeigten ja die Phänomene der Isolation und Multiplikation. Erst nach 1925 trennten sich die Wege von Jazz Dance und Tap Dance. Aber noch Stearns rechnete den Tap Dance zur großen Familie des Jazz Dance. 1924 erschien von E. Russell das letzte Lehrbuch über Buck and Wing. Schon 1925 aber zählte der Bandleader Ted Lewis in einem Artikel »The Art of Jazz« nur noch den Shimmy und den Charleston zu den echten Jazz Dances. Ausdrücklich wurde der Tap Dance nun als eigener Stil proklamiert. Die Synthese von Buck and

Wing und Soft Shoe wurde nämlich ab 1925 als Tap Dance bezeichnet. 1928 wurde ein Film mit dem Titel »Tap Dance« von Ruby Keeler produziert. 1929 erschien das erste Lehrbuch des Tap Dance von A. Tamaroff. Im gleichen Jahr 1929 brachte auch die Zeitschrift »Dance Magazine« den ersten seriösen Artikel über Jazz Dance. Darin hieß es: »Es handelt sich um einen Tanzstil, in dem der ganze Körper als Mittel des Ausdrucks eingesetzt wird. Jazz Dance bildet den äußersten Gegensatz zum klassischen Ballett, in dem der Torso völlig ruhig gehalten wird. Im Jazz Dance jedoch sind die Hüften, der Bauch und die Brüste genau so wichtig wie die Beine.« Der Autor dieses Artikels hat als erster weißer Beobachter die Polyzentrik / Isolation des Jazz Dance erkannt.

Als wichtigster Jazz Dance galt der Charleston, berühmt geworden 1923 durch das Negro Musical »Runnin' Wild« und vor allem dann durch Josephine Baker. Der ursprüngliche Charleston produzierte wie der Tap Dance akustische Sounds, er wurde weiter mit raffinierten Beinspielen und Pelvis-Motionen getanzt. Diese Kombination weist, wie auch Herskovits betonte, auf den westafrikanischen Ursprung des Charleston hin. In den USA kann dieser Tanz schon seit etwa 1900 nachgewiesen werden. Sein Vorgänger in der Sklavenzeit war der Tanz Jay Bird. Alle schwarzen, aus den Südstaaten stammenden Komponisten und Tänzer der zwanziger Jahre erinnern sich noch genau daran, daß sie schon als Kinder den Charleston gesehen oder getanzt haben. Der Charleston war in der Tat einer der frühesten authentischen Jazztänze.

Der letzte Jazz Dance, der in den zwanziger Jahren noch die weiße Jugend erreichte, war der Black Bottom. Das war ein echter Congo-Pelvis-Tanz, wie schon der Name beweist. (Bottom bedeutet »Hintern«.) Zum Modetanz wurde der Black Bottom erst 1926. Doch schon 1919 hatte Bradford seinen »Original Black Bottom« herausgebracht. Der Song schrieb folgende Figuren vor: Doodle (Slide), Mooch (Hüftstoß nach rechts und links), Mess around (Pelviskreis). Als Heimat wurde Georgia genannt. Ausdrücklich wurde in dem Song von 1919 betont, der Charleston sei schon veraltet. Eines der berühmtesten Stücke von Duke Ellington war jedoch sein »Mooch« von 1928. Für das weiße Publikum kam der Black Bottom schon zu spät. Die Tanzlehrer wandten sich seit 1926 mit aller Kraft gegen die Pelvis-Motionen. Daher verschwand der Black Bottom schon 1928. Der Charleston wurde so verfeinert, daß ihn auch weiße Ladies und Gentlemen tanzen konnten. Interessant war noch, daß die weißen Tanzlehrer feststellten, der Black Bottom werde mit der »falschen Hüfte« getanzt. Das war so: Wenn der linke Fuß sich nach vorn oder zur Seite bewegte, wurde die rechte Hüfte nach rechts geworfen. Für den modernen Jazz- oder Soul-Tänzer ist das aber längst normal geworden. Wir nennen diese Opposition von Bein und Hüfte Latin Hip. In Harlem tanzte man übrigens 1926 schon lange keinen Black Bottom mehr, sondern – für die weiße Jugend neu – den Mess oder Messing around.

Aus dem Texas Tommy von 1913 wurde im Harlem der zwanziger Jahre der Hop entwickelt, der ab 1927, nach Lindberghs Atlantikflug, Lindy Hop genannt wurde. Dieser Tanz wurde mit Pelvis-Motionen und den Throwaways der Dame getanzt.

Heute ist diese Figur jedem Jive-Tänzer bekannt. Damals aber galt sie als barbarisch und stillos, weil sich nämlich Dame und Herr voneinander trennten.

Schwarze Renaissance

Die goldenen Jahre von Harlem

Im Jahr 1926 erschien ein Buch mit dem Titel »Nigger Heaven«. Sein Verfasser war der einflußreiche weiße Kritiker Carl van Vechten. Der von ihm gepriesene Negerhimmel war Harlem, die Hauptstadt der modernen afro-amerikanischen Kultur. Diese Kultur war zwar aus der schwarzen Volkskultur hervorgegangen, aber sie besaß auch zum erstenmal künstlerisch-ästhetischen Rang. Die Träger und Verkünder der Harlem-Negro-Renaissance waren schwarze Intellektuelle, die durchweg noch aus ländlichem oder proletarischem Milieu stammten, die aber auch die europäische Literatur und Philosophie des zwanzigsten Jahrhunderts in sich aufgenommen hatten. Das wilde, vorzivilisatorische, exotische Leben, von dem die französischen Surrealisten nur träumten, hier in Harlem schien es noch lebendige Wirklichkeit zu sein. Neben der Literatur, vertreten durch Dichter wie Langston Hughes, Claude McKay, Countee Cullen, blühten in Harlem vor allem die Jazzmusik und der Jazz Dance. Zwar waren die vornehmen Tanz- und Musiklokale, wie etwa der berühmte Cotton Club, weitgehend den reichen weißen Kunden vorbehalten, aber es gab auch kleine Lokale, in denen Weiße und Schwarze nebeneinander saßen und tanzten, so etwa Edmond's Cellar.

Im Jahr 1926 eröffnete das Tanzlokal Savoy seine Pforten für alle weißen und schwarzen Tanzfreunde. Aber in erster Linie war dieses Savoy das Paradies der schwarzen Jugend von Harlem. Dort entstanden die neuen Tänze, dort spielten fast alle berühmten Orchester der Zeit. Daneben gab es auch eine spezielle Harlemer Jazzmusik. Die Pianisten Fats Waller, Willie The Lion Smith und James P. Johnson (1923 der Komponist des Charleston) schufen auf den beliebten House Rent Parties den aus dem Ragtime hervorgegangenen Harlem-Stil. Auch die ersten Big Bands kamen aus Harlem. Fletcher Henderson stellte dort 1923 seine erste Big Band zusammen. Duke Ellington spielte zwischen 1923 und 1927 im Kentucky Club. Berühmt wurde er ab 1927 im Cotton Club.

Harlem war ein Traum, der nur so lange anhielt, wie die amerikanische Wirtschaft blühte und auch den Negern gutbezahlte Arbeitsplätze geboten wurden. Die mit dem Bankenkrach im Oktober 1929 einsetzende Wirtschaftskrise machte schon 1930 aus dem Himmel von Harlem das berüchtigte Ghetto von heute. Das schönste Buch über Harlem – »The Big Sea« von L. Hughes (1940) – war daher schon voll von Sehnsucht nach dem goldenen Harlem der zwanziger Jahre.

Die neue Negro Musical Comedy

Eine der schönsten Früchte der Harlem-Renaissance war die neue Negro Musical Comedy. »Shuffle Along« eröffnete am 21. Mai 1921 die neue Zeit. Mit diesem

Stück kehrten nämlich die schwarzen Künstler nach einer Pause von elf Jahren wieder zum Broadway oder in seine Nähe zurück. L. Hughes schrieb: »›Shuffle Along‹ war eine zauberhafte Revue: schmissig, geistreich, voller drolliger Einfälle, übersprudelnd und heiter, mit einem Dutzend zum Tanzen geeigneter Schlager. Wer war nicht alles dabei? Der inzwischen berühmt gewordene Chorleiter Hall Johnson und der Komponist William Grant Still saßen im Orchester. Eubie Blake und Noble Sissle schrieben die Musik und spielten mit. Miller und Lyles waren die Komiker. Florence Mills tanzte sich zum Weltruhm empor ... Catarina Jarboro, jetzt eine europäische Primadonna, und die von aller Welt gefeierte Josephine Baker waren damals im Chor. Jedermann saß im Parkett ... es war stets knüppelvoll. ›Shuffle Along‹ gab den ersten Anstoß zu jener schwarzen Mode der zwanziger Jahre, die sich auf Bücher, afrikanische Skulpturen, Musik und Tanz ausdehnten.« In diesem Hymnus sind bereits die wichtigsten Namen der neuen Negro Musical Comedy genannt: die Musiker Eubie Blake und Noble Sissle, die Autoren/Schauspieler Flournoy Miller und Aubrey Lyles, die Tänzerinnen Florence Mills, Catarina Jarboro und die gerade erst sechzehn Jahre alt gewordene Josephine Baker. Das Musical enthielt so berühmte Songs wie: »I'm just wild about Harry«, »Love will find a way«, »In Honeysuckle Time« und natürlich »Shuffle Along«. Getanzt wurde Cakewalk, Buck and Wing und Soft Shoe, also die Vorläufer des Tap Dance. Dazu kamen aber noch akrobatische und »exzentrische« Tänze. Unter exzentrisch verstand man damals alle »Verrenkungen« der Schultern und des Pelvis.

Im Jahre 1922 gab es am Broadway bereits drei schwarze Musicals: »Strut Miss Lizzie«, »Plantation Revue« und »Liza«. Das letztere Stück brachte neben dem später berühmt gewordenen Tap Dance von Eddie Rector auch schon den ersten Bühnen-Charleston. Dieser Charleston wurde ab 1923 berühmt durch das zweite klassische Stück der neuen Negro Musical Comedy: »Runnin' Wild«. F. Miller war auch der Autor und Textdichter dieses Stücks. Der Pianist James P. Johnson komponierte den Charleston. 1924 war New York begeistert von dem dritten Klassiker des neuen Negro Musical: »The Chocolate Dandies«. Wieder schrieben Blake und Sissle die Musik. Tänzerisch bot diese Show schon ein regelrechtes Jazz-Dance-Ballett. Josephine Baker war zum großen Star geworden, Johnny Hudgins war nicht nur ein komischer Pantomime, sondern auch ein »burlesker und exzentrischer« Pelvis-Tänzer. In einem anderen Musical des Jahres 1924, »Dinah«, wurde der erste Black Bottom auf der Bühne gezeigt.

Es ist nicht nötig, alle Negro Musicals bis 1930 zu behandeln. Nur die für die Geschichte des Jazz Dance wichtigen Stücke sollen hier vorgestellt werden. 1926 brachte, wie schon erwähnt, der weiße Produzent George White in seiner Show »White's Scandals« jenen Black Bottom, der für kurze Zeit zum Modetanz wurde. 1927 trat Ethel Waters zum erstenmal als Tänzerin und Sängerin am Broadway auf. Das geschah in dem Musical »Africana«. Schon die Titel ihrer Songs und Tänze zeigen, was E. Waters tanzte und sang: »Shake that Thing«, »Take your Black Bottom outside«. Carl van Vechten bewunderte die Shimmies und Shakes von Ethel Waters. Diese große Sängerin war auch eine der ersten Vertreterinnen des modernen Jazz

Dance. Der erste männliche Repräsentant aber war Earl »Snake Hips« Tucker. Er trat erstmals am 9. 5. 1927 in der Show »Blackbirds« am Broadway auf. Nach achtzehn Monaten Laufzeit wurde diese Show noch sechs Monate lang in Paris gezeigt. Schon der Beiname »Snake Hips« besagte, daß Tucker der erste große Tänzer war, der durch seine binnenkörperlichen, weitausladenden Pelvis-Motionen berühmt wurde. Die Blackbirds sind historisch von größtem Interesse. Bill Bojangles Robinson, mit fünfzig Jahren endlich als König des Tap Dance anerkannt, tanzte zusammen mit dem Pelvis-Tänzer Tucker. Beide Stile waren aber nun klar getrennt. Tucker war vorher in so berühmten Harlemer Lokalen wie Connie's Inn und Cotton Club aufgetreten. Seit 1927 aber war er ein Broadway-Star, der erste Star des schwarzen Jazz Dance. Duke Ellington, der im Cotton Club für Tucker den Snake Hips Dance geschrieben hatte, verriet auch, woher dieser Tänzer kam. Seine Heimat war der alte Sklavenstaat Maryland. Dort war die Congo-Tradition offenbar noch lebendig.

Neben Tucker wurde 1929 Clifton Webb als Pelvis-Tänzer bekannt. Der Stil dieses Mannes wurde von der »New York Times« gerühmt. Verfasser des Artikels war der damals schon international bekannte Tanzkritiker und Tanzhistoriker John Martin. Webb spielte und tanzte 1929 in dem Musical »The Little Show« einen Zuhälter. Seine Partnerin war die Sängerin und Tänzerin Libby Holman. Während diese beim Geldzählen ihr später berühmtes Lied »Moanin' Low« sang, tanzte Webb – so Martin – einen hinreißenden Tanz mit den Hüften. Er produzierte Figuren, die an ein weitschwingendes Lasso erinnerten. John Martin war der erste weiße Kritiker, der sah und erkannte, daß die isolierten binnenkörperlichen Pelvis-Motionen den Kern des schwarzen Jazz Dance darstellten.

Die 1929 einsetzende Wirtschaftkrise, die zum Schicksal der dreißiger Jahre werden sollte, vernichtete auch die neue Negro Musical Comedy. Gerade auch für die Negerkünstler traf das Wort zu: Last hired, first fired (Zuletzt geheuert, zuerst gefeuert). Es gab zwar noch 1930 einige gute schwarze Musicals, aber 1931 spätestens war die Epoche der Harlem-Renaissance und des Negro Musical am Broadway für fast zehn Jahre zu Ende. Die schwarze Kunst und Kultur zog sich nun wieder in die Ghettos zurück.

Große schwarze Tänzerinnen und Tänzer

Jeder Europäer denkt da zuerst an Josephine Baker. Aber diese geniale Tänzerin wurde in den USA nie so recht anerkannt, erst Paris machte sie zum schwarzen Star. Wir werden die Baker daher gesondert behandeln.

Die großen Repräsentanten des schwarzen Tanzes in den USA waren zuerst Bill Bojangles Robinson und Florence Mills. Robinson war gemeinsam mit einigen anderen schwarzen Tänzern, wie Eddie Rector und Johnny Nit, der Schöpfer des modernen Tap Dance. Wichtig aber für unser Thema ist Florence Mills. Ihre Laufbahn war leider nur kurz. Berühmt wurde sie 1921 durch »Shuffle Along«, 1922 tanzte sie in der »Plantation Revue«, 1924 in »Dixie to Broadway«, 1926 in »Blackbirds«. Sie starb schon im November 1927. Wie alle schwarzen Tänzer und Tänzerinnen jener Zeit war sie Autodidaktin. Sie begann schon als Kind mit Cakewalk und Buck. Auf der Bühne wurde sie berühmt durch ihre hohen, über den Kopf reichenden Struts und Kicks. Doch tanzte Florence auch exzentrisch, das heißt aber mit isolierten Pelvis-Torso-Motionen. Ethel Waters vertrat wie Tucker, Webb und der Weiße James Barton den reinen Congo-Stil. Ein Allround-Tänzer war Ulysses »Slow Kid« Thompson, der Gatte von Florence Mills. Er trat in den gleichen Stücken auf wie seine Frau. Thompson war ein Vertreter des Buck and Wing und Soft Shoe, aber er brillierte auch in Pelvis-Tänzen und akrobatischen Tänzen.

Josephine Baker

Ihr Lebenslauf ist in Europa so bekannt, daß Stichwörter genügen. Uns interessiert ihre Tanztechnik und tanzhistorische Bedeutung. Geboren wurde sie in allerärmsten Verhältnissen in St. Louis. Schon als Kind war sie Mitglied einer kleinen Road Show. 1921 versuchte sie in die Besetzung von »Shuffle Along« hineinzukommen. Sie wurde zunächst abgelehnt, da sie noch zu jung war. Nach vollendetem sechzehntem Lebensjahr trat sie zuerst in die Reisegruppe ein, die das begehrte Musical spielte. Dann aber wurde sie in New York als Chorus Girl angestellt. 1924 war sie die berühmte Starsolistin der »Chocolate Dandies«. Ab Oktober 1925 war sie mit der »Revue Nègre« in Paris. Damit begann der Aufstieg zum Weltruhm. Josephine Baker war die Erfüllung aller exotischen Träume der surrealistischen Pariser Poeten. Sie schien direkt dem Urwald entsprungen zu sein. Ein Pariser Kritiker schrieb 1925 über sie: »Schwarze Perle, schwarze Poesie, Josephine Baker. Ihr Tanz ist der Triumph der Laszivität, ist Rückkehr zu den Sitten der ältesten Zeiten. Sie tanzt völlig nackt, nur ein kleines Band aus blauen und roten Federn umschlingt ihre Hüften, ein anderes rankt sich um ihren Hals. Alles andere ist goldbraune Nacktheit – Nacktheit mit zwei offen als Beute dargebotenen Brüsten, Körper, der bereit ist, sich den Delirien der Liebesekstase hinzugeben. Ihr Tanz, das ist Instinkt gegen Zivilisation, ist Aufruhr der Sinne. Josephine enthüllt uns mit ihrem Tanz jenes Unterbewußte, das unsere ganze Weltanschauung über den Haufen wirft, das uns zurückruft in den primitiven Urstand der Welt.« Kein Zweifel, dieser Kritiker hat nicht nur die Baker gesehen, er hat auch Bretons erstes surrealistisches Manifest vom Jahr 1924 gelesen.

Josephine Baker hat den Charleston nach Europa gebracht. Aber sie tanzte nicht nur mit den Beinen, sondern mit allen Gliedern ihres Körpers, mit ihrem Kopf, ihren Schultern, ihren Brüsten und vor allem mit ihrem Pelvis. Mit anderen Worten, sie tanzte den echten, den westafrikanischen Charleston. Das sahen auch sämtliche Pariser Kritiker. Sie rühmten vor allem ihren arrière-train und ihre fesses. Nun war Josephine keineswegs die naive Urwald-Katze, als die sie von der Pariser Intelligenz gefeiert wurde. Sie wußte genau, was sie tat und wie sie tanzte. In der erwähnten Autobiographie von 1927 plaudert sie ganz offen über ihre fesses: »Die Europäer haben einen Charleston erfunden, der mit dem unseren nichts mehr zu tun hat. Der richtige Charleston muß mit den Hüften und den fesses getanzt werden. Es ist wichtig, diese fesses in Bewegung zu setzen. Hier in Europa verstecken die Frauen ihre fesses, aber sie sind doch einmal da, sie existieren doch, diese fesses. Ich verstehe absolut nicht, warum man sie hier versteckt und was man ihnen vorwirft. Ich muß allerdings auch zugeben, daß ich Paare von fesses gesehen habe, die absolut nichtssagend und langweilig sind. Sie taugen gerade noch dazu, daß man auf ihnen sitzt.« Mit modernen Worten heißt das: Josephine Baker war sich sehr wohl bewußt, daß sie eine polyzentrische Jazz-Dance-Technik benutzte. Das zeigen auch alle Bilder und Filme. Darum gehört Josephine Baker zu den ganz wichtigen Schöpferinnen des frühen Jazz Dance.

Vierte Phase von 1931 bis 1939
Jahre des Rückzugs

Schwarzes Ballett

Zwei scheinbar entgegengesetzte Tendenzen charakterisieren die Lage des schwarzen Tanzes in den dreißiger Jahren. Die erste Tendenz: Die schwarzen Tänzer zogen sich wieder dorthin zurück, woher sie gekommen waren, in die Ghettos. Die zweite Tendenz: Eine kleine Minderheit gebildeter Tänzer versuchte, den schwarzen Tanz zur seriösen Bühnenkunst hochzustilisieren oder ganz zum weißen Ballett überzuwechseln.

Wir beginnen mit der zweiten Tendenz. So groß und wichtig die neue Negro Musical Comedy am Broadway gewesen war, sie hatte die Neger fast immer noch nur von der lustigen Seite gezeigt. Dieses Klischee hielt der Wirtschaftskrise nicht stand. Die Lage wurde verdammt ernst. Die nordamerikanischen Neger mußten daher sich selber beweisen, daß sie etwas leisten konnten, daß sie seriöse Bühnenkunst schaffen konnten. Die ersten Vertreter der neuen Neger-Tanz-Kunst (Negro Concert Dance) lehnten sich noch an weiße Vorbilder an, an das klassische Ballett oder aber an Denishawn. Diese Schule, 1914 von Ruth St. Denis und ihrem Gatten Ted Shawn gegründet, wollte die Tänze der ganzen Welt, vor allem aber die des orientalischen Indien, nach Amerika bringen. Aus dieser Schule ging Hemsley Winfield mit seinem 1931 gegründeten Harlem Negro Art Theater (später: The New Negro Dance) hervor. Die erste Tänzerin dieser Gruppe, Edna Guy, war eine direkte Schülerin von Ruth St. Denis. Sie tanzte aber nicht nur orientalisch, sondern versuchte auch, Negro Spirituals tänzerisch darzustellen. Sie wurde so zur Schöpferin des Dance Spiritual. Während die Neger sich der weißen Tanzkunst näherten, entdeckten gleichzeitig auch einige Vertreter des Modern Dance das Leben und die Not der Neger als Themen. Helen Tamiris und Charles Weidman seien hier als Beispiele genannt. Diese Annäherungsversuche hatten zur Folge, daß erstmalig 1933 eine weiße Choreographin – Doris Humphrey, Schülerin von Martha Graham – für die tänzerische Gestaltung der ersten regelrechten Neger-Oper »Run Lil Chillun« (Lauft kleine Kinder) engagiert wurde. Die von dem Neger-Musiker Hall Johnson komponierte Oper wurde in der Metropolitan Opera in New York aufgeführt. Winfield tanzte die Hauptrolle. Er war der erste Neger, der in der Met tanzen durfte. Leider starb er schon im gleichen Jahr.

Die zweite Gruppe, die Negertanzkunst schaffen wollte, war das 1937 von dem Baron Eugen von Grona gegründete American Negro Ballet. Kühn wagte man sich an Strawinskys »Feuervogel«. Das Resultat war nicht ermutigend. Eher überzeugte die Gruppe mit dem Neger-Ballett »Southern Episode« nach Musik von Ellington und Handy.

Wichtiger als die Experimente mit weißer Tanzkunst waren Versuche, den afrikanischen und afro-amerikanischen Tanz selber für die tänzerische Gestaltung schwarzer Lebensprobleme zu nützen. Das erste gültige Werk dieser Art war 1934 »Kykunkor«, geschaffen von dem aus Sierra Leone stammenden Asadata Dafora Horton. Diese Tanzoper spielte in Afrika selbst, afrikanische Neger tanzten die Hauptrollen und zeigten echte afrikanische Tänze. Wichtig war aber vor allem die Tatsache, daß die afrikanischen Neger hier nicht als barbarische Urwaldaffen, sondern als menschliche Wesen dargestellt wurden. Für die weiße Kritik war das eine erstaunliche Entdeckung. Dafora schlug zurück: »Barbarei in Afrika? Aber es gibt doch in diesem Land noch immer die Lynchmorde.«

Daforas Arbeit wurde fortgesetzt von der später berühmt gewordenen Katherine Dunham. Sie begann bei Ruth Page in Chicago mit klassischem Ballett. Aber sie studierte auch Ethnologie bei dem großen Herskovits. Er war es, der sie auf die schwarze Tanzkunst von Westindien hinwies. 1936 bekam K. Dunham durch die Rosenwald-Stiftung ein Stipendium, das es ihr ermöglichte, die Tänze von Martinique, Jamaica, Trinidad und vor allem von Haiti zu studieren. Die erste Frucht dieser achtzehn Monate lang dauernden Forschungsreise war das wichtige Buch »The Dances of Haiti«. Nach ihrer Reise benutzte K. Dunham das von ihr gesammelte Material, um damit schwarze Tänze auf die Bühne zu bringen. So entstand 1937 ihr erstes Werk: »Negro Dance Evening«, aufgeführt in New York.

Rückzug ins Savoy

Die Wirtschaftskrise machte die amerikanische Musik- und Tanzszene wieder weitgehend zur Domäne der Weißen. Zwar entstanden einige neue schwarze Big Bands. Aber nicht der Neger Count Basie, sondern der Weiße Benny Goodman wurde King of Swing. Der weiße Swing der dreißiger Jahre war harmonisch und melodisch weiße Tanzmusik, schwarz war nur noch der durch Offbeat erzeugte Swing. Die großen schwarzen Tanzkünstler mußten nach Hollywood auswandern oder ins weiße Show Business überwechseln, wie Bill Robinson, der seine schwarze Vergangenheit bewußt verleugnete. Als bester Tap Dancer (Steptänzer) galt nun der elegante Fred Astaire.

Was war von dem großen schwarzen Jazz Dance der zwanziger Jahre geblieben? Die Weißen in Amerika und Europa wollten von Schwarz nichts mehr wissen. Die afro-cubanische Rumba gelangte zwar 1931 nach New York, London, Paris und Berlin. Aber sie war zu schwarz, um sich damals schon durchsetzen zu können. Gültig für den Gesellschaftstanz in Westeuropa war allein noch der sogenannte Englische Stil (heute: Internationaler Stil genannt) für die Standardtänze.

Der Engländer I. T. Sanderson schrieb 1935 in der Zeitschrift »Dancing Times« über die Lage des schwarzen Jazz Dance: »Wir kehren zur Normalität zurück. Es besteht der allgemeine Eindruck, daß der Jazz Dance in eine Sackgasse geraten ist. Dieser Eindruck wird teilweise auch von den professionellen Musikern und Tänzern geteilt. Es gibt nur zwei Möglichkeiten. Entweder geben wir den Jazz auf und schaffen Musik- und Tanzformen, die dem angelsächsischen Temperament besser angepaßt sind. Oder aber: Wir erkennen und geben zu, daß der Jazz Dance eine großartige Tanzform ist, die weiterentwickelt werden kann.«

Sanderson konnte nicht wissen, daß der traditionelle schwarze Jazz Dance durchaus noch lebte. Er hatte eine neue Heimat in den Ghettos der Großstädte gefunden, vor allem in Harlem. Das 1926 entstandene Savoy, im Herzen von Harlem, wurde zur Zufluchtsstätte das Jazz Dance. Dazu kamen noch andere Tanzlokale in Harlem, Alhambra etwa oder Renaissance. Das Publikum bestand aus der proletarischen, arbeitslosen, zum Teil auch kriminellen Ghetto-Jugend von Harlem. Für diese jungen schwarzen Burschen und Mädchen war Tanz ihr größtes, ja ihr einziges Glück.

Der eigentliche Chef des Savoy war Herbert White, offiziell als Oberrausschmeißer des Lokals angestellt. 1922 hatte er eine der frühesten Street Gangs von Harlem gegründet: The Jolly Fellows. Aus dieser Gang kamen die berühmtesten Tänzer des frühen Savoy: George Shorty Snowden, Leroy Jones, Leon James. Diese jungen Burschen waren die Schöpfer und Träger des Lindy. Leon James war offiziell King of the Savoy. Herbert White organisierte mit den besten Tänzern des Savoy eine Reihe von halbprofessionellen Gruppen, die er gegen Geld auslieh. Mit einer dieser Gruppen trat Leon James 1937, zusammen mit den Marx Brothers, in dem Hollywood-Film »Day at the Races« auf. Triumphierend kehrte er eines Nachts ins Savoy zurück, um festzustellen, daß ihm ein junger Bursche die Show stahl. Das war Al Minns, der in den bis jetzt bodennahen Lindy Hop jene akrobatischen Luftfiguren einführte, die noch heute im Rock 'n' Roll verlangt werden. Die bekanntesten dieser Figuren waren und sind: Back Flip (Mädchen über den Rücken des Tänzers), Hip to Hip (Mädchen sitzt auf der Hüfte des Partners), Over the Head (Lift des Mädchens über den Kopf des Tänzers), Purzelbaum in der Luft, wobei das Mädchen vom Herrn gestützt wird. Damit war aus dem alten Lindy der moderne Jitterbug geworden, der schon in den dreißiger Jahren auch als Jive oder Boogie Woogie bezeichnet wurde. 1939 bildeten die bisherigen Feinde James und Minns ein Paar, das bald in den Ballsälen von New York berühmt wurde. Vom Savoy aus verbreitete sich der Jitterbug über die ganzen USA und schließlich auch nach England und Frankreich.

1937 wurde im Savoy der Big Apple eingeführt. Dabei handelte es sich um eine Folge von Tänzen und Techniken. Die wichtigsten Figuren waren Trucking und Suzie-Q. Trucking besaß und besitzt viele Variationen. Der Grundschritt ist eine Art von Jazz Walk. Hier ein Beispiel: Schiebe den rechten Fuß ohne Gewicht nach vorn, drehe auf der Ferse den Ballen nach rechts außen und übernehme Gewicht. Dabei wird die linke Hüfte nach links geschoben, der rechte Arm wird am Körper gehalten, wobei der Oberarm nach schräg unten zeigt und der Unterarm pumpend bis über die Höhe des Gesichts erhoben wird. Suzie-Q ist heute im Jazz Dance als Parallels bekannt. Durch einen Hüftschwung werden die parallel nebeneinander stehenden Füße nach links und rechts geführt. Eine genaue Beschreibung dieser Parallels findet der Leser im ersten Kapitel des dritten Teils (Abschnitt Beine).

Lindy, Jitterbug, Boogie Woogie, Jive, der Big Apple mit Suzie-Q, das waren die authentischen Jazztänze der dreißiger Jahre. Sie verbanden schwarze Bein- und Fußtechniken mit Pelvis-Motionen und auch Akrobatik. Die Musik im Savoy war der Swing der schwarzen Big Bands. Alle spielten sie für längere oder kürzere Zeit im Savoy: Fletcher Henderson, Duke Ellington, Cab Calloway, Jimmie Lunceford, Teddy Hill, Earl Hines, Bennie Moten, McKinney's Cotton Pickers und Count Basie, gelegentlich sogar auch Benny Goodman, der 1936 sein berühmtes Stück »Stompin' at the Savoy« schrieb. Die eigentliche Haus-Band des Savoy aber war die von Chick Webb, der allerdings schon 1939 starb. Auch Dizzy Gillespie, in den vierziger Jahren der große Musiker des Bebop, spielte im Savoy. Leon James erinnert sich: »Dizzy spielte in der Brass Section von Teddy Hills Screaming Band. Eine ganze Reihe von Leuten hielten seine Spielweise für verrückt. Aber wir mochten ihn. Jedesmal, wenn er eine verrückte Passage spielte, tanzten wir genau so verrückt, wie er spielte. Er kapierte das sofort und spielte noch verrückteres Zeug, um zu sehen, ob wir auch danach noch tanzen konnten. Wir konnten! So trieben wir uns gegenseitig in einen regelrechten Wettkampf hinein.« (Zitiert nach Stearns.) Dieser Gillespie spielte hier genau die Rolle des westafrikanischen Master Drummer.

Kein Zweifel, das Savoy rettete nicht nur den schwarzen Jazz Dance, es war auch die eigentliche Heimat der schwarzen Jazzmusik in den dreißiger Jahren. Der schwarze Swing und der schwarze Jazz Dance gehörten damals zusammen.

Drittes Kapitel
Die weltweite Ausbreitung des Jazz Dance von 1940 bis zur Gegenwart

Übersicht

Wir unterscheiden in der Geschichte des Jazz Dance von 1940 bis heute zwei Phasen. Die eine reicht von 1940 bis 1960. Schauplatz war noch immer nur Amerika. In dieser Zeit entdeckten zum erstenmal weiße Tänzer den Jazz Dance, umgekehrt befaßten sich schwarze Tänzer erstmals mit klassischem Ballett und Modern Dance. So entstanden jene Synthesen, die auch heute noch gelehrt und gelernt werden.

Die zweite Phase beginnt um 1960. Der Jazz Dance, zumeist in synthetischen Formen, erlebt seinen weltweiten Siegeszug. Gleichzeitig aber wird in den revolutionären, die schwarze Rebellion (Black Power) begleitenden Soul-Tänzen der rein schwarze Jazz Dance wieder entdeckt. In Europa entsteht Ende der sechziger Jahre die Jazzgymnastik.

Erste Phase von 1940 bis 1960
Eine neue schwarze Tänzer-Generation

Der erste große Durchbruch des schwarzen Tanzes zum Bühnenkunstwerk kann genau datiert werden. Am 18. Februar 1940 brachte Katherine Dunham in New York ihr erstes großes Jazz-Tanzstück heraus: »Tropics and Le Jazz Hot«. Der Untertitel zeigte den Sinn des Programms: »From Haiti to Harlem«. K. Dunham wollte den Weg zeigen, den der schwarze Jazz Dance von Westindien und New Orleans aus bis nach Harlem zurückgelegt hatte. Das aber hieß: Die Geschichte des Jazz Dance wurde als zentraler Teil der afro-amerikanischen Kulturgeschichte herausgestellt. Hier handelte es sich, wie John Martin erkannte, um das erste Tanzkunstwerk, das nicht nur afro-amerikanische Themen behandelte, sondern das auch afro-amerikanische Tanztechniken künstlerisch einsetzte. »Tropics and Le Jazz Hot« war das erste künstlerisch gültige Jazz-Ballett. Mit diesem Werk wurde nicht nur K. Dunham berühmt, auch zwei große schwarze Tänzer und Choreographen traten 1940 zum erstenmal am Broadway öffentlich auf: Archie Savage und Talley Beatty.

Im gleichen Jahr 1940 gab es nach zehn Jahren Unterbrechung am Broadway auch wieder ein All-Negro-Musical: »Cabin in the Sky« (Kabine im Himmel) mit Ethel Waters und Katherine Dunham in den Hauptrollen. In den folgenden Jahren wurde K. Dunham immer wieder als Tänzerin und Choreographin nach Hollywood geholt. Manche Kritiker haben ihr schon damals – nicht ganz zu Unrecht – einen Hang zu Prunk, zu Glamour und bunter Revue vorgeworfen. Sie selber nannte 1943 ihr zweites großes Werk »Tropical Revue«. Aber gerade in dieser Revue wurden so uralte Pelvis-Tänze wie Cakewalk, Pasmala oder Ballin' the Jack zum erstenmal auf einer weißen Bühne einem weißen Publikum als Teile der afro-amerikanischen Volkskultur vorgestellt. K. Dunham war eben nicht nur Tänzerin und Choreographin, sondern auch Ethnologin und Historikerin. Aus ihrer Gruppe gingen neben Beatty und Savage noch viele andere große Tänzer und Tänzerinnen hervor: Lavinia Williams, Lucille Ellis, Syvilla Fort, Vanoye Aikens, Jean-Léon Destiné und Walter Nicks. Andere heute weltberühmte Schüler und Schülerinnen von K. Dunham waren die Sängerin Eartha Kitt, der Choreograph Peter Genaro, der Schauspieler Marlon Brando und der Modeschöpfer Rudi Gernreich. 1945 konnte K. Dunham einen lang geträumten Traum verwirklichen. Sie gründete in New York die Dunham School of Dance, die bis 1954 bestand. Das Programm der Schule lautete: Wir wollen eine durchtrainierte Ballett-Gruppe schaffen. Wir brauchen dafür eine genaue Technik, die ebenso wichtig ist für schwarze wie für weiße Tänzer. Unser Ziel ist es, einen Stand in der Tanzwelt zu erreichen, der den jungen Negertänzern Mut für ihre Arbeit gibt. Wir wollen mit unserem Tanz ausbrechen aus den Klischees der exotischen Burleske. Nur so können wir eine eigene schwarze Tanzkunst schaffen.

Die zweite große schwarze Tänzerin und Choreographin der vierziger Jahre war Pearl Primus. Sie ging noch weiter zurück als K. Dunham. Sie studierte und zeigte rein afrikanische Tänze. Vor allem aber war Pearl Primus ohne jeden Hang zu Revue und Show. Sie war ganz im Gegenteil eine ausgesprochene Kampf- und Protest-

Tänzerin. Sie zeigte diese Haltung ganz klar in ihrem Broadway-Debüt am 4. Oktober 1944. In ihrem Tanz »Strange Fruit« (Seltsame Frucht) klagte sie die Lynchmorde an. Mit »Hard Times« protestierte sie gegen die ländlichen Verhältnisse im Süden. In »Slave Market« (Sklavenmarkt) verurteilte sie das noch lange nicht beendete ausbeuterische Sklavensystem den Negern gegenüber. Ihr schönstes Werk aber war »The Negro speaks of Rivers«, eine getanzte Version des gleichnamigen Gedichtes von Langston Hughes. Pearl Primus gelang es, mit ihren Tanzkunstwerken den amerikanischen Negern ihre Würde und ihren Stolz zurückzugeben. Damit aber war die Zeit des schwarzen Rückzugs endgültig vorbei. Im zweiten Weltkrieg wurden Schwarze als Soldaten und Arbeiter wieder dringend benötigt. Mit Pearl Primus beginnt die eigentliche Geschichte des Jazz Dance. Der schwarze Tanzstil wurde als tänzerische Weltsprache seither anerkannt.

Noch zwei Männer müssen als Vertreter des schwarzen Jazz Dance in den vierziger Jahren genannt werden: Talley Beatty und Geoffrey Holder. Beatty war, wie schon berichtet, bekannt geworden durch seinen Tanz in Dunhams »Tropics and Le Jazz Hot«. Er gründete 1950 eine eigene Kompanie, die sich ausschließlich mit Negerthemen und Negertänzen befaßte. Sein berühmtestes Werk: »The Road of the Phoebe Snow« aus dem Jahr 1959. Die Kompanie von Alvin Ailey hat es noch immer im Repertoire. Thema des Stücks ist das Leben der Neger an der Eisenbahnlinie Phoebe Snow. Für Ailey schuf Beatty 1968 ebenfalls ein Stück mit Negerthemen: »The Black Belt«. Holder stammt wie Pearl Primus aus dem schwarzen Trinidad. Er tanzte zuerst in der afro-caribischen Tradition seiner Heimat. 1953 aber kam er nach New York und unterrichtete dort an der Dunham-Schule. Berühmt wurde er 1954 durch das Musical »House of Flowers«, in dem er den Banda-Tanz des Vaudou-Totengottes tanzte. Für seine Frau, die Tänzerin Carmen de Lavallade, schuf er einige bedeutende Werke. Für Ailey choreographierte er 1967 »Prodigal Prince«, in dem das phantastische Leben des haitianischen Malers Hector Hippolyte tänzerisch dargestellt wurde.

Auch in der Musik versuchten die afro-amerikanischen Neger, zu den eigenen Wurzeln zurückzukehren. Die Epoche des überwiegend weißen Swing ging in den vierziger Jahren zu Ende. Mit dem Bebop, dessen Geschichte 1941 im Harlemer Minton's Playhouse begann, versuchten junge schwarze Musiker – Charlie Christian, Dizzy Gillespie, Kenny Clarke und Charlie Parker – wieder zu den rhythmischen Grundlagen der schwarzen Musik zurückzukehren. Man darf nicht vergessen, daß Christian, der Schöpfer des modernen elektrischen Jazz-Gitarrenspiels, vom schwarzen ländlichen Blues des Südwestens herkam. Sein Lehrer war einer der größten Meister dieses Stils: Aaron T – Bone Walker. Aus diesem Blues aber wurde Anfang der vierziger Jahre, vor allem in Chicago, der städtische Rhythm and Blues. Die Ghetto-Neger der nördlichen Großstädte waren zum Teil noch im Süden geboren oder gehörten der ersten Generation der Einwanderer an. Für diese aus dem Süden stammenden Neger existierten nur Blues und Gospel, der raffinierte Swing bedeutete ihnen nichts. So entstand der rauhe, harte, ekstatische Rhythm and Blues, der etwa ab 1950 in den eindeutig gospel-beeinflußten Rock 'n' Roll hineinführte. Der erste nationale Hit des Rhythm and Blues war 1942 »Flying Home«, produziert von dem berühmten schwarzen Vibraphonisten Lionel Hampton. Auf dieser Platte spielte der Texaner Illinois Jacquet zum erstenmal jene röhrenden Saxophon-Soli, die zum neuen Stil gehörten. Der andere große Saxophonist des frühen Rhythm and Blues war Louis Jordan aus Arkansas.

Auch in Europa kündigte sich um 1940 die Zukunft an. Der schwarze Jitterbug erreichte England. Das war seit dem Ende von Charleston und Black Bottom um 1928 wieder der erste schwarze Gesellschaftstanz, der von der weißen Jugend übernommen wurde. 1940 gab es in London schon die erste, allerdings nicht offizielle Jitterbug-Meisterschaft. Alex Moore, Papst und Hüter des klassischen Englischen Stils, war entrüstet. Aber auch er konnte den Siegeszug des Jitterbug nach dem Kriege nicht aufhalten.

Zur gleichen Zeit, also Anfang der vierziger Jahre, übernahmen die ersten weißen Tänzer Elemente des schwarzen Jazz Dance. Damit begann der Mischprozeß, den wir gleich schildern werden. Aber in den gleichen vierziger Jahren besuchten auch die ersten jungen schwarzen Tänzer Schulen, in denen Ballett oder Modern Dance gelehrt wurde. So entstanden auch Synthesen, die von Negern geschaffen wurden. Puristen des reinen schwarzen Jazz Dance sprachen und sprechen noch heute von Verrat der schwarzen Sache. Aber der Historiker muß die Synthesen als Tatsache hinnehmen. Wir werden daher im praktischen Teil dieses Buches (Teil III, Kapitel 1) auch Techniken behandeln, die der Jazz Dance aus dem Modern Dance übernommen hat. Der erste schwarze Tänzer, der bei Martha Graham und anderen Vertretern des Modern Dance studierte, war der 1930 geborene Donald McKayle. Nur seine erste Lehrerin war schwarz, nämlich Pearl Primus. Das Werk, das ihn berühmt machte, war 1951 »Games« (Kinderspiele), das er zusammen mit dem weißen Tänzer Daniel Nagrin schuf. Was McKayle als Ziel vorschwebte, war eine Art von schwarzem Humanismus. Am Beispiel der Neger sollte die menschliche Existenz schlechtweg aufgezeigt werden. Über sein Werk »Nocturne« (1953) schrieb McKayle: »Ich benutze hier die reine, abstrakte Bewegung. Das aber soll nicht bedeuten, daß eine Idee oder eine Stimmung fehlt. Mein Tanz soll vielmehr die typischen Eigenschaften des Mannes und der Frau herausstellen.« Aber McKayle schuf auch Werke mit einem fast reinen Jazz-Dance-Stil. »District Story« (1962) etwa zeigt die Geschichte des Jazz in Tanz und Musik. »Reflections in the Park« versucht das Leben der schwarzen Menschen von New York mit Mitteln des schwarzen Tanzes zu gestalten. McKayle ist daher auch in Europa ein häufig eingeladener Lehrer für Jazz Dance.

In Kalifornien hatte Lester Horton einen eigenen Stil des Modern Dance geschaffen, einen Stil, der sich anlehnte an den »Primitiven Tanz« der alten Indianer. Horton engagierte sich auch politisch für die Sache der entrechteten Indianer und Neger. Nicht zufällig gingen aus seiner Schule vier große Negertänzer hervor: Alvin Ailey, James Truitte, Janet Collins und Carmen de Lavallade. Sie gehören allerdings nur teilweise in die Geschichte des schwarzen Jazz Dance hinein. Ailey, heute der berühmteste schwarze Choreograph der USA, war nicht nur ein Schüler von Horton, er trainierte auch bei Martha Graham, der Wigman-Schülerin Hanya Holm und Anna

Sokolow. Er vereinigte in seinen Choreographien klassisches Ballett, Modern Dance und schwarzen Jazz Dance. Die von ihm 1958 gegründete Alvin Ailey American Dance Company war, wie schon der Name besagte, keine afro-amerikanische, sondern eine amerikanische Tanztruppe, die bewußt Werke von weißen und schwarzen Choreographen aufführen wollte und will. Doch sind die bekanntesten Mitglieder der Kompanie schwarz: Talley Beatty, James Truitte, Clive Thompson, Judith Jamison und Carmen de Lavallade, die zeitweise der Kompanie angehörte. Ailey und seine schwarzen Tänzer fühlen sich aber nicht als Afro-Amerikaner, sondern als Amerikaner mit schwarzer Hautfarbe. Ailey selber sagte einmal: »Ich fühle eine Verpflichtung, schwarze Tänzer zu beschäftigen. Der Grund: Sie brauchen mehr Chancen. Aber ich beschäftige sie nicht, weil ich ein schwarzer Choreograph bin, der ausschließlich Neger-Themen bringt und nur mit Negern arbeiten will.«

Die weißen Jazz-Dance-Synthesen

In den gleichen vierziger Jahren, in denen schwarze Tänzer zum erstenmal Techniken des klassischen Balletts und vor allem des Modern Dance kennenlernten, stießen weiße Tänzer auf den schwarzen Jazz Dance. Vor allem die Isolationstechnik wurde von ihnen entdeckt. So entstand der sogenannte Modern Jazz Dance, also die jeweils verschiedenen individuellen Jazz-Synthesen, in denen je nach Neigung und Ausbildung der betreffenden Schöpfer schwarzer Jazz Dance, klassisches Ballett, Modern Dance und auch noch andere Stile zu einer Einheit verschmolzen. Die erste Synthese war die merkwürdigste von allen. Das war der Hindu-Jazz. Sein Schöpfer war der 1913 geborene Jack Cole, der in manchen amerikanischen Büchern noch heute als Vater des Jazz Dance bezeichnet wird. Er kam von der orientalisierenden Schule von Denishawn her. Anfang der vierziger Jahre trat er mit seiner Gruppe East Indian Dancers in vornehmen New-Yorker Nachtlokalen auf. Cole hielt die indischen Sundari-Motionen des Kopfs für isolierte Motionen. Er verband diese daher mit afro-amerikanischen Isolationstechniken. Noch heute werden die Sundari-Motionen (Verschiebungen des Kopfs) in den meisten amerikanischen Lehrbüchern des Jazz Dance behandelt. Auch wir werden sie daher im ersten Kapitel des dritten Teils vorstellen. Coles Bedeutung liegt darin, daß er als erster weißer Tänzer die Isolationstechnik als Kern des schwarzen Jazz Dance erkannte. Berühmt wurde Cole in den fünfziger und sechziger Jahren als Choreograph von Broadway-Musicals und Hollywood-Filmen.

Ein Schüler von Cole war der 1921 geborene Matt Mattox, der noch heute – auch in Europa – zu den führenden Pädagogen des Jazz Dance gerechnet wird. Doch Mattox kam nicht vom indischen Tanz her, sondern vom Tap Dance und Schautanz. Auch klassisches Ballett hat er studiert. Was Cole ihn lehrte, war die Isolation. Daher beginnt er auch heute noch seine Stunden mit der Isolation des Kopfes und geht dann weiter nach unten zu Pelvis und Beinen. Dann kommen die Levels an die Reihe, und zwar wieder von oben (Stehen) nach unten (Liegen). Weiter gehört Luigi (Eugene Louis) zu den ersten Schöpfern der weißen Jazz-Dance-Synthesen. Er begann mit Tap Dance und Akrobatik. Dann studierte er klassisches Ballett bei den aus Rußland stammenden Bronislawa Nishinska und Adolphe Bolm. 1946 hatte er einen Autounfall, der ihn sechs Monate lang völlig lähmte. Erst durch ein Spezialtraining gewann er langsam seine Bewegungsfähigkeit zurück. Er hatte durch minimale Körperarbeit jeden Teil seines Körpers erlebt und damit die Isolationstechnik des Jazz Dance als nützlich entdeckt. Aber außer den verschiedenen Isolationen demonstriert Luigi als Pädagoge kaum authentischen schwarzen Jazz Dance. Er will lyrische Schönheit und bevorzugt daher die harmonische Anmut des klassischen Balletts.

Von allen weißen Pädagogen des Jazz Dance steht Ruth Walton dem schwarzen Jazz Dance am nächsten. Sie kommt noch aus der Tradition der schwarzen Minstrelsy. Ihre ersten Lehrer waren schwarze Tapper und Vertreter des exzentrischen Tanzes. Im Savoy gehörte sie zu den ersten Lindy Hoppers. Später studierte sie bei Pearl Primus und Martha Graham. 1949 schrieb sie in der Zeitschrift »Dance Magazine« einen berühmt gewordenen Aufsatz – »Proudly I tap« –, in dem sie sich zur afro-amerikanischen Tanz-Tradition bekannte. Sie nannte als erste ihr System Modern Jazz Dance. Zu den großen Pionieren des Jazz Dance gehört schließlich noch Gus Giordano, der 1966 das erste amtliche Lehrbuch des Jazz Dance herausbrachte. Die ersten Sätze dieses Werkes lauten: »Jazz Dance ist der volkstümlichste und amerikanischste aller amerikanischen Volkstänze. Wenn Menschen aus anderen Ländern an amerikanische Musik und amerikanischen Tanz denken, dann denken sie unwillkürlich an Jazz.« Grundlagen des Jazz Dance sind für Giordano die Techniken der Isolation, die Jazz Walks und die Levels.

Die berühmtesten Jazz-Dance-Musicals stammen von Jerome Robbins: »Fancy Free«, erweitert zu »On The Town« (1944) und vor allem die »West Side Story« (1957), als Film 1961. Robbins, heute als Choreograph weltberühmt, kam als Tänzer allerdings nicht vom Jazz Dance her, sondern vom klassischen Ballett und Modern Dance. Dazu kamen noch Studien in spanischem und orientalischem Tanz. Puristen des schwarzen Jazz Dance konnten daher mühelos feststellen, daß Robbins in seinem großen Musical kaum echte Techniken des Jazz Dance benutzte. Anders stand es bei dem 1958 geschaffenen Ballett »New York Export Opus Jazz«. Aber reiner Jazz Dance war auch in diesem Werk nicht zu finden. Robbins selber betont immer wieder, daß für ihn und seine Tänzer das klassische Ballett und der Modern Dance die Grundlagen für die Tanzpädagogik bildeten.

Schwarze Gegenbewegungen

Der erste weiße Amerikaner, der gegen die neuen Synthesen protestierte, war kein geringerer als der berühmte Jazz-Historiker Marshall Stearns. Er stellte 1958 in einer Lecture-Demonstration wieder Al Minns und Leon James, die alten Helden des Savoy, als Vertreter des echten Jazz Dance vor. Die beiden Tänzer hatten seit Anfang der fünfziger Jahre in Fabriken gearbeitet. 1959 publizierte Stearns in »Dance Magazine« einen damals sensationellen Aufsatz, in dem er eine Rückkehr zu den Volkswurzeln des schwarzen Jazz Dance forderte. Er lehnte alle Synthesen als Mischmasch ab. In der »West Side Story« fand er weder im Tanz noch in der Musik wirklichen Jazz. Seine Frau Jean konnte 1968 das große Werk ihres 1966 verstorbenen

Mannes über die Geschichte des Jazz Dance veröffentlichen. Darin wurden auch alle großen Vertreter des Tap Dance – historisch und musikalisch zu Recht – vorgestellt und dem Jazz Dance zugerechnet, aber kein Wort verlor Stearns an die Vertreter der Jazz-Synthesen. Stearns erlebte noch vor seinem Tod die Rückkehr zu den Volkswurzeln des Jazz Dance, allerdings nicht auf der Bühne und in der Pädagogik, sondern in den populären Soul-Tänzen. Diese stellten ja nichts anderes dar als eine Rückkehr zu den alten polyzentrischen Pelvis-Tänzen. Diese Tänze tauchten teilweise mit ihren alten Namen wieder aus den Ghettos auf: Mess around, Mooch, Twist, Grind, Bump, Walking the Dog. E. Cleaver, einer der Wortführer der Black Panther Party, verglich in seinem Buch »Seele auf Eis« schon den Twist (1960–1964) mit einer Rakete, die in den Neger-Ghettos abgeschossen wurde und in den weißen Vorstädten auftraf. Der Twist, so Cleaver weiter, erreichte etwas, was die Politiker nicht erreicht haben, nämlich die Gleichheit und Gleichberechtigung von Schwarz und Weiß. Der Twist schaffte es, daß die schwarzen Pelvis-Motionen nun auch von den Weißen übernommen werden *mußten.*

Ab 1964 begann der aktive revolutionäre Kampf der afro-amerikanischen Jugend. Die Folge war, daß 1965 alle schwarzen Bürger der USA das volle Wahlrecht erhielten. Aber an der elenden wirtschaftlichen Lage der Neger in den Ghettos und dem ländlichen Süden änderte das Bürgerrechtsgesetz des Präsidenten Johnson nicht das mindeste. So entstanden ab 1966 neue kämpferische Bewegungen: Black Power und Black Panthers. Diesen Bewegungen ging es nicht nur um die Erringung politisch-ökonomischer Macht, sondern auch um die Erhaltung der afro-amerikanischen Volkskultur, um die Rückkehr zu den afrikanischen Wurzeln. Darum sprach man mit Recht von einer zweiten schwarzen Renaissance. Die Soul-Musik war nichts anderes als der hörbare rhythmisch-melodische Ausdruck der neuen revolutionären Situation. Der größte Vertreter der Soul-Musik, James Brown, war auch ein aktiver politischer Kämpfer. Sein bekanntestes Lied wurde »Say it loud I'm black and I'm proud«. Andere große Soul-Musiker und Soul-Sänger waren: Aretha Franklin, Wilson Pickett, Otis Redding. Berühmte Soul-Gruppen waren: Supremes, Temptations, Four Tops, alle aus Detroit, der Auto-Stadt. Daher wurde die Musik aus Detroit als Motown-Musik bekannt. Der sichtbare Ausdruck der Soul-Revolution waren die Soul-Tänze, die gleichzeitig mit der Musik ab 1964 auftauchten. Die klassischen Soul-Tänze, auch Funky Dances genannt, entstanden zwischen 1967 und 1970: Funky Broadway, Skate, Shingaling, James Brown African Twist, Pearl, Tighten up, African Funky, Funky Chicken, um nur die bekanntesten zu nennen. Alle diese Tänze waren polyzentrisch-binnenkörperliche Pelvis-Tänze. Das Neue war, daß diese Tänze nicht nur sofort von der weißen Jugend übernommen wurden, sondern daß auch die Tanzlehrer und die Erwachsenen kaum noch Proteste dagegen vorbrachten. Die Parallele zu den Jahren nach 1890 ist offensichtlich. Die Pelvis-Tänze als die schwärzesten aller schwarzen Tänze begleiteten damals und in den sechziger Jahren den Befreiungskampf der Afro-Amerikaner.

Zweite Phase ab 1960
Die weltweite Ausbreitung des Jazz Dance

Im Jahr 1959 erschien mit Walter Nicks, Schüler von und Lehrer bei K. Dunham, zum erstenmal ein schwarzer Pädagoge des Jazz Dance in der Bundesrepublik Deutschland. Er unterrichtete an der Sommerakademie des Tanzes, die damals noch in Krefeld, ab 1961 aber in Köln stattfand. Nicks wurde assistiert von dem jungen Schweizer Alain Bernard, der im gleichen Jahr in Bern seine Laufbahn als Jazz-Tänzer und Jazz-Pädagoge begann. Der Deutsch-Schweizer Bernard wurde zum Schöpfer des Jazz Dance in der Schweiz. Er hat auch schon an der Palucca-Schule in Dresden unterrichtet. Im gleichen Jahr 1959 ließen sich die Pädagogen der hochkonservativen Imperial Society of Dance Teachers von Tänzern der in London damals aufgeführten »West Side Story« in die Techniken des Jazz Dance à la Robbins einführen. So begann ab 1960 von England, Westeuropa und Skandinavien aus der weltweite Siegeszug des Jazz Dance. Die erste Nachricht über Jazz Dance in der DDR stammt aus dem Jahr 1962. Das Lexikon der Tanzkunst, erschienen in der Zeitschrift »Der Tanz«, schreibt: »Jazz: Musizierstil, der aus den Tanz-, Arbeits- und religiösen Liedern der nordamerikanischen Neger hervorgegangen ist; beeinflußte verschiedene Formen der modernen Tanzmusik. Verschiedentlich ist Jazzmusik auch vertanzt worden. In der DDR versuchten junge Tänzer unter Leitung von G. Walther im Jazz-Tanz-Studio 62 verschiedene Jazzstile tänzerisch zu gestalten.«

Es war vor allem die Filmfassung (1961) der »West Side Story«, die einen allerdings schon sehr verwässerten Jazz Dance in der ganzen Welt bekannt machte. Das Interesse am afrikanischen Tanz selber wurde vor allem erweckt durch Les Ballets Africains aus Guinea, die 1957 und 1958 in Europa, 1959 in den USA regelrechte Triumphe feiern konnten. In New York führte das Auftreten der Afrikaner fast zu einem politischen Skandal. Der Zensor von New York forderte, daß die jungen schwarzen Damen Büstenhalter zu tragen hätten. Luben Vichey, der amerikanische Manager der Truppe, ging vor Gericht und drohte mit einer Klage bei den Vereinten Nationen, denn hier gehe es nicht um Moral, sondern um authentische Volkskunst. Die Gerichte gaben die Busen frei. Neben Robbins trug vor allem Alvin Ailey seit seiner ersten Europa-Tournee 1964 zur Übernahme von Jazz-Synthesen in Europa bei.

Die Geschichte der Kölner Sommerakademie, zu der regelmäßig 500 bis 600 Tänzer aus Amerika, Westeuropa und zeitweise auch aus sozialistischen Ländern kamen, spiegelt die Aufnahme des Jazz Dance in Westeuropa sehr genau. Nach Walter Nicks kam 1961 Tom Robas nach Köln. 1962 und 1964 wurde wieder Walter Nicks (1962 zusammen mit Claude Thompson) eingeladen. 1963 unterrichteten Jean Mattox und Frank Pietri in Jazz Dance. 1965 kam Jeanne Belkin aus New York. 1966 wurden gleich zwei große Choreographen und Pädagogen als Lehrer für Jazz Dance verpflichtet: Alvin Ailey und Frank Wagner. Der letztere war auch noch in den folgenden Jahren bis 1969 in Köln. Die meisten deutschen Pädagogen des Jazz Dance waren daher Schüler von Frank Wagner, viele von ihnen ließen sich von ihm auch direkt in seinem New-Yorker Studio unterrichten. 1970 wurden der Neger Donald McKayle und die weiße Amerikanerin Lynn Simonson, eine Schülerin von Matt Mattox, nach Köln eingeladen. 1971 mußten die Kurse für Jazz Dance (wieder McKayle und Simonson) wegen des großen Andrangs jeweils doppelt gegeben werden. 1972 wurden drei Kurse für Jazz Dance angeboten. Die Anfänger wurden von Jaime Rogers (Los Angeles) und von der aus Java stammenden Joe Lan Tjoa unterrichtet. Technik für Fortgeschrittene wurde wieder von Lynn Simonson gegeben.

Obwohl die Kölner Sommerakademie stets auch Kurse für Modern Dance anbot, zeigte doch der Andrang zu den Kursen des Jazz Dance, daß in den USA und in Westeuropa der Jazz Dance auf mehr Interesse stieß als der Modern Dance. Als idealer Bühnentänzer galt nun derjenige, der sowohl klassisches Ballett als auch Jazz Dance studiert hatte.

Die ersten Bücher über Jazz Dance

Ruth Walton war die erste Jazz-Choreographin und -Pädagogin, die zur Feder griff. Zwischen 1958 und 1965 veröffentlichte sie drei wichtige Hefte über Geschichte und Technik des Jazz Dance. Ihr folgte 1963 Luigi mit seinem Werk »Jazz with Luigi«. 1966 wurde das erste, von Gus Giordano verfaßte offizielle Lehrbuch vom National Council of Dance Teachers Organization publiziert. 1968 kam das große historische Werk von M. Stearns heraus. Jean Sabatine legte 1969 das erste systematische Lehrbuch vor, das Übungen aller amerikanischen Schulen für Jazz Dance enthielt. Dolores Cayou aus Haiti war die erste schwarze Tänzerin, die 1971 ein Buch über Modern Jazz Dance schrieb. 1970 und 1972 erschienen vom Verfasser dieses Buches die ersten beiden deutschsprachigen Werke über afrikanischen und afro-amerikanischen Tanz.

Jazzgymnastik

Genau in den gleichen Jahren, in denen in Westeuropa und Skandinavien der Jazz Dance als Bühnenstil offiziell anerkannt wurde, entstand in den gleichen Ländern auch eine neue Form der Gymnastik: die Jazzgymnastik. Sache und Begriff stammen aus Schweden. 1966 hatte Monica Beckman ihr heute noch verbreitetes Buch »Jazzgymnastik daheim und in der Schule« veröffentlicht. 1971 erschien davon die vierte Auflage, auch eine deutsche Übersetzung ist vorhanden. Diese frühe schwedische Jazzgymnastik war noch völlig an den amerikanischen Jazz-Synthesen orientiert. Die Beherrschung der klassischen Technik wurde vorausgesetzt. Aus dem schwarzen Jazz Dance entnahm Frau Beckman einige Isolationen des Kopfs, des Schultergürtels und des Pelvis. Der Modern Dance steuerte Übungen mit Contraction and Release sowie die Boden-Levels bei. Die meisten Beinbewegungen stammten aus dem klassischen Ballett. Von Schweden aus kam diese Art von Jazzgymnastik auch nach Westeuropa. Doch zu Anfang der siebziger Jahre entstand eine neue Richtung der Jazzgymnastik, die sich direkt und allein an afro-amerikanischen Techniken orientierte. Vor allem wurde die totale Polyzentrik der Soul-Tänze übernommen. Die Isolationstechnik wurde in der modernen Jazzgymnastik als Mittel körperlicher

Erziehung benutzt. Es war klargeworden, daß der Jazz Dance Körperteile aktivierte, die in der traditionellen Gymnastik völlig brachlagen: Kopf, Schultergürtel, Brustkorb und Pelvis.

Damit trat die Jazzgymnastik in die zweite Phase ihrer kurzen Geschichte ein. Diese zweite Phase begann genau in jenem historischen Augenblick, als die moderne Musik- und Tanz-Revolution in den USA und Europa zu Ende ging, also in den Jahren 1971/72. Erst jetzt wurde die schwarze Technik der Soul-Tänze analysiert und damit zur Basis einer neuen Gymnastik gemacht. Eine Generation von Sport- und Gymnastik-Lehrerinnen war herangewachsen, die von den Beat- und Soul-Tänzen herkam. Sie wurden zu den Trägerinnen der neuen Jazzgymnastik.

Zwei Dinge waren seit 1972 klar:

1. Die Übungen der Jazzgymnastik können nicht irgendwelchen Bewegungsstilen entnommen werden, sondern allein dem afro-amerikanischen Tanz.
2. Die Musik für die Jazzgymnastik kann nicht irgendeiner jugendgemäßen Schlagermusik entnommen werden, sondern allein der afro-amerikanischen Musik.

Der Umbruch in der Gymnastik – zum mindesten in der Bundesrepublik – wurde klar, als die berühmteste Gymnastikschule dieses Staates, die Bode-Schule in München, 1972 dazu überging, Jazzgymnastik zu lehren und Kurse für Jazzgymnastik abzuhalten. Seit Jahrzehnten war diese Schule das Zentrum der traditionellen deutschen Gymnastik gewesen. Nichts zeigt wohl mehr den Siegeszug des afroamerikanischen Tanzes, speziell des Jazz Dance, als die Tatsache, daß die »schwarze« Jazzgymnastik die traditionelle Gymnastik in der Bundesrepublik, der Schweiz und Österreich in den Schulen und Vereinen weitgehend verdrängt hat. Die traditionelle Gymnastik verlangte Schwung, Fluß und Harmonie der ganzkörperlichen Bewegung, die moderne Jazzgymnastik aber zielt auf Kraft, Ausdruck, Beweglichkeit der einzelnen isolierten Körperzentren. Daher können sämtliche Übungen im folgenden, der Praxis gewidmeten Kapitel auch ohne weiteres von der Jazzgymnastik benutzt werden.

TEIL 3 PRAXIS UND PÄDAGOGIK

Erstes Kapitel
Die Techniken des Jazz Dance

Der Jazz Dance und die anderen Tanzstile

Vorbemerkung

Immer wieder wird von manchen professionellen Tänzern behauptet: Nur wer klassisches Ballett von Grund auf gelernt hat, kann auch Jazz Dance richtig ausüben. Diese Behauptung ist falsch. Zwischen dem europäischen klassischen Ballett und dem afro-amerikanischen Jazz Dance bestehen in Technik und Ziel fundamentale Unterschiede. Anders steht es mit dem euro-amerikanischen Modern Dance. Dieser Stil hat vieles mit dem Jazz Dance gemeinsam. Aber eine unbedingt notwendige Voraussetzung für Jazz Dance ist auch der Modern Dance nicht. Es ist nun die in diesem Buch vertretene Meinung, daß der Jazz Dance und vor allem auch die Jazzgymnastik nicht nur für professionelle Bühnentänzer bestimmt ist, sondern auch für interessierte und begabte Laien. Von ihnen aber kann man unmöglich die Beherrschung der klassischen Technik verlangen. Sie brauchen dies auch gar nicht. Gute Beat- und Soul-Tänzer bringen alle körperlichen Voraussetzungen für Jazz Dance mit. Schwer tun sich allerdings, wie die Erfahrung gezeigt hat, jene älteren Laientänzer, die in der Tanztradition und der Tanzästhetik Europas aufgewachsen sind. In diesem Buch werden klassische Techniken kaum vorausgesetzt oder vorgestellt. Dafür gibt es andere Lehrbücher. Natürlich können in Jazz-Balletten klassische Techniken benutzt werden. Daher sollen professionelle Bühnentänzer von heute beide Stile beherrschen. Aber in diesem Buch werden nicht nur die Bühnentänzer, sondern auch begabte Laientänzer angesprochen. Man sollte nicht vergessen, daß der Jazz Dance ein Teil der afro-amerikanischen Volkskultur war. Bis 1940 hat kein einziger der großen schwarzen Jazztänzer in Amerika Unterricht im klassischen Ballett genossen.

Klassisches Ballett und Jazz Dance

Die menschlichen und damit auch die ästhetischen Ideale des klassischen Balletts und des Jazz Dance sind völlig verschieden. Durch die Technik des klassischen Balletts soll der Körper des Tänzers leicht, ja schwerelos gemacht werden. Der Raum des klassischen Tanzes ist der unendliche Luftraum, der erobert und gestaltet werden soll. Der berühmte Tanzphilosoph A. Wolynski schrieb in seinem »Buch des Jubels« großartige Sätze über den Sinn des klassischen Balletts: »Aufwärts, nach oben zielt alles. Der Sinn des klassischen Tanzes ist jene Vertikale, welche die Erde mit dem Himmel verbindet. Darum ist das klassische Ballett ein einziger Jubel, Jubel über die Überwindung der irdischen Schwerkraft, Jubel über die Heimkehr des Menschen in die Unendlichkeit ... Im Ballon zieht die Erde den Körper nicht herunter, sondern schnellt ihn ab wie eine Feder ... Wie ich bereits erwähnte, hängt der männliche Ballon von der federhaften Kraft des männlichen plié ab. Damit erklärt sich auch die Bedeutung des plié für die Elevation. Der Ballon ist das Leben des Künstlers in der Luft. Doch dieses Leben ist gerade durch das plié bedingt.«

Diesem Ideal der Schwerelosigkeit dient die ganze spezielle Technik des klassischen Tanzes, wie jedes Lehrbuch beweist. Als beliebiges Beispiel sei das Lehrbuch der amerikanischen Tanzpädagogin Thalia Mara zitiert. In diesem Buch »Ballett für Anfänger« heißt es über die Haltung: »Richte dich aus den Hüften heraus auf, so daß sich dein Körper so lang wie möglich fühlt. Ziehe deine Schenkelmuskeln so an, daß deine Knie ganz durchgestreckt sind ... Das Fühlen der eigenen Mitte, das heißt das Einstellen deines Körpers auf eine gerade, senkrechte Linie: Stelle dir eine Linie vor, die oben auf deinem Kopf beginnt, gerade durch deine Mitte hinuntergeht und zwischen deinen Füßen endet. Das ist deine Achse. Erlaube deinem Körper nicht, aus der Linie dieser Achse hinauszulehnen.« Über plié und Ballon: »Das demi-plié ist sehr wichtig für dich, später dann das grand-plié, weil die pliés die Grundlage für alles bilden, was du im Ballett lernst. In den Sprungschritten ist es das demi-plié, das deinem Sprung Wirkung und Leichtigkeit gibt. Man heißt dieses Ballon, eine federnde Leichtigkeit in allen Sprüngen.«

Die Technik des klassischen Balletts gehört zu den großartigsten Kulturschöpfungen des alten Europa. Aber der Jazz Dance stammt nun einmal nicht aus Europa, sondern aus Afro-Amerika. Im afrikanischen und afro-amerikanischen Tanz bleibt der Körper das, was er ist: schwere Masse und raumfüllender Körper. Dieser Körper wird nicht gestreckt, überwunden und schwerelos gemacht, er wird vielmehr durch die Techniken der Isolation und Multiplikation vervielfacht. Daher wird der Körper nicht, wie im klassischen Ballett, als gestreckte Einheit eingesetzt, sondern als Koordination seiner isolierten Zentren. Die Erfahrung zeigt, daß gerade die Isolationstechniken klassisch erzogenen Tänzern oft schwerfallen. Unbelastete Laientänzer sind ihnen da manchmal überlegen. Weil die Isolation das Kernstück der schwarzen Tanztechnik darstellt, ist auch die Haltung im Jazz Dance völlig anders als im klassischen Ballett. Der Leser möge sich daran erinnern (vergleiche Teil I, 1. Kapitel), daß die typische Haltung des Körpers im Jazz Dance als Collapse bezeichnet wird. Der Körper wird nicht in die Höhe gestreckt, sondern vielmehr leichter oder stärker zur Erde gebeugt. Nur so kann jener Grad von Relaxation erreicht werden, jene Mischung von Spannung und Lockerung, die unbedingt notwendig ist für alle Techniken der Isolation. Die ganzkörperliche Spannung des klassischen Balletts macht Isolation genauso unmöglich wie totale Erschlaffung des Körpers.

Das Prinzip der Polyzentrik verlangt, daß im Jazz Dance auch Körperteile aktiv eingesetzt werden, die im klassischen Ballett nur mitbewegt werden: Kopf, Schultern, Brustkorb und vor allem der im klassischen Tanz völlig versteckte Pelvis. Dieser Körperteil wird im Jazz Dance nicht eingezogen und zum Verschwinden gebracht, sondern als höchst lebendiges Zentrum eingesetzt. Daher zielt der Jazz Dance auch nicht auf jene Phänomene, die in der europäischen Ästhetik Schönheit, Anmut und Grazie genannt werden. Der »normale« europäische Betrachter sieht zunächst im Jazz Dance nur die Schwere und Eckigkeit, das Groteske und damit Unschöne. Aber gerade die isolierten, dem klassischen Ballett völlig entgegengesetzten Motionen des Jazz Dance machen den Reiz dieses Tanzstils aus. Für professionelle Tänzer, die sowohl im klassischen Ballett als auch im Jazz Dance ausgebildet sind, ergibt der Wechsel der beiden Stile eine zusätzliche Faszination. Das gleiche gilt natürlich auch für den an beiden Stilen interessierten Zuschauer. Aber es gibt keine wirklichen Synthesen von Jazz Dance und klassischem Ballett, sondern nur in Pädagogik und Bühnenkunst ein Nebeneinander der beiden Stile.

Modern Dance und Jazz Dance

Martha Graham, die Schöpferin des Modern Dance, gab dem weißen Tanz wieder die erdhafte Schwere des Körpers zurück. Schon deshalb besteht zwischen Modern Dance und Jazz Dance keine so tiefe Kluft wie zwischen klassischem Ballett und Jazz Dance. Weil der Modern Dance weiter alle Körperteile aktivieren will, werden in diesem Stil – wie im Jazz Dance – sämtliche Glieder des Körpers eingesetzt. Daher werden auch binnenkörperliche Motionen – wiederum wie im Jazz Dance – bevorzugt. Auch steht der Pelvis im Mittelpunkt aller Techniken des Modern Dance.

Dazu kommt noch, daß im Modern Dance die Levels ausgiebig benutzt werden. Das gilt vor allem für die Boden-Levels, also Knien, Sitzen und Liegen. Die Theoretiker und Pädagogen des Jazz Dance haben den Begriff Level und auch eine Reihe von Level-Übungen vom Modern Dance übernommen. Alle diese Verwandtschaften machen Synthesen von Jazz Dance und Modern Dance nicht nur möglich, sondern auch sinnvoll und interessant.

Gerade aber, weil Synthesen von Jazz Dance und Modern Dance möglich sind, ist es wichtig, auch hier die Unterschiede zwischen den beiden Stilen nicht zu vergessen. Der Modern Dance setzt, wie alle weißen Tanzstile, den Körper immer als Ganzes ein. Die Grundtechnik des Jazz Dance aber ist und bleibt die Isolation. Der Modern Dance hat einige Isolationstechniken vom Jazz Dance entliehen. Umgekehrt werden im sogenannten Modern Jazz Dance ganzkörperliche Techniken und Begriffe des Modern Dance benutzt. Das gilt vor allem für das zentrale Phänomen des Modern Dance: Contraction and Release.

Versuchen wir zunächst mit einfachen Worten zu sagen, was im Modern Dance die beiden Techniken, Phänomene und Begriffe bedeuten. Bei Contraction wird der ganze Torso plus Kopf, also alle mit der Wirbelsäule zusammenhängenden Körperteile zusammengezogen, der Körper wird »in sich kleiner«. Bei Release wird umgekehrt der ganze Torso plus Kopf über das Normalmaß hinaus gestreckt, er wird größer und »freier«. Wörtlich bedeutet Contraction Zusammenziehen, Release aber Lösen und Befreien. Martha Graham hat das Prinzip von Contraction and Release aus dem Prozeß des Atmens abgeleitet. Einatmen: Der ganze Torso, vor allem der Brustkorb wird weiter, freier und größer. Ausatmen: Der ganze Torso einschließlich Kopf sackt zusammen. Es ist damit klar, daß Contraction and Release stets den ganzen Torso plus Kopf betrifft. Es handelt sich also eindeutig um eine geschlossene Ganzkörperbewegung. So beschreibt auch der dem Leser schon bekannte amerikanische Jazz-Pädagoge Gus Giordano die betreffende Technik. »Release: Längerwerden in der Gestalt, indem die entsprechenden Teile des Körpers über das Normalmaß hinaus gedehnt werden. Contraction: an Gestalt kleiner werden, durch Zusammenziehung des Körpers. Diese Bewegung betrifft alle Teile des Körpers, die mit der Wirbelsäule verbunden sind, also Kopf, Brustkorb und Becken.«

Wenn die Lehrer und Lehrbücher des Modern Dance immer wieder betonen, Contraction and Release beginne jeweils im Pelvis, dann ist damit gemeint, daß die Energie, der Impuls der ganzen Bewegung vom Pelvis ausgeht und von da aus bis zu den Schultern und zum Kopf ausstrahlt.

Weiße und auch schwarze Tänzer haben die Begriffe und die Praxis von Contraction and Release in den Jazz Dance übernommen. Dabei aber ist Vorsicht am Platz, denn diese Übernahme ist nicht ohne weiteres möglich. Die Isolation des Jazz Dance schließt geschlossene Ganzkörperbewegungen aus. Sinngemäß kann daher die Technik von Contraction and Release im echten Jazz Dance nur auf die einzelnen Zentren angewandt werden. Tatsächlich werden die beiden Begriffe weitgehend in diesem Sinne benutzt. Im Jazz Dance können wir von Contraction and Release bei folgenden isolierten Zentren sprechen: Schultergürtel, Brustkorb und Pelvis. Bei dieser Art von Contraction and Release handelt es sich grundsätzlich um nichts anderes als um isolierte Motionen. Wird ein bestimmtes Zentrum zusammengezogen und damit kleiner, dann kann man auch im Jazz Dance von Contraction sprechen. Wird umgekehrt ein isoliertes Zentrum ausgedehnt und damit größer, dann ist es möglich, von Release zu reden. Das beste Beispiel bietet der Brustkorb, im Englischen ribcage. Wenn der Brustkorb sich nach vorn hochhebt, dann wird diese Motion häufig als ribcage release bezeichnet. Wird der Brustkorb zurückgezogen, dann kann man diese Motion als ribcage contraction bezeichnen. Aber schon beim Becken wird die Verwendung der Begriffe Contraction and Release problematisch. Es ist einfacher, besser und sinnvoller, zu sagen: ganzes Becken nach vorn anstatt pelvis contraction. Statt pelvis release empfiehlt sich der einfache Ausdruck: ganzes Becken zurück. Aber der Benutzer der Literatur sollte natürlich wissen, was mit pelvis contraction und pelvis release gemeint ist. Die Laientänzer sollte man mit diesen Begriffen nicht belasten.

Der Jazz Dance und seine Musik

Kein Jazz Dance ohne swing

Ein Jazztänzer mag technisch noch so vollkommen sein, wenn er ohne swing tanzt, ist er kein wirklicher Jazztänzer. Der tanzt ja ohne swing, der tanzt ja auf dem Beat – schlimmere Vorwürfe können gegen einen Jazztänzer nicht vorgebracht werden. Für einen solchen swinglosen Jazz Dance gilt der berühmte Musiktitel (1932) von Duke Ellington »It don't mean a thing if it ain't got that swing« (Diese Musik ist keinen Pfifferling wert, wenn sie keinen swing hat). Jazzmusik muß swingen, Jazz Dance muß swingen. Was ist das nun, dieser swing? Für einen schwarzen Tänzer ist swing kein Problem, auch ein musikalisch begabter weißer Tänzer hat damit kaum Schwierigkeiten. Er braucht nur genau und einfühlend auf die Musik zu hören und sich danach zu bewegen. Es gibt viele Tänzer, die swing körperlich hören und erleben. Ich muß tanzen, dann erst merke ich, ob die Musik swingt, sagen solche Tänzer. Sie haben recht. Swing ist kein musikalisches, sondern ein rhythmisch-motorisches Phänomen. Schon das Wort swing sagt, daß es sich dabei um körperliche Bewegung handelt. Swing heißt nichts anderes als schwingen. Swing kommt aus der tänzerischen Bewegung, aus dem Körper. Er kann daher auch nur in der körperlichen Bewegung, nicht aber im Sitzen wirklich erlebt werden. Nun ist swing als Bewegungsphänomen nichts anderes als Multiplikation. (Vergleiche zweites Kapitel des ersten Teils.) Das aber heißt: Der afrikanische Tänzer tanzt nicht oder nicht stets auf dem Beat, sondern er fügt zwischen Beat und Beat, zwischen Step und Step, zwischen Gewichtsübernahme und Gewichtsübernahme zusätzliche Bewegungen ein, die logischer- und notwendigerweise auf den Offbeats, also zwischen den Beats ausgeführt werden müssen.

Im Tap Dance ist Multiplikation = Offbeat = Synkopation = swing das Gesetz schlechthin. Die Zählweise ist dabei nur ein Hilfsmittel. Bei einem Double (Jazz Walk) wird gezählt: und *eins* oder *eins* und. Damit habe ich aber nur festgestellt, daß die Bewegung auf und kürzer ist als die auf eins. Zählweise bei einem Triple (Gewichtsverlagerung auf dritte Motion): und da *eins*. Dabei ist da wieder kürzer als und, dieses wieder kürzer als eins. Ein Quadruple (Gewichtsverlagerung auf vierte Motion) hat im Tap Dance folgende Zählweise: und a da *eins*. Dabei ist a kürzer als da. Natürlich kann ich auch umgekehrt zählen: *eins* und a da, eins hat die größte, a die kürzeste Länge.

Dieselbe Multiplikation finden wir wieder im Jazz Dance. Nur fallen hier in der Regel die hörbaren Klänge des Tap Dance weg. Aber wie im Tap Dance werden auch im Jazz Dance Offbeat-Motionen zwischen die regelmäßigen Beats eingeführt. Nichts anderes ist swing im Jazz Dance: Bewegungen auf den Offbeats. Zwar bleibt im Jazz Dance wie auch in der Jazzmusik der Beat stets als Bezugspunkt erhalten, aber er wird in Musik und Motion ständig umspielt. Ein Offbeat in Musik und Tanz kann *vor* den Beat gelegt werden, dann spricht die Jazzforschung von vorverlegtem Beat, von Antizipations-Beat. Die Offbeat-Motion kann aber auch hinter den Beat gelegt werden. Das ist dann ein Verzögerungs-Offbeat, ein Retardations-Offbeat. Der Jazztänzer kann natürlich gelegentlich – zur Kontrolle – auf dem Beat tanzen. Aber wenn er *nur* auf dem Beat tanzt, ist er eben kein Jazztänzer, er tanzt vielmehr marschmäßig, europäisch, ohne swing. Er tanzt auch ohne swing, wenn er seine Jazz Walks so ausführt, daß die zwei Motionen genau gleich lang sind, also je einen Achtelwert der Musik beanspruchen. Die zwei Motionen eines Jazz Walk müssen aber immer verschiedene Länge besitzen.

Swing und swing

In der amerikanischen Jazz-Forschung wird unterschieden zwischen Swing (groß geschrieben) und swing (klein geschrieben). Der groß geschriebene Swing bezeichnet eine ganz bestimmte Epoche der Jazz-Geschichte. Gemeint ist die Zeit jener Big Bands, die etwa zwischen 1925 und 1940 gegründet wurden. Das Ende des Swing kam spätestens um 1945. Das rhythmische Kennzeichen der Big Bands der Swing-Epoche war der swing. Die berühmtesten schwarzen Vertreter der Swing-Musik waren Duke Ellington, Fletcher Henderson, Count Basie und Chick Webb. Benny Goodman und die Gebrüder Dorsey waren die berühmtesten Repräsentanten des weißen Swing. Diese Bands also spielten mit swing. Dieser klein geschriebene swing aber ist das allgemeine und typische Phänomen der traditionellen afro-amerikanischen Musik. In dieser Musik spielt mindestens *ein* Rhythmus-Instrument deutlich hörbar den stets gleichbleibenden Beat, während die Melodie-Instrumente swingen, also im Offbeat spielen. Wir kommen auf den swing im Tanz gleich noch einmal zurück.

Kleiner Exkurs über Rechtschreibung

In der englischen Sprache werden nur Namen und allgemeingültige Begriffe groß geschrieben, nicht aber sonstige Hauptwörter. Wir schließen uns dieser Schreibweise an. Namen und absolut feste Bezeichnungen werden groß geschrieben, nur-technische Begriffe aber klein. Wir haben deshalb Beat und Offbeat mit großen Anfangsbuchstaben versehen, weil es sich dabei um feste und allgemeine Begriffe handelt. Auch Step, Shuffle, Tap werden dann groß geschrieben, wenn es sich um die allgemeinen Begriffe Schritt, Shuffle (Doppelmotion) und akustisch hörbare Fußbewegungen geht. Aber die drei Wörter können im Englischen auch klein geschrieben werden, wenn eine ganz bestimmte Fußtechnik damit gemeint ist. Etwa: shuffle = brush vorwärts und rückwärts, tap = kurzes, unbelastetes Aufsetzen und Wegstoßen der Fußspitze, brush step = Vorwärtsbürsten und belastetes Aufsetzen des Fußes. Wir schreiben beat dann klein, wenn damit gemeint ist: kurzes, unbelastetes Aufsetzen und Verbleiben des Ballens auf dem Boden. In diesem Buch wird die englische Schreibweise benutzt.

Monometrik, Polyrhythmik, swing

Die afro-amerikanische Musik der USA hat unter dem Einfluß der europäischen Musik jede Art von afrikanischer Polymetrik aufgegeben. In den USA werden also nicht mehr verschiedene Metren übereinander geschichtet, sondern nur ein einziges Metrum wird benutzt. Das ist der europäische Vierviertelakt. Die Jazzmusik also ist monometrisch. Doch innerhalb dieses Taktes, dieses Metrums werden verschiedene rhythmische Formen benutzt und aneinandergefügt, wobei die Einsätze der einzelnen Einheiten nicht gleichzeitig erfolgen müssen. Auch Polyrhythmik erzeugt stets einen deutlich hörbaren Offbeat.

Die Grundlage der Polyrhythmik ist der Vierertakt mit vier gleichmäßigen, statischen Beats. Wie entsteht nun der musikalische swing, der für den Jazz Dance wichtig, ja unentbehrlich ist? Bei reiner Perkussionsmusik – etwa zwei Trommeln – wird der statische Beat der einen Trommel überlagert vom ekstatischen, aus dem Beat heraustretenden Offbeat des anderen Instruments. Treten, wie in der Jazzmusik, Melodie-Instrumente hinzu, dann werden Beat und Melodie voneinander getrennt. Das Schlagzeug, im traditionellen Jazz die Große Trommel, spielt den regelmäßigen Beat. Die Melodie-Instrumente aber rücken von diesem Taktschlag (Beat) ganz bewußt ab. Die melodischen Akzente werden von den metrischen gelöst. In modernen Formen der Jazzmusik kann es vorkommen, daß kein einziges Instrument mehr den statischen und regelmäßigen Beat spielt. Dann muß der Tänzer innerlich den Beat hören und mitvollziehen. Zur gleichen Zeit aber muß er Offbeat-Bewegungen ausführen. In den traditionellen Stilen des Jazz aber ist der Beat immer ganz deutlich zu hören.

Marshall Stearns beschreibt in seinem großen Buch über die Geschichte der Jazzmusik die Klaviertechnik von Erroll Garner folgendermaßen:

»Garner ist mit Recht berühmt für das, was die Jazzleute fooling around with the beat nennen. Er scheint seine linke Hand nicht wissen zu lassen, was die rechte tut. Seine linke Hand spielt im allgemeinen einen regelmäßigen Viererrhythmus ... Aber seine rechte Hand spielt die Melodie in den verschiedensten, wechselnden Tempi. Erst verschleppt er, dann holt er mehr als auf, um ständig wechselnde Bruchteile der Zählzeit.« Hier ist unter anderem auch die Rede von Antizipations-Offbeat und Verzögerungs-Offbeat. Darüber schreibt André Asriel: »Bei den meisten Verschiebungen handelt es sich um ein Vorziehen, einer Vorwegnahme erwarteter Impulse. Nachdem besonders im Bereich des frühen europäisierenden Swing nicht selten onbeat gespielt wurde, begann sich, etwa seit Lester Youngs Zeiten, der Offbeat-Vorgang umzukehren. Wir finden immer häufiger die Technik der Verzögerung, des Nach-hinten-Schiebens erwarteter Töne. Während durch das Vorziehen die rhythmische Energie aufgestaut wird, um dann mit doppelter Wucht bei Erreichen der Wieder-Übereinstimmung mit der natürlichen Akzentfolge zur Entladung zu kommen, entsteht bei der neueren Methode das Gefühl des Zurückbleibens, des Zuspätkommens ...«

Es ist klar, daß die oft ganz feinen Offbeat-Verschiebungen mit normalen Noten nicht mehr fixiert werden können. Noten sind allenfalls ein Hilfsmittel. Noch gar nicht erforscht sind die leib-seelischen Wirkungen, die der Tänzer erlebt, je nachdem er seine Offbeats vor oder hinter den Beat legt. Jeder Offbeat hat einen bestimmten, allerdings noch nicht genau bekannten Erlebnis-Stellenwert.

Bevor wir zum Tanz zurückkehren, soll noch der Schweizer Autor Peter Krähenbühl zitiert werden. »Der Rhythmus eines Orchesters setzt sich zumindest aus einem Fundamental- oder Grundrhythmus und einem Melodierhythmus zusammen. Da sich aus dem Mit- und Gegeneinander dieser beiden Gruppen von Rhythmuselementen eines der wichtigsten Jazzelemente, der swing ergibt, sollen sie etwas genauer betrachtet werden. Unter Fundamentalrhythmus versteht man im Jazz den von den Musikern der Rhythmusgruppe erzeugten Grundrhythmus, den sogenannten Beat, der – bis in den modernen Jazz hinein –, während der ganzen Dauer des Stückes gleichmäßig wie der Pulsschlag eines Lebewesens zu hören oder auch nur zu fühlen ist und deshalb als Bezugssystem für das gesamte musikalische Geschehen gelten kann. Der Melodierhythmus dagegen steckt in den Melodielinien, die über dem tragenden Fundamentalrhythmus entwickelt werden. Jede melodische Linie, die ein Musiker spielt, hat ihren eigenen unverkennbaren Rhythmus. Die Gesamtheit all dieser melodischen Teilrhythmen ergibt den Melodierhythmus, der sehr komplex und undurchsichtig ist.« (P. Krähenbühl: »Der Jazz und seine Menschen«)

Tanzen mit swing

Wenn die verschiedenen Melodie-Instrumente, wie eben geschildert, verschiedene Rhythmen und Offbeat-Linien spielen, also swingen, dann muß der Tänzer wählen, welcher Linie er jeweils folgen will. Das aber heißt: Er muß die Musik nicht nur mit dem Ohr hören, sondern mit Haut und Körper erleben. Niemand kann zwar dem Tänzer vorschreiben, wie er swingen soll, aber swingen muß er. Wir wählen ein einfaches Beispiel. Beat und Offbeat.

Hier handelt es sich durchweg um vorweggenommene Offbeats, die melodischen Akzente gehen den Beats voraus. Nun tanzen wir auf diesen Offbeats mehrere einfache Jazz Walks. Wir wählen einen Strut. Dieser Jazz Walk wird folgendermaßen ausgeführt. Erste Motion: Fuß ohne Gewicht auf Ballen aufsetzen. Zweite Motion: auf ganzen Fuß mit der Sohle absenken und Gewichtsübernahme. Zählweise: und *eins*. Nun versuchen wir, mehrere Struts nach der Musik auszuführen. Die vier Achtel des Auftakts ergeben zwei Struts. Die erste Motion des ersten Strut beginnt mit dem ersten Achtel, aber sie ist kürzer als das musikalische Achtel. Deshalb ist die zweite Motion (Gewichtsübernahme) etwas länger als das musikalische zweite Achtel. Wiederholung, beginnend mit dem dritten Achtel. Nun kommt der vollständige Takt mit vier Beats. Beim ersten Jazz Walk erfolgt die Gewichtsübernahme mit dem ersten Viertel, also *vor* dem zweiten Beat. Der zweite Jazz Walk beginnt mit dem zweiten Achtel des Takts, also *vor* dem dritten Beat, er endet genau auf dem dritten Beat. Der dritte Jazz Walk beginnt zwischen dem dritten und vierten Beat, er endet genau mit dem vierten Beat. Der vierte Jazz Walk führt über den Taktstrich hinweg, er nimmt das erste Viertel des zweiten Taktes vorweg und endet daher mit diesem ersten Viertel. Der Tänzer beginnt daher den zweiten Takt mit einem Step, also einer Gewichtsübernahme.

Es empfiehlt sich natürlich, in der Praxis bei Anfängern zunächst nur ganz einfache swing-Phänomene zu benutzen: Also ein Instrument, das den Beat, ein anderes, das den Offbeat spielt. Grundsätzlich aber darf und kann der Jazz Dance nur echte, also swingende Jazzmusik benutzen.

1 Beat und Offbeat

Nach A. M. Dauer: »Jazz – die magische Musik«

2 Anfänge der Minstrelsy: »Jim Crow«

3 Ekstatischer Offbeat: »Joshua Fit de Battle«

4 Stephen Fosters »Old Folks At Home«

5 Minstrel Quartett: »Cornfield Medley«

6 Cakewalk: »At a Georgia Camp Meeting«

7, 8 Zwei Ragtime-Versionen von Scott Joplin und Jelly Roll Morton: »Original Rags«

9 Triolen- und Offbeat-Beispiel: »Buddy Bolden's Blues«

10 Harlem-Piano-Stil: James P. Johnsons »You Can't Do What My Last Man Did«

11 Swing-Piano-Stil: Teddy Wilsons »Just a Mood«

12 Die Entstehung von Offbeat

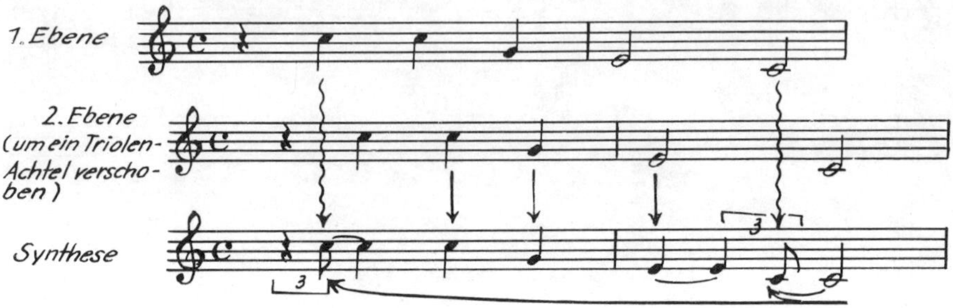

13 Verzögerungs-Offbeat: »Confession«

Die Techniken der Isolation

Kurze Wiederholung

Die im zweiten Kapitel des ersten Teils ausführlich vorgestellten Techniken und technischen Begriffe des Jazz Dance sollen hier noch einmal kurz wiederholt werden. Wiederholung ist bekanntlich die Mutter aller Studien. Für die folgenden Bereiche dieses Kapitels sind technische Begriffe unentbehrlich. Daher sollte sich schon der Anfänger mit der im Jazz Dance benutzten Terminologie (technische Begriffe) frühzeitig befassen. Diese Begriffe sind zumeist englisch, weil eben nun einmal der Jazz Dance aus den USA kommt. Für manche dieser englischen Begriffe sind ohne weiteres entsprechende deutsche Bezeichnungen verwendbar. Andere aber sind kaum übersetzbar, sie können nur beschrieben werden. Daher sollte der perfekte Jazztänzer die englische Terminologie genauso beherrschen, wie der klassische Tänzer den französischen Begriffskatalog kennen muß. Das schließt natürlich nicht aus, daß wir, wenn nur irgendwie möglich, immer auch die entsprechenden deutschen Begriffe vorstellen und benutzen. Doch gehen die englischen Bezeichnungen vor.

Die Grundtechnik des Jazz Dance ist die Isolation. Darunter verstehen wir, daß der Körper nicht als Einheit und Ganzheit bewegt wird, sondern mit seinen verschiedenen Körperteilen, den Zentren, die sich unabhängig, also isoliert voneinander bewegen. Das der Isolationstechnik zugrunde liegende Prinzip ist das polyzentrische Körpererleben der Afrikaner. In den folgenden Abschnitten werden wir alle isolierbaren Zentren ausführlich vorstellen: Kopf, Hals, Schultergürtel, Brustkorb, Becken, Arme und Beine. Innerhalb der Zentren Schultergürtel, Pelvis, Arme und Beine können wieder einzelne Teile isoliert werden. Das sind die Areas innerhalb der großen Zentren.

Alle Zentren und Areas können verschiedene Bewegungen ausführen. Der Kopf etwa kann sich drehen, er kann geneigt und erhoben werden. Der Pelvis kann seitlich, vorwärts und rückwärts verschoben werden. Werden mehrere Bewegungen des gleichen Zentrums nacheinander ausgeführt, dann sprechen wir im Jazz Dance von Kombination. Aber auch – und damit beginnt der eigentliche Jazz Dance – mehrere isolierte Zentren können gleichzeitig aktiviert werden. In diesem Fall sprechen wir von einer Koordination der verschiedenen Zentren. Zur Technik der Isolation gehören auch die Phänomene der Opposition und des Parallelismus. Opposition heißt wörtlich: Gegensatz; Parallelismus bedeutet: in der gleichen Richtung. Im Jazz Dance ist mit Opposition einmal gemeint, daß innerhalb eines Zentrums zwei gleichzeitige Bewegungen nicht in der gleichen Richtung erfolgen. Etwa rechte Schulter hoch und gleichzeitig linke Schulter tief. Aber auch ganze Zentren können zueinander in Opposition treten. Parallelismus bedeutet im Jazz Dance einmal, daß alle Bewegungen eines einzigen Zentrums in die gleiche Richtung führen. Etwa: beide Schultern vorwärts. Aber auch zwei verschiedene Zentren können parallel geführt werden. Häufig werden im Jazz Dance harte, schnelle, stoßartige Bewegungen ausgeführt. Solche Stöße werden in der englischen Fachsprache als accents, tilts (schleudern) oder thrusts (Würfe) bezeichnet. Für die einzelnen Zentren können grundsätzlich die deutschen Bezeichnungen benutzt werden. Eine Ausnahme bildet der Pelvis. Das ist ein lateinisches Wort, also auch im Englischen ein Fremdwort. Es wird in beiden Sprachen benutzt, weil es keinen salonfähigen Ausdruck für das ganze Becken-Zentrum gibt.

Der erste Bereich: Kopf und Torso-Zentren

I. Kopf und Hals (head and neck)

Anatomische Voraussetzungen

Wir sprechen zwar im Jazz Dance von isolierten Bewegungen des Kopfes, aber diese Bewegungen finden in Wirklichkeit in den Halswirbeln statt, der Kopf selber kann sich nicht aktiv bewegen, er wird nur passiv bewegt. Die sieben Halswirbel hingegen besitzen eine große Bewegungsfreiheit. Ganz besonders beweglich sind die oberen beiden Halswirbel: Atlas und Axis. Der Atlas, der oberste Wirbel, hat keinen Körper, sondern besteht nur aus einem Knochenring. Der ganze Kopf wird von diesem Gebilde getragen. Daher wird der Atlas im Deutschen auch als Träger bezeichnet. (Im griechischen Mythos trug der Riese Atlas bekanntlich das Weltall.) Auf der Oberfläche des Atlas befinden sich zwei Gelenkpfannen, in welche die Gelenkhöcker des Hinterhauptbeines eingreifen. Daher kann sich der Kopf auf dem Atlas nickend bewegen. Sämtliche Nick- und Hebebewegungen des Kopfes vollziehen sich im ersten Halswirbel. Ebenso wichtig für Kopfisolationen ist der zweite Halswirbel, der Axis genannt wird. Auch dieser Wirbel weist Ringform auf, doch erhebt sich daraus ein Knochenzapfen, der in den Hohlraum des Atlas hineinragt. Um diesen Zapfen herum kann der Kopf samt dem Atlas waagrecht im Kreis bewegt werden. Daher heißt der zweite Halswirbel im Deutschen auch Dreher. Die außerordentlich wichtigen isolierten Drehbewegungen des Kopfes (Rotationen) werden von diesem zweiten Halswirbel ausgeführt. An den anderen Motionen des Kopfes sind sämtliche sieben Halswirbel beteiligt.

Arten der isolierten Kopfbewegungen

1. Nicken (to nod, to drop). Der Kopf wird nach unten zum Brustbein gesenkt. In der Fachsprache des Modern Dance wird diese Motion als head contraction bezeichnet.
2. Heben (to raise, to lift). Der Kopf wird nach oben rückwärts gehoben. Der Modern Dance bezeichnet diese Motionen als head release.
3. Kopf nach rechts und links drehen (turn). Im Modern Dance wird diese Motion auch als Rotation bezeichnet. Dieses Wort kann auch im Deutschen für Kopfdrehung benutzt werden.

4. Zur Seite neigen (to lean). Der Kopf wird zur Seite geführt, das Ohr berührt beinahe die Schulter, aber diese darf sich nicht bewegen. In manchen amerikanischen Lehrbüchern wird diese Neigebewegung des Kopfes auch als side tilt oder side stretch bezeichnet.
5. Sundari. Verschiebung sämtlicher Halswirbel zur Seite, nach vorn oder nach hinten.

Technische Analyse

1. Nicken. Der Kopf wird aus seiner normalen Position (Kinn waagerecht, Augen blicken nach vorn) zum Brustbein gesenkt. Es handelt sich also um eine typische Beuge- oder Flexionsbewegung. Der Atlas gestattet eine vollkommen freie Bewegung, die nur durch die Berührung des Kinns mit dem Brustbein beschränkt wird.
2. Heben. Der Kopf wird aus seiner Normalposition nach oben / hinten gestreckt (Extension). Die Bewegung kann aber auch seitlich / hoch erfolgen. Im Jazz Dance jedoch werden Hochmotionen bevorzugt, die den Kopf nach hinten führen: gerade nach hinten / hoch, aber auch diagonal / hinten / hoch. Das Kinn wird dabei hoch nach oben gehoben.
3. Drehen. Der ganze Kopf wird aus der normalen (neutralen) Position waagerecht nach rechts oder links gedreht. Kinn und Augen gehen mit, der Kopf als Ganzes bleibt waagerecht. Der Drehungsumfang beträgt von rechts nach links etwa 160 - Grad.
4. Neigen. Der Kopf wird nach rechts oder links seitwärts geneigt. Sämtliche Halswirbel legen sich also schräg. Der Blick bleibt nach vorn gerichtet. Die Schultern bleiben vollkommen ruhig.
5. Sundari. Es war der schon im letzten Kapitel erwähnte Tänzer und Tanzpädagoge Jack Cole, der Anfang der vierziger Jahre die Sundari-Kopfmotionen des klassischen indischen Tanzes (Bharat Natyam) in den amerikanischen Jazz Dance einführte. Der Kopf bleibt dabei vollkommen ruhig und unbewegt, er verläßt die neutral-normale Position nicht. Die Augen sind stets nach vorn gerichtet, das Kinn waagerecht. Nur die Halsmuskeln werden aktiviert, sie werden verlängert oder verkürzt. So wird der Kopf jeweils zur Seite, nach rechts und links gedrückt, nach vorn und rückwärts verschoben. Jack Cole meinte, es handele sich bei Sundari um isolierte Kopfmotionen. Das ist natürlich ein Irrtum, denn der klassische indische Tanz kennt keinerlei Isolation. Aber da die meisten amerikanischen Lehrbücher Sundari behandeln, sollen und müssen diese Motionen auch in diesem Buch vorgestellt werden. Für Anfänger sind sie völlig ungeeignet. Sie sind einmal zu schwierig, zum anderen aber fallen sie völlig aus dem Rahmen der afroamerikanischen Kopfisolationen heraus. Sie sind im klassischen indischen Tanz Mittel des ekstatisch-seelischen Ausdrucks des Gesichts. Es sind die von innen her erzeugten Muskelspannungen, vor allem die der Augen, Augenbrauen und Wangen, die dann auch in die Sundarimotion des Halses hineinführen. Daher bedeutet Sundari im altindischen Sanskrit: beautiful, also schön. In dem großen

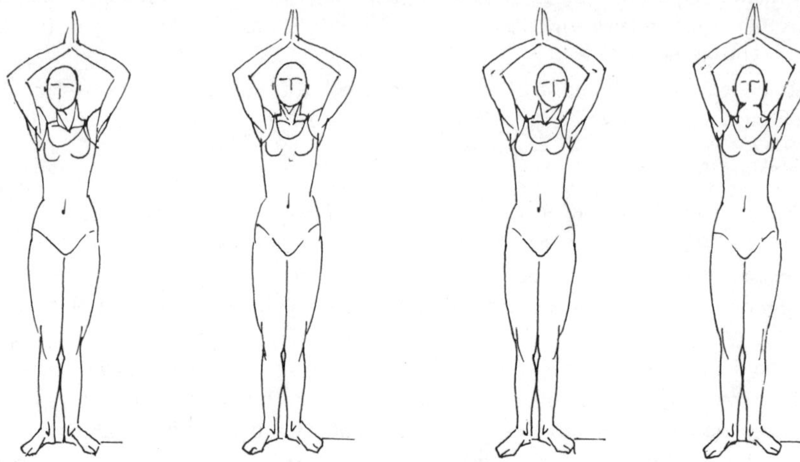

Lehrbuch von Enakshi Bhavnani (The Dance in India) heißt das Kapitel, in dem die Sundarimotionen behandelt werden, mit Recht: Gesicht, Kopf, Augen, Augenbrauen und Hals. Als Sundari selbst werden im klassischen indischen Tanz nur die Seitwärtsbewegungen bezeichnet. Sie gelten völlig richtig als Ausdruck der Hinneigung, der Liebe und Freude. Die Vorwärts- und Rückwärtsbewegungen werden prakampita genannt. Sie sollen sagen: Ich liebe dich, weil du so wundervoll bist.

Fehler

Für den Ballettänzer ist es wichtig, daß er lernt, den Kopf wirklich isoliert zu bewegen. Vor allem bei Anfängern kann man häufig beobachten, daß sie die Schultern oder den Oberkörper mitbewegen. Das aber ist ein schwerer Stilfehler. Natürlich gibt es die Möglichkeit, isolierte Kopfmotionen mit isolierten Schultermotionen zu koordinieren. Davon wird noch die Rede sein. Wenn schon Sundari, dann nicht so, daß sich der Kopf dabei dreht oder neigt. Der Kopf bleibt in Sundari vollkommen in neutraler Position.

Tempo und Stil der Ausführung (Dynamik)

Sämtliche Kopfmotionen können langsam und getragen (sustained), aber auch hart und ruckartig ausgeführt werden. In der Sprache des Jazz Dance redet man im Fall der harten Motionen von head tilt (Kopfschleudern), von head thrust (Kopfwurf) oder am besten von head accent. Denn die einzelnen Bewegungen setzen jeweils einen harten und klaren Akzent. Diese Akzente werden in der amerikanischen Literatur häufig auch als perkussive Motionen bezeichnet.

Kopfkreis oder Kopfrolle

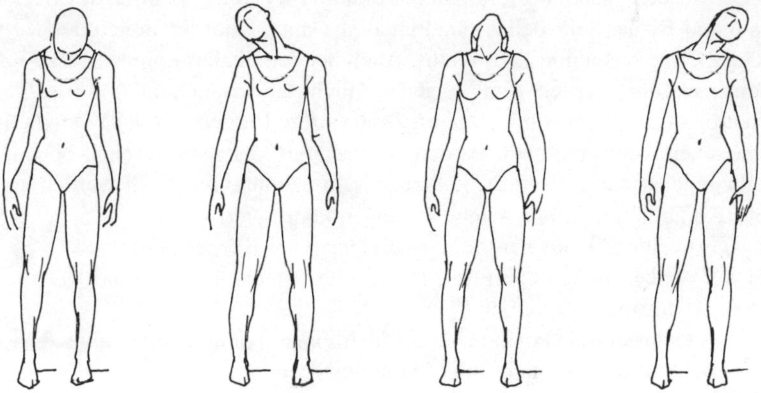

Kombinationen

a) Verbindungen von Nicken, Heben und Drehen. Ein Beispiel mit vier Akzenten: Kopf nicken, nach rechts drehen, Kopf stark nach hinten / hoch, Kopf nach links drehen. Wieder zurück in neutrale Position. Verbinden wir diese Folge von vier Akzenten zu einer geschlossenen, fließenden und kontinuierlichen Bewegungsfolge, dann erhalten wir einen Kopfkreis oder eine Kopfrolle (head circle oder head roll).

b) Verbindungen von Nicken, Heben und Neigen. Auch diese Folge kann in Form von harten Akzenten oder als geschlossener Kreis ausgeführt werden.

c) Verbindungen von Neigen, Drehen und Heben diagonal / hoch / rückwärts. Insgesamt können Nicken, Heben und Drehen zu jeder möglichen Kombination verwendet werden.

d) Pendelschwung (pendulum head swing). Der Kopf wird zuerst nach rechts gedreht (eins), senkt dann ab zum Brustbein (zwei) und wird dann nach links (drei) gedreht. Eine andere Möglichkeit besteht darin, daß der Kopf zuerst rechts / seitlich hoch gehoben wird und dann über Senken nach links / vorn hoch gehoben wird. In jedem Fall ergibt der Pendelschwung des Kopfes eine Art Halbkreis.

e) Dient ein Pendelschwung als Anlauf für mehrere in schnellem, ja rasendem Tempo ausgeführte Kopfkreise, dann wird eine solche Bewegungsfolge in der Sprache des Jazz Dance als Ecstasy bezeichnet. Diese Kombination versetzt den Tänzer tatsächlich in einen wahrhaft ekstatischen Trance-Zustand.

f) Sundari-Kreuz. Der Kopf wird zuerst nach vorn geschoben, kehrt zur neutralen Position zurück. Dann Sundari rechts, wieder neutral, Sundari rückwärts, wieder neutral, Sundari links. Rückkehr in neutrale Position.

Koordinationen

Isolierte Kopfmotionen können mit isolierten Motionen sämtlicher anderer Zentren koordiniert werden, also mit Motionen der Schultern, des Brustkorbs, des Beckens, der Arme und Beine. Sehr beliebt sind im Jazz Dance Koordinationen des Kopfes mit Beckenbewegungen und Jazz Walks. Auch bei den Shakes können starke Kopfmotionen ausgeführt werden. Auch zeigen sämtliche modernen Beat- und Soul-Tänze Koordinationen des Kopfes mit anderen Zentren. Die für den Anfänger schwierigen polyzentrischen Koordinationen werden im Abschnitt VI dieses Bereichs behandelt. Hier soll zunächst nur eine einfache bizentrische Übung vorgestellt werden, in der nur Kopf-Kombinationen mit Armbewegungen koordiniert werden.

Ausgangsposition: Kopf neutral, Arme hängen am Körper herab.

1. Kopf tief senken (drop, contract), Unterarme vor der Brust, Handflächen zum Körper, Oberarme nach außen.
2. Kopf zurück in neutrale Position. Arme, im Ellbogen leicht gebeugt, über den Kopf führen, Schultern dabei nicht oder kaum bewegen.
3. Kopf hoch / zurück (raise, release). Arme seitwärts in zweite Position führen, Arme im Ellbogen leicht gebeugt, Handflächen nach vorn.
4. Kopf neutral, Arme vor der Brust halten wie in 2.
5. Kopf nach rechts zur rechten Schulter neigen (lean), aber keine Schulterbewegung, Gesicht nicht zur Seite drehen, sondern Blick nach vorn. Arme wieder seitwärts in zweite Position.
6. Kopf wieder neutral, Unterarme wieder vor der Brust.
7. Arme in zweite Position.
8. Arme wieder in Ausgangsposition zurückführen.

Beachte schon jetzt, daß die Arme im Jazz Dance nicht oder kaum von den Schulterblättern, sondern vom Schultergelenk aus bewegt werden. Grundsätzlich sind die Arme im Jazz Dance immer im Ellbogen gebeugt.

II. Der Schultergürtel (shoulder girdle)

Anatomische Voraussetzung

Der Schultergürtel besteht aus den beiden Schulterblättern (anatomisch: Scapula), den von diesen ausgehenden speziellen Schulterknochen (Schulterhöhe, Akromion) und den beiden Schlüsselbeinen. Die letzteren verbinden die Schulterhöhe mit dem Brustbein (Sternum). Der ganze Knochenbau des Schultergürtels bildet anatomisch eine in sich geschlossene Einheit. Auch durch Bänder und Muskeln wird der Schultergürtel so zusammengehalten, daß sich die eigentlichen Schultern und die Schulterblätter gewöhnlich zusammen bewegen. Fast jede Motion der Schulterblätter setzt also den ganzen Schultergürtel in Bewegung, fast jede Motion der Schultern bewegt die Schulterblätter und die Schlüsselbeine mit. Mit dem vorderen Rumpf ist der Schultergürtel über die Schlüsselbeine und das Brustbein verbunden. Hinten jedoch liegen die Schulterblätter über den Anfängen der Rippen vollkommen frei, sie sind nur durch Muskeln mit dem Rückgrat verbunden. Daher besitzen die Schulterblätter eine enorme Bewegungsfreiheit. Sie können Drehungen (Rotationen) ausführen, sie können hoch gehoben und tief gesenkt werden.

Für den ungeübten Tänzer ist es zunächst fast unmöglich, nur *einen* Teil des Schultergürtels isoliert zu bewegen. Aber trotz aller durch Knochen und Muskeln bedingten Einheit des Schultergürtels bieten die Schultern eine echte Möglichkeit solcher Motionen an. Es gibt nämlich ein spezielles Gelenk, das die Schulterhöhe, also den eigentlichen Schulterknochen mit dem Schlüsselbein verbindet. Diese den Anatomen wohlbekannte Bewegungsmöglichkeit wird von den afrikanischen Tänzern dazu benutzt, um die Schultern allein zu bewegen. Die Schultern können nach vorn gezogen und nach hinten geschoben werden. Sie können weiter aus der Normalposition bis zu sechs Zentimeter nach oben gehoben und bis zu drei Zentimeter nach unten gesenkt werden, ohne daß Schlüsselbeine und Schulterblätter beteiligt sind. Das aber heißt: Die Schultern können allein für sich, isoliert, bewegt werden. Bei starken Schulterbewegungen müssen die Schulterblätter und Schlüsselbeine natürlich mitbewegt werden. Wir können jedoch im Jazz Dance das große Zentrum Schultergürtel einteilen in zwei Areas: Schulterblätter und Schultern selbst. Das aber bedeutet: Innerhalb des isolierten Gesamtzentrums Schultergürtel wird im Jazz Dance die Area Schulter noch einmal speziell isoliert. Weiter muß beachtet werden, daß auch nur eine Schulter isoliert nach oben, unten, vorwärts und rückwärts geführt werden kann. Erfahrungsgemäß fallen gerade solche isolierten Einzelschulterbewegungen den Schülern recht schwer. Schließlich gelten noch die Gesetze des Parallelismus und der Opposition für den Schultergürtel. Beide Schultern können in der gleichen Richtung bewegt, sie können aber auch in entgegengesetzte Richtungen geführt werden. Die rechte Schulter etwa kann isoliert gehoben werden, die andere isoliert gesenkt. Ein anderes Beispiel: Eine Schulter wird nach vorn geführt, die andere zurück. Der Phantasie des Jazztänzers sind hier keine Grenzen gesetzt, es gibt hier eine große Anzahl möglicher Kombinationen.

Arten der Bewegung

1. Heben (to lift, to raise) und Senken (to drop) beider Schultern oder auch nur einer Schulter.
2. Vorwärtsschieben (push forward) und Zurückziehen (pull back) beider Schultern oder nur einer Schulter.
3. Twist. Der ganze Schultergürtel wird gegen den feststehenden Brustkorb verdreht, verwringt oder vertwistet.
4. Shake. Von den Schulterblättern aus wird der ganze Torso in wellenartige Bewegungen versetzt.

Technische Analyse

1. Bei Heben und Senken sollen die Schulterblätter nicht oder so wenig wie möglich bewegt werden. Die im Schultergelenk befestigten Arme jedoch gehen automatisch mit.

2. Vorwärts und rückwärts. Hier läßt sich die Mitbewegung der Schulterblätter nur schwer vermeiden. Sie rücken bei der Vorwärtsverschiebung auseinander, bei der Rückwärtsbewegung werden sie nach innen, zum Rückgrat hin, zusammengepreßt. Auch hier gehen die Arme im Schultergelenk mit.
3. Twist. Brustkorb und Kopf stehen fest. Eine Schulter geht nach vorn, die andere zurück. Dabei kann eine Schulter gehoben, die andere gesenkt werden. Die ganze Bewegung geht hier von hinten, von der Wirbelsäule, aus. Die Schulterblätter sind daher aktiv, die eigentlichen Schultern machen gar nichts, sie werden nur passiv bewegt.
4. Der Schulter-Shake. Diese schwierige Bewegungsfolge wurde schon im zweiten Kapitel des ersten Teils besprochen. Wir wiederholen hier kurz. Diese den ganzen Torso (Brustkorb, Rücken, Pelvis) ergreifende Wellenbewegung geht von Rotationen der frei beweglichen Schulterblätter aus. Diese Rotationen wirken über die Rückenmuskeln bis zum Pelvis, über die Schlüsselbeine auf den Brustkorb. Schulter-Shakes sind typisch für den ekstatischen afrikanischen Tanz, aber sie kommen auch in den modernen Soul-Tänzen vor. Natürlich können sie auch im Jazz Dance gezeigt werden. Die Schulter-Shakes dürfen aber nicht verwechselt werden mit den von den Hinterbacken ausgehenden Buttocks Shakes (Shimmy).

Fehler

Der Hauptfehler besteht darin, daß bei isolierten Schulter-Motionen die benachbarten Zentren, vor allem Brustbein und Kopf, mitbewegt werden. Etwa so, daß bei einer Schulterhebung der ganze Brustkorb mitgehoben wird oder daß beim Schulter-Twist der Kopf mitgedreht wird. Nur die Arme dürfen und müssen bei isolierten Schulter-Motionen mitgehen. Alle anderen Körperteile dürfen nicht bewegt werden. Aber natürlich sind jederzeit Koordinationen der Schultern mit anderen isolierten Zentren möglich.

Tempo und Stil (Dynamik)

Sämtliche Schulterbewegungen können langsam und getragen, aber auch hart und ruckartig ausgeführt werden. Wie beim Kopf bezeichnen wir diese perkussiven Motionen als tilt, thrust oder accent. Im Deutschen benutzt man am besten die Bezeichnung Stoß.

Kombinationen

Vier Akzente – hoch, vorwärts, tief, rückwärts (wieder hoch) – ergeben bereits eine einfache Kombination.

Kreise und Halbkreise

Verbinden wir diese vier beziehungsweise fünf Akzente zu einer kontinuierlichen Bewegungsfolge, dann erhalten wir einen Schulterkreis oder eine Schulterrolle (shoulder circle, shoulder roll). Solche Kreise oder Rollen können mit beiden

Schultern gleichzeitig oder auch nur mit einer Schulter ausgeführt werden. Der Anfang eines Schulterkreises kann an jede Stelle des Kreises gesetzt werden. Der Tänzer kann mit hoch oder tief, mit vorwärts oder rückwärts beginnen. Hoch bedeutet: senkrecht nach oben aus der neutralen Position. Tief: senkrecht nach unten aus der neutralen Position. Wichtig ist, daß der Kreis wieder in der Anfangsposition endet. Ein häufig benutztes Beispiel für Schulterkreis: hoch – vorwärts und tief – tief – rückwärts und hoch – hoch – zurück in neutrale Position. Sehr beliebt sind auch halbe Kreise. Diese gehen jeweils nach vorwärts oder rückwärts. Ein beliebtes Beispiel ist das folgende, das im Soul-Tanz Funky Broadway benutzt wird: neutral – hoch – vorn und tief – tief – zurück in neutral. Sowohl ganze Kreise als auch halbe Kreise können abwechselnd mit der rechten und der linken Schulter ausgeführt werden.

Wichtig bei den Schulterbewegungen ist die Benutzung der Gesetze von Parallelismus und Opposition. Beide Schultern können sich gleichzeitig und gemeinsam in der gleichen Richtung bewegen. Sie können aber auch in Opposition zueinander treten. Das einfachste Beispiel der Schulteropposition: rechte Schulter hoch, linke Schulter tief. Ein anderes Beispiel: rechte Schulter vor, linke Schulter zurück. Sehr beliebt sind im Jazz Dance, allerdings nur für fortgeschrittene Tänzer, ganze oder halbe Kreise in Opposition. Die eine Schulter beginnt ihren Kreis oder Halbkreis aus hoch und führt weiter zu vorwärts / tief. Die andere Schulter beginnt ebenfalls mit hoch, fährt aber dann fort mit rückwärts / tief. Der Oppositionskreis kann aber auch rechts mit hoch, links mit tief begonnen werden. Auch beim Schulter-Twist sind viele Möglichkeiten gegeben. Grundsätzlich gibt es hier für die Phantasie des Tänzers keine Grenzen.

Die Acht

Die sogenannte Acht (figure eight) besteht in ihrer einfachen Form aus einer kontinuierlichen Folge von Links-Twist und Rechts-Twist des Schultergürtels. Bei Links-Twist geht die rechte Schulter nach vorn, die linke zurück, der Schultergürtel wird so isoliert nach links gedreht. Umgekehrt bei Rechts-Twist: Der Schultergürtel wird nach rechts gedreht. Um die Acht auszuführen, wird mit dem Links-Twist (rechte Schulter diagonal / vorn / hoch) begonnen, dann die rechte Schulter in einem Halbkreis nach diagonal / hinten / tief gedreht, dabei wird gleichzeitig die linke Schulter nach diagonal / vorn / hoch gedreht. Weiter: linke Schulter diagonal / rückwärts, und zwar wieder mit einem Halbkreis. Damit haben die Schultern eine Acht in den Raum geschrieben. Es gibt aber auch andere Möglichkeiten, mit der Acht zu beginnen und diese dann weiter auszuführen. Auch hier sind der Phantasie keine Grenzen gesetzt.

Koordinationen

Die schwierigen, polyzentrischen Koordinationen der Schultern mit Kopf, Becken, Armen und Beinen werden später behandelt. Wir geben zunächst eine einfache bizentrische Übung, in der Schulter-Kombinationen mit Arm-Bewegungen koordiniert werden.

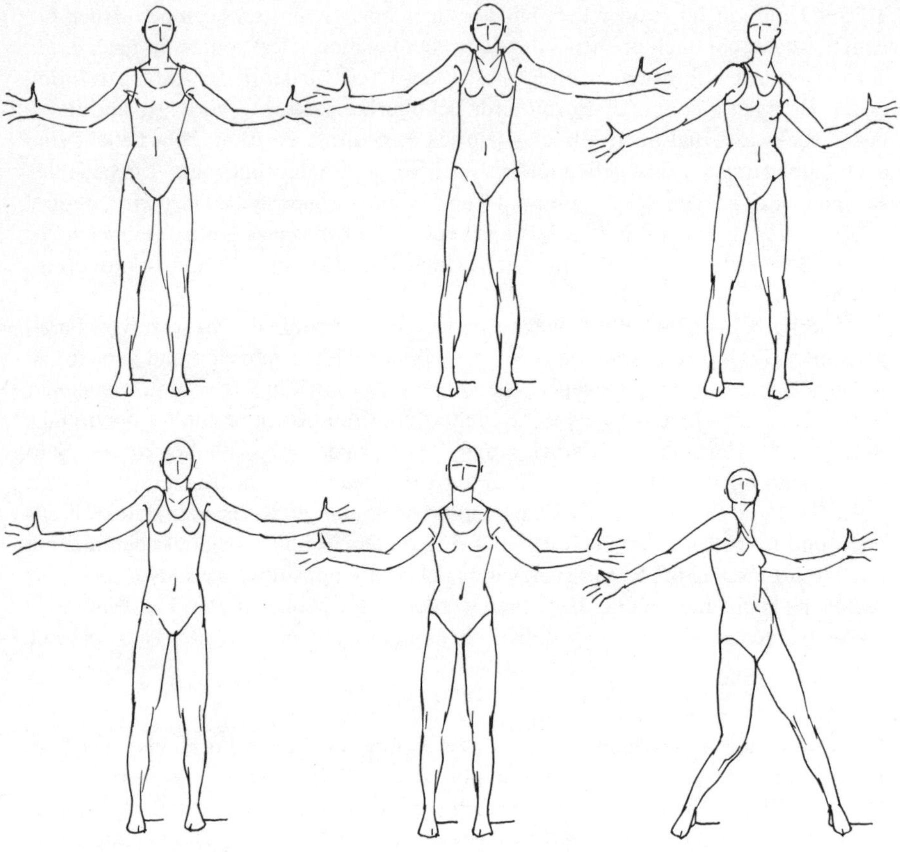

Ausgangsposition: Schultern neutral, Arme hängen am Körper herab, Füße parallel nebeneinander.

1. Beide Schultern parallel heben, beide Arme in zweite Position bringen: Oberarme 30 bis 45 Grad nach unten / seitwärts führen, Unterarme aber waagerecht zur Seite, Handfläche nach vorn.
2. Schulter-Twist nach links, und zwar so, daß die rechte Schulter nach vorn / hoch gehoben wird, während die linke Schulter nach hinten / tief abgesenkt wird. Die Arme bleiben in zweiter Position. Auch der Kopf bleibt neutral, Blick nach vorn.
3. Schultern kurz zurück in neutrale Position führen, dann sofort beide Schultern wieder heben und einen parallelen Schulterkreis ausführen. Arme bleiben in zweiter Position. Während des Schulterkreises können auch die Hände einen Kreis ausführen.
4. Zurück in Ausgangsposition.

Wir erweitern nun diese Übung, indem wir Bewegungen der Hüften und der Beine hinzufügen.

1. Wie in der vorigen Übung. Beide Schultern heben. Arme in zweite Position führen.
2. Schulter-Twist, gleichzeitig aber führt das rechte Bein einen Schritt nach diagonal / rechts / vorwärts aus, das rechte Knie wird gebeugt, die rechte Hüfte wird nach rechts / vorwärts / tief geführt. Das linke Bein bleibt gestreckt. Auf diese Weise wird die linke Hüfte höher gehoben (hip lift) als die rechte. Arme in zweiter Position. Keine Kopfbewegung. Blick nach vorn.
3. Pelvis und Schultern zurück in neutrale Position führen. Arme bleiben in zweiter Position.
4. Rechter Fuß wird wieder parallel neben den linken Fuß gesetzt. Die Arme werden wieder nach unten geführt in die Ausgangsposition.

III. Der Brustkorb (Thorax, ribcage)

Anatomische Voraussetzungen

Der Brustkorb wird durch die zwölf beweglichen Rippen gebildet. Diese entspringen jeweils an zwei Gelenken in der Wirbelsäule. Sieben von ihnen enden am Brustbein, drei von ihnen verschmelzen vorn miteinander, die letzten beiden Rippen aber enden vorn frei. Insgesamt besitzt der Brustkorb 80 Gelenke. Die einzelnen besitzen zwar nur wenig Bewegungsfreiheit, aber zusammen verschaffen sie dem Brustkorb doch eine beachtliche Mobilität. In der bei uns üblichen Tanzpraxis werden die Bewegungsmöglichkeiten des isolierten Brustkorbs überhaupt nicht ausgenutzt. Doch jeder kennt die Fähigkeit des Brustkorbs, sich beim Einatmen auszudehnen und beim Ausatmen zusammenzuziehen. Dies ist nur möglich, weil der Brustkorb mit seinen Rippen elastisch und mobil ist. Auch die Brustwirbel des Rückgrats, an dem die Rippen befestigt sind, können frei nach vorn und zur Seite gebeugt werden (Flexionen). Auch Drehungen der Brustwirbel sind möglich, weitgehend beschränkt sind jedoch die Rückbeugungen der Wirbelsäule (Extensionen). Der Jazz Dance nutzt im Gegensatz zu unserer Tanz- und Bewegungstechnik alle anatomischen Möglichkeiten, um mit dem Brustkorb binnenkörperliche isolierte Motionen auszuführen.

Arten der Bewegung

1. Vorwärts / hoch heben (lift, im Modern Dance: release). Rückwärts nach innen ziehen (drop, im Modern Dance: contract).
2. Nach rechts und links den Brustkorb isoliert seitwärts verschieben.

Technische Analyse

Die Vorwärtsbewegung (lift). Das Brustbein und die Rippen werden von der Wirbelsäule aus nach vorn / hoch erhoben. Dabei darf der Bauch nicht mitbewegt werden,

Vorwärts- und Rückwärtsbewegung des Brustkorbs

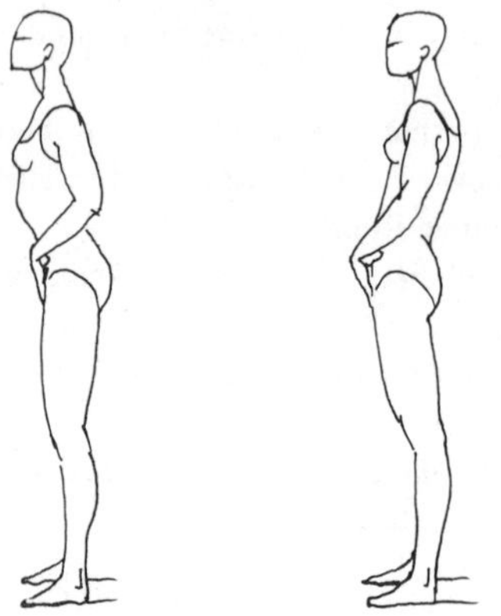

auch das Becken steht vollkommen still. Mit anderen Worten: Der Brustkorb muß seine Motionen vollkommen isoliert ausführen. Doch werden bei der Vorwärtsbewegung die Schulterblätter automatisch zum Rückgrat hin, also nach innen, geführt. Die Arme gehen dabei nach hinten mit. Die Rückwärtsbewegung (drop). Der ganze Brustkorb wird nach hinten / innen gezogen. Bauch und Becken dürfen auch hier nicht beteiligt werden. Jedoch gehen die Schulterblätter nach vorn und außen mit, die Arme werden auf diese Weise nach vorn geführt. Die Brustwirbel des Rückgrats werden leicht nach vorn gebeugt, der Rücken wird also gerundet.

Merke: Für den Nicht-Fachmann sehen die Vorwärtsmotionen des isolierten Brustkorbs so aus, als ob das Becken zurückgeschoben würde. Umgekehrt scheint sich bei den Rückwärtsbewegungen des Brustkorbs das Becken nach vorn zu bewegen.

Viel schwieriger sind die Seitwärtsbewegungen des isolierten Brustkorbs. Sie sind uns zunächst vollkommen unbekannt. Aber Jazz Dance heißt nun einmal: alle anatomisch möglichen Motionen des Körpers einzusetzen und auszuführen. Ein klassisches Beispiel dafür sind die Seitwärtsbewegungen des Brustkorbs. Wir beschreiben diese Motionen genau. Die Brustwirbel des Rückgrats werden – bei feststehenden Lendenwirbeln – derart seitwärts verschoben, daß in der Wirbelsäule eine Kurve entsteht. Wir nehmen als Beispiel die Seitwärtsverschiebung nach rechts. Dabei führen die unteren Brustwirbel mit einer leichten Kurve nach rechts, dann aber wendet sich die Kurve wieder ein wenig aufwärts nach links und schließlich senkrecht nach oben, also parallel zur ursprünglichen Richtung der aufrechten Wirbelsäule. Kopf, Hals und Schultern bleiben in ihrer ursprünglichen Lage. Die Kurve verläuft allein innerhalb der Brustwirbel, sie führt insgesamt leicht nach rechts und wieder nach links. Auch vorn wird der ganze Brustkorb so isoliert zur Seite verschoben, daß der übrige Torso unbeteiligt ist. Wieder sieht es bei der Bewegung nach rechts so aus, als ob das Becken nach links verschoben würde, während die Brustkorb-Motion nach links als Motion des Beckens nach rechts erscheint. Um mitgehende Beckenbewegungen zu verhindern, übt man die Motion des isolierten Brustkorbs zunächst im Sitzen.

Fehler

Häufig werden die – gewiß schwierigen – isolierten Brustkorb-Motionen mit Bewegungen der Bauchdecke verbunden. Genau das muß vermieden werden. Weder Bauch noch Pelvis dürfen bei isolierten Brustkorb-Motionen mitbewegt werden. Manche Anfänger »mogeln« dabei, ohne es zu merken oder zu wollen. Sie verschieben nämlich die Hüften. Wenn also verlangt wird: Brustkorb nach rechts, dann verschieben diese Anfänger die linke Hüfte nach links. Das sieht dann so aus, als ob der Brustkorb nach rechts gerückt sei. Umgekehrt wird bei Brustkorb nach links die rechte Hüfte nach rechts verschoben. Um die Mitbewegung des Pelvis auf alle Fälle zu vermeiden, werden die isolierten Brustkorb-Motionen zuerst im Sitzen auf einem Stuhl oder noch besser auf dem Boden sitzend geübt. Das ergibt dann noch zusätzlich eine Level-Übung. Die Schultern dürfen nur bei den isolierten Vorwärts- und Rückwärtsbewegungen mitbewegt werden, niemals aber bei den Seitwärtsverschiebungen. Bei diesen Motiven dürfen nur die Brustwirbel des Rückgrats aktiviert werden, nicht aber die darunter liegenden Lendenwirbel. Auch dürfen die isolierten Brustkorb-Motionen auf keinen Fall verwechselt werden mit Seitwärtsbeugungen des ganzen Oberkörpers.

Kombinationen

Die einfachste Kombination ist das Brustkorb-Kreuz (ribcage cross). Dabei werden vier Akzente ausgeführt, wobei der Brustkorb nur ein einziges Mal in Normalposition zurückkehrt. Also: Brustkorb nach rechts – Brustkorb nach links – Brustkorb neutral – Brustkorb nach vorn – Brustkorb nach hinten. Dasselbe Kreuz kann aber auch so ausgeführt werden, daß der Brustkorb nach jedem Akzent in Normalposition zurückkehrt. Also: Brustkorb nach rechts – neutral – nach links – neutral – nach vorn – neutral – nach hinten – neutral. Werden vier Akzente zu einer kontinuierlichen Bewegung zusammengefaßt, dann entsteht ein Brustkorbkreis (ribcage circle). Also: rechts – vorwärts – links – zurück – rechts – neutral. Der Anfang eines Kreises ist natürlich auch möglich mit: vor oder hinten, rechts oder links, diagonal nach allen vier Richtungen. Fortgeschrittene Tänzer können aus einer Diagonalposition des isolierten Brustkorbs eine Achterfigur ausführen.: Beispiel: Brustkorb diagonal / vorn / rechts, zurückführen nach diagonal / hinten / rechts, dann Brustkorb nach diagonal / vorn / links und schließlich nach diagonal / hinten / links führen. Zurück in neutrale Brustkorbposition.

Koordinationen

Koordinationen des isolierten Brustkorbs sind möglich und gebräuchlich vor allem mit Kopf, Pelvis und Armen. Der Kopf kann in Opposition zum Brustkorb nach rechts drehen, wenn dieser nach links verschoben wird. Brustkorb und Kopf können aber auch parallel geführt werden. Die Arme werden von Anfängern am besten so gehalten, daß die Hände in die Taille gestemmt oder vor dem Bauch gehalten werden. Auf diese Weise werden Bauch und Pelvis fixiert. Sehr schöne Koordinationen ergeben sich, wenn isolierte Brustkorb-Motionen mit Armhaltungen – vor allem mit zweiter Armposition – verbunden werden. Die Arme können aber auch über dem Kopf gehalten werden.

Koordinationen des Brustkorbs mit dem Pelvis sollen von Anfängern noch nicht verlangt werden, da, wie schon gesagt, häufig der Pelvis anstelle des Brustkorbs verschoben wird. Diejenigen Tänzer aber, welche die isolierten Brustkorb-Motionen beherrschen, können diese Motionen mit isolierten Motionen des Pelvis und auch des Kopfes koordinieren. Ein Beispiel: Brustkorb hoch (raise, release), gleichzeitig Pelvis zurück (release). Dann umgekehrt. Brustkorb zurück (drop, contract) und gleichzeitig Pelvis nach vorn (contract). Wir erweitern diese Übung zur trizentrischen Bewegungsfolge, indem wir den Kopf hinzufügen. Also bei contract: Kopf nach unten zum Brustkorb, bei release: Kopf hoch nach hinten.

IV. Der Oberkörper (upper body)

Anatomische Voraussetzungen

Wenn wir von Oberkörper im Jazz Dance reden, dann meinen wir die Teile des Torsos Bauch, Brustkorb und Schultergürtel. Diese Zentren können jeweils isoliert (und koordiniert) eingesetzt werden. Dies gilt auch für den Bauch, den wir hier nicht im einzelnen behandeln, weil er im Jazz Dance kaum isoliert aktiviert wird. Doch kann der Oberkörper auch als Ganzes isoliert, also nur abgesetzt vom Becken, bewegt werden. Der Pelvis steht bei solchen isolierten Oberkörper-Motionen natürlich fest.

Arten der Bewegung

1. Beugen des Oberkörpers nach vorn, rückwärts und zur Seite. Alle diese Beugebewegungen (Flexionen) erfolgen von der Taille aus. Beugebewegungen zur Seite werden im Jazz Dance auf englisch als side stretch (Seitstreckung), solche nach vorwärts und rückwärts als bend (Beugung) bezeichnet.
2. Twist. Der ganze Oberkörper wird gegen das feststehende Becken nach links oder rechts verdreht, vertwistet. Die Bewegung erfolgt vom Rückgrat aus.

Technische Analyse

Bei allen Beugungen des Oberkörpers erreichen die Muskeln in der Gegend der Brust- und Lendenwirbel der Wirbelsäule ein Maximum an Spannung und Streckung. Bei den Seitbeugungen darf der Oberkörper nicht nach vorn oder hinten verschoben werden, er bleibt genau in der ursprünglichen, nach vorn gerichteten Körperfront. Wird der Oberkörper in allen Richtungen so tief gebeugt, daß er sich parallel zum Boden befindet, dann wird eine solche Bewegung im Jazz Dance, wie wir schon wissen, als table top (Tischfläche) bezeichnet. Der Oberkörper wird dabei in einem

Winkel, etwa 90 Grad von der Taille aus, nach vorn oder zur Seite gebeugt. Bei table top rückwärts ist das für einen normalen Menschen nicht möglich. Doch soll auch hier der Oberkörper so weit wie möglich nach hinten gebeugt werden. Der Blick geht bei table top vorwärts zum Boden, bei table top seitwärts nach vorn, bei table top rückwärts zur Decke, also nach oben. Die Arme liegen in Verlängerung des Körpers immer waagerecht. Bei table top seitwärts liegt der eine Arm unter, der andere über dem Kopf, der seinerseits wieder waagerecht liegt. Ein table top kann auch mit einer Drehung (twist) des Oberkörpers verbunden werden. Beispiel: Oberkörper nach rechts drehen, von dieser Position aus table top vorwärts / diagonal, Oberkörper parallel zum Boden, Gesicht zum Boden. Arme rechts und links neben dem Kopf. Keine Pelvis-Mitbewegung.

Fehler

Bei table top und bei Twist passiert es dem Schüler leicht, daß er das Becken mitbewegt, da Bewegungen des Oberkörpers mit solchen des Beckens verbunden sind. Im Jazz Dance aber darf keine einzige Motion des isolierten Oberkörpers das Becken mitbewegen. Hüften und Hinterbacken werden nicht gehoben. Aber natürlich können isolierte Motionen des Oberkörpers beliebig mit isolierten Motionen des Beckens koordiniert werden.

Kombinationen

Verbindungen von einfachen Beugungen in alle Richtungen. Einfach heißt: Der Winkel, den der Oberkörper zum Becken bildet, beträgt weniger als 90 Grad. Bei table top aber beträgt der Winkel mindestens 90 Grad. Der Oberkörper wird in diesem Fall zum Boden hingebeugt. Eine schwierige Übung ist die table top Roll. Dabei wird ein Kreis (circle, roll) mit dem Oberkörper ausgeführt, und zwar in der Position von table top. Beispiel: table top vorwärts; Oberkörper in gleicher Höhe (90 Grad) lassen und zur Seite führen, Körperfront dreht dabei nach vorn, in table top seitwärts rechts; Oberkörper weiterführen in table top rückwärts; dann Oberkörper weiter zur Seite führen in table top seitwärts links; wieder table top vorwärts und aufrichten. Weitere

Table top Roll

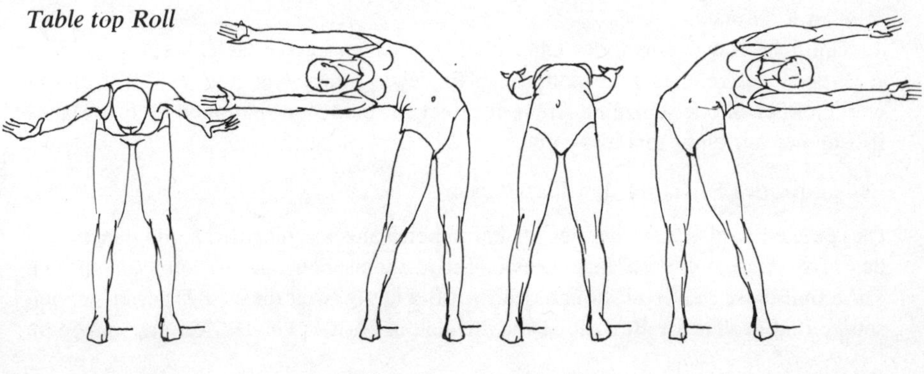

Möglichkeiten der Kombination ergeben sich aus Kombinationen von table top und Seitbeugung (side stretch). Beispiel: table top vorwärts – leichte Beugung nach rechts, Gesicht nach vorn – table top rückwärts – leichte Beugung nach links – table top vorwärts – Aufrichten des Oberkörpers.

Koordinationen

Koordinationen mit Brustkorb und Schultern sind bei isolierten Motionen des Oberkörpers nicht möglich. Denn der ganze Oberkörper bewegt sich hier als Einheit. Möglich aber sind Koordinationen mit dem Kopf und vor allem mit den unteren Zentren, mit dem Becken und mit den Beinen. Wir geben hier zwei Beispiele, in denen isolierte Oberkörper-Motionen mit Hüft-Motionen koordiniert werden:

1. Oberkörper-Twist und Hüftstoß mit einer Hüfte. Beispiel: Der Oberkörper dreht nach links, gleichzeitig aber wird die linke Hüfte isoliert nach links gestoßen.
2. Table top mit Hüftstoß. Beispiel: linke Hüfte nach links und gleichzeitig table top vorwärts. Dabei wird nur eine Hüfte, also nur ein Area des Beckens bewegt, während der ganze Oberkörper isoliert von der Taille aus nach vorwärts geführt wird.

V. Das Becken (Pelvis)

Anatomische Grundvoraussetzung

Das Becken – im Jazz Dance als Pelvis bezeichnet – wird von drei Knochen gebildet, die aber so fest zusammengefügt sind, daß sie eine einzige Knochenmasse bilden. Als Ausgleich dafür ist allerdings das Hüftgelenk – wie das Schultergelenk ein viele Bewegungen ermöglichendes Kugelgelenk – außerordentlich beweglich.

Bewegungsmöglichkeiten im Hüftgelenk

Eine große Zahl von Muskeln und Bändern rund um das Hüftgelenk ermöglichen in diesem Gelenk

1. Beugungen des Pelvis und damit des ganzen Torsos (Rumpf);
2. Verschiebungen und Stöße des ganzen Beckens sowie der beiden Hüften nach allen Richtungen;
3. Sämtliche Bewegungen des Oberschenkels setzen im Hüftgelenk ein.

Wegen der reichen und vielfältigen Bewegungsmöglichkeiten des Hüftgelenks werden Becken oder einzelne Areas des Beckens bei Koordinationen im Jazz Dance fast immer mit einbezogen.

Bedeutung des Pelvis für den Jazz Dance

Das Becken ist das Zentrum des afrikanischen Tanzes schlechtweg und daher auch des afro-amerikanischen Jazz Dance. Im afrikanischen und afro-amerikanischen Tanz sind diese Pelvis-Motionen deshalb so wichtig, weil dieser Körperteil so vielseitige und großartige Bewegungsmöglichkeiten besitzt. Pelvis-Motionen haben im afrikanischen Tanz primär nichts mit Erotik, sondern mit Anatomie und Bewegung zu tun. Sie gehen logisch und konsequent aus dem Gesetz von Polyzentrik / Isolation hervor. Rein anatomisch ist der Pelvis das Zentrum des menschlichen Körpers. Er steht – über Steißbein und Kreuzbein – mit der eigentlichen Wirbelsäule und damit dem ganzen Torso und Kopf in Verbindung. Über das Hüftgelenk wird der Pelvis mit den Beinen verbunden. Das aber heißt mit anderen Worten: Der Pelvis bildet die zentrale Schaltstelle, die den ganzen Körper – wörtlich von Kopf bis Fuß – miteinander verbindet. Das hat auch Martha Graham für den Modern Dance wiederentdeckt. Alle Motionen dieses Tanzstils – vor allem Contraction and Release – setzen im Pelvis ein und gehen von dort ganzkörperlich nach oben, unten und außen. Im afrikanischen Tanz und damit auch im echten Jazz Dance bildet der isolierte und mit anderen Zentren koordinierte Pelvis das Zentrum aller Zentren. Es ist daher von größter Wichtigkeit, daß der Student des Jazz Dance von Anfang an lernt, den Pelvis wirklich isoliert zu bewegen.

Arten der Bewegung

1. Ganzer Pelvis.
   a) Pelvis-Motion zur Seite, nach rechts und links (hip thrust, tilt).
   b) Ganzer Pelvis nach vorn und rückwärts. Die Vorwärtsbewegung wird im Jazz Dance häufig als bump oder push (Schieben) bezeichnet. Die Rückwärtsbewegung wird häufig pull (Zurückziehen) genannt. Manche Autoren nennen nach dem Vorbild des Modern Dance die Vorwärtsbewegung contract, die Rückwärtsbewegung release.
   c) Pelvis-Motionen diagonal / vorwärts rechts und links und diagonal / rückwärts rechts und links.
2. Isolierte Motionen mit einer Hüfte.
   a) Latin Hip (lateinamerikanische Hüfte). Nur eine Hüfte wird nach seitwärts geschoben oder geworfen, die andere bleibt (fast) ruhig. Latin Hip wird angewandt, in Opposition zum Bein, in den Tänzen Rumba, Merengue und Skate.
   b) Hip lift. Die Hüfte des unbelasteten Beines wird im Hüftgelenk senkrecht hochgehoben, der Oberschenkel geht automatisch mit, der entsprechende Fuß erhebt sich auf Ballen. Die andere Hüfte bleibt ruhig.
   Soul hip lift. Die Hüfte des unbelasteten Beines wird seitwärts oder diagonal hochgehoben. Auch hier geht das Bein mit. Soul hip lifts dienen häufig als Vorbereitung für einen Schritt seitwärts.
3. Jelly Roll (Shimmy oder technisch buttocks-shake).
   Dabei handelt es sich um isolierte Motionen der Muskulatur (Gluteus Maximus) der Hinterbacken.

Technische Analyse

1. Alle isolierten Motionen des Pelvis erfolgen nur innerhalb des Beckens. Der Oberkörper steht fest. Koordinationen sind natürlich möglich, ja nötig. Vor allem

aber ist wichtig, daß bei Pelvis-Motionen stets die Haltung von Collapse eingenommen wird: Knie gebeugt, Oberkörper nach vorn, Wirbelsäule locker. Nur so erlangen die Hüftgelenke die notwendige Freiheit und Geschmeidigkeit für isolierte Becken-Motionen. Die Aufgabe, die Last des ganzen aufrechten Oberkörpers zu tragen, fällt mit Collapse weg. Bei den Seitwärtsbewegungen des ganzen Beckens soll die aktive Hüfte soweit wie möglich nach außen gestoßen werden, die andere bewegt sich in der gleichen Richtung etwas mit. Bei der Vorwärtsbewegung werden beide Hüften zusammen nach vorn geführt, auch die Hinterbacken bewegen sich mit nach vorn. Bei Rückwärtsbewegungen gehen beide Hüften gemeinsam zurück, auch die Hinterbacken werden nach hinten geführt.

2. a) Latin Hip. Dabei stehen Bein und Hüfte in Opposition. Beispiel: linkes Bein belastet und nach links gedreht, in dieser Position rechte Hüfte nach rechts, Oberkörper leicht nach links geneigt. Das ist die uns schon bekannte »falsche Hüfte« des Black Bottom. Eine andere, häufig benutzte Latin Hip ist folgende: linkes Bein vorwärts mit Step, rechte Hüfte nach rechts.
   b) Hip lift und Soul hip lift. Bei diesen Motionen treten jene Muskeln und Bänder aufs stärkste in Aktion, die das Hüftgelenk umgeben. Diese Muskeln verschieben und heben das Hüftgelenk des unbelasteten Beins und damit das entsprechende Bein. Deutlich sichtbar ist dabei die Hebung des Oberschenkels. Der Fuß erhebt sich auf Ballen. Die nicht aktive Hüfte wird ganz leicht mitbewegt.
3. Jelly Roll (Shimmy). Diese Technik wurde schon bei der Behandlung des Tanzes Shimmy vorgestellt. Wir wiederholen hier kurz. Jelly Roll bedeutet wörtlich das Wackeln einer Sülze. Der Zittereffekt, der dabei, von den wackelnden Hinterbacken ausgehend, im Rücken entsteht, wird im Jazz Dance auch als freezing bezeichnet. Wörtlich übersetzt heißt das: die zitternde Bewegung eines gefrierenden Gewässers. Jelly Roll ist typisch für den Congo-Stil.

Tempo und Stil (Dynamik)

Alle Pelvis-Motionen können sowohl langsam-getragen als auch ruckartig-perkussiv ausgeführt werden. Die letzteren Bewegungen werden wieder als tilts, thrusts, accents, zu deutsch als Stöße bezeichnet. Ein harter, rascher Stoß nach vorn wird im Jazz Dance und auch im Soul Dance als bump bezeichnet.

Fehler

So gut wie alle Anfänger machen den gleichen Fehler. Sie bewegen die anderen Torso-Zentren mit oder ersetzen gar die verlangten isolierten Pelvis-Motionen durch Motionen anderer Zentren. Ein häufiges Beispiel ist folgendes. Verlangt ist Hüftstoß der rechten Hüfte nach rechts. Manche Anfänger »erzeugen« diesen Stoß, indem sie den ganzen Oberkörper nach links beugen. Die rechte Hüfte befindet sich zwar jetzt in der Tat rechts außen, aber nicht sie hat sich aktiv-isoliert bewegt, sondern der Oberkörper. Ähnlich bei Beckenstößen nach vorwärts oder rückwärts. Man kann das

Becken nach vorn schieben, indem man den ganzen Oberkörper nach rückwärts beugt. Man kann umgekehrt den Pelvis nach hinten schieben, indem man den Oberkörper nach vorn beugt. Aber das sind dann ganzkörperliche Torso-Bewegungen und keine isolierten Pelvis-Motionen. Denn alle isolierten Becken-Hüft-Motionen dürfen sich nur innerhalb des isolierten Zentrums Pelvis abspielen.

Kombinationen

Beliebig viele Stöße in beliebige Richtungen können kombiniert werden. Der Phantasie des Tänzers sind dabei keine Grenzen gesetzt. Werden Vorwärts-, Seitwärts- und Rückwärts-Bewegungen ohne Rückkehr zur Neutralposition zu einer kontinuierlichen Bewegungsfolge verbunden, dann bekommen wir einen *Hüftkreis, hip circle.* Ein Beispiel: Becken nach vorn, nach rechts, nach rückwärts, nach links, noch einmal nach vorn, zurück in Normalposition. Ein Kreis kann auch abgeflacht werden zum Oval. Außer ganzen Kreisen können beide Hüften zusammen einen Halbkreis ausführen. Beispiel: Becken nach rechts, nach hinten (oder vorwärts), nach links. Das ist der berühmte Becken-Halbkreis in dem Tanz Twist. Auch der Halbkreis kann zum Halboval abgeflacht werden.

Mit den Kreisformen sind die Pelvis-Kombinationen noch nicht erschöpft. Es gibt noch das Kreuz, das Quadrat und die Achterfigur.

Das Hüftkreuz (hip cross)

Dabei kehrt das Becken häufig nach jeder Motion wieder in neutrale Stellung zurück. Beispiel: Linke Hüfte diagonal / links / vor – neutral – rechte Hüfte diagonal / rechts / vor – neutral – linke Hüfte diagonal / links / rückwärts – neutral – rechte Hüfte diagonal / rechts / rückwärts – neutral. Insgesamt ergibt das ein diagonal verschobenes Kreuz. Doch sind viele andere Kreuzformen möglich. Hier ein Beispiel für ein gerades Kreuz: Becken vorwärts und rückwärts – neutral – Becken rechts und links. Möglich ist auch ein Kreuz ohne Rückkehr zur neutralen Position. Beispiel: Becken vorwärts und rückwärts – Becken sofort nach links – Becken nach rechts.

Hüftkreuz

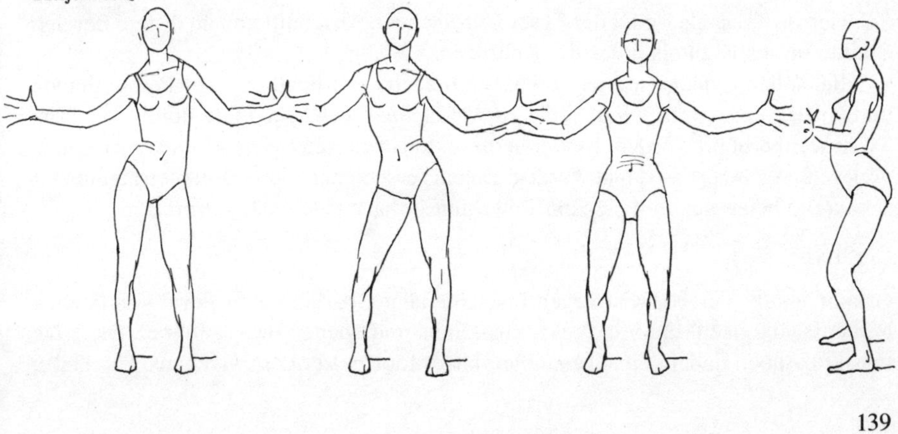

Hüftquadrat (hip square oder hip carré)

Hier gleich ein Beispiel: linke Hüfte diagonal / links / vorwärts – auf dieser Ebene wird das ganze Becken nach rechts geführt zu diagonal / rechts / vorn – rechte Hüfte gerade zurück nach rechts / diagonal / rückwärts – auf dieser Ebene ganzes Becken nach diagonal / links / rückwärts – wieder nach vorn zu diagonal / links / vorwärts. Auch beim Quadrat gibt es natürlich die verschiedensten Anfänge und Wege.

Die Achterfigur des Pelvis (figure eight)

Diese Figur kann auf die verschiedensten Arten ausgeführt werden. Anfang und Weg können völlig beliebig variiert werden. Grundsätzlich aber besteht jede Acht des Pelvis aus zwei miteinander verbundenen Kreisen. Jede Hüfte führt zunächst einzeln isoliert ihren Kreis aus, dann erst folgt die andere Hüfte. Wir geben nun das gebräuchlichste Beispiel: rechte Hüfte nach diagonal / vorn / rechts – mit Halbkreis über rechts / außen nach diagonal / hinten / rechts – zurück zur Neutralposition. Damit ist der Kreis der rechten Hüfte vollendet. Dann erst folgt die linke Hüfte. Sie geht zunächst nach diagonal / links / vorwärts – weiter über links / außen mit Halbkreis nach diagonal / links / hinten – Rückkehr zur Normalposition. Auf diese Weise bekommen wir eine waagerecht liegende Achterfigur.

In der Regel wird das der sich bewegenden Hüfte entsprechende Bein gehoben. Die Acht wird dadurch leichter und auch vollkommener.

Ein anderes Beispiel für die Pelvis-Acht: rechte Hüfte diagonal / vorwärts mit leichter Abwärtsbewegmng (rechtes Knie gebeugt) – rechte Hüfte mit Halbkreis über rechts / außen (tiefster Punkt) mit leichter Aufwärtsbewegung nach diagonal / hinten / rechts – Rückkehr in Neutralposition. Damit ist der Kreis mit der rechten Hüfte vollendet. Es folgt der Kreis der linken Hüfte. Sie geht diagonal / vorn / hoch – weiter mit Halbkreis über links / außen (höchster Punkt) mit Abwärtsbewegung nach diagonal / hinten / links – Rückkehr zur Neutralposition. Das ergibt insgesamt eine schräg liegende Achterfigur des Pelvis. Andere Variationen sind jederzeit möglich.

Koordinationen

Schwierige Beispiele findet der Leser im folgenden Abschnitt und im dritten Bereich (Beine) dieses Kapitels unter der Rubrik Jazz Walks.

Hier sollen zunächst nur jene relativ einfachen Koordinationen von Pelvis, Beinen und Armen vorgestellt werden, die zu Anfang der sechziger Jahre durch den Tanz Twist weltberühmt wurden. Es waren die ersten isolierten Pelvis-Motionen, die auch von weißen Tänzern verlangt wurden. Damals erschienen diese Motionen als äußerst schwierig, heute gehören sie zum Bewegungsschatz jedes Jazztänzers.

Der Twist

Grundtechnik: Pelvis-Twist gegen feststehenden Oberkörper in Form von flachen Pelvis-Halbkreisen, die von rechts nach links und wieder zurück führen. Die Knie und Füße üben dabei den sogenannten knee / foot twist oder swivel aus. Das heißt:

Knie und Füße bewegen sich geschlossen in Opposition zu den Hüften. Wenn sich die rechte Hüfte rechts befindet, zeigen Füße und Knie nach links. Umgekehrt: Befindet sich die linke Hüfte links, dann zeigen Füße und Knie nach rechts. Beide Knie sind stets stark gebeugt. Beide Fußsohlen befinden sich flach am Boden, doch Gewicht gleichmäßig auf beiden Ballen verteilt. Die Oberarme werden am Körper gehalten, jedoch Unterarme und Hände bewegen sich abwechselnd nach rechts und links, und zwar in Opposition zu den Füßen, also parallel mit den Hüften. Beispiel: rechte Hüfte nach rechts, beide Hände zeigen nach rechts, beide Füße und Knie zeigen nach links. Es folgt der Halbkreis mit dem Pelvis. Linke Hüfte geht über hinten nach links, beide Hände zeigen nach links, beide Knie und Füße zeigen nach rechts. Weiter mit Halbkreis über hinten nach rechts.

VI. Koordinationen des Kopfes und der Torso-Zentren

Funky

Funky bedeutet im Jazz Dance bekanntlich polyzentrisch, also Koordination von isolierten Motionen des Kopfs, der Schultern, des Brustkorbs, des Pelvis, der Arme und Beine. Als Einführung geben wir zunächst einige Vorübungen.

Erste Funky-Übung: drei Zentren nacheinander.

Wir üben die Funky-Motionen zunächst, indem wir nacheinander drei Zentren aktivieren. Brustkorb, Pelvis und Kopf werden nacheinander isoliert, um dann am Schluß der Übung gleichzeitig koordiniert zu werden. In der amerikanischen Literatur wird diese Übung genannt: adding up contractions (Kontraktionen addieren).

Ausgangsposition: Beide Knie tief beugen, Füße auf Ballen erheben, Arme hängen am Körper nach unten, Collapse-Haltung.

1. Beide Arme zur Seite in zweite Position führen.
2. Beide Arme nach vorn führen, Unterarme weit vor dem Brustkorb übereinander gekreuzt, rechter Unterarm über linkem Unterarm. Brustkorb nach hinten ziehen (drop, contract).
3. Arme wieder nach außen in zweite Position führen. Brustkorb heben (lift, release).
4. Nun wird der Pelvis hinzugefügt. Die Arme werden wieder gekreuzt nach vorn geführt. Pelvis vorwärts, Brustkorb zurück. Das ergibt dann: pelvis contract und ribcage contract.
5. Arme wieder in zweite Position zur Seite führen. Brustkorb hoch, Pelvis zurück: ribcage release und pelvis release.
6. Nun wird auch noch der Kopf aktiviert. Haltung: ganz tiefer Collapse, Oberkörper fast waagerecht. Arme parallel nach vorn in Verlängerung des Oberkörpers, Gesicht zum Boden. Brustkorb zurück, Pelvis nach vorwärts, Kopf zum Brustkorb senken. Das ergibt dann die koordinierte contraction von Brustkorb, Pelvis und Kopf.

Adding up contractions

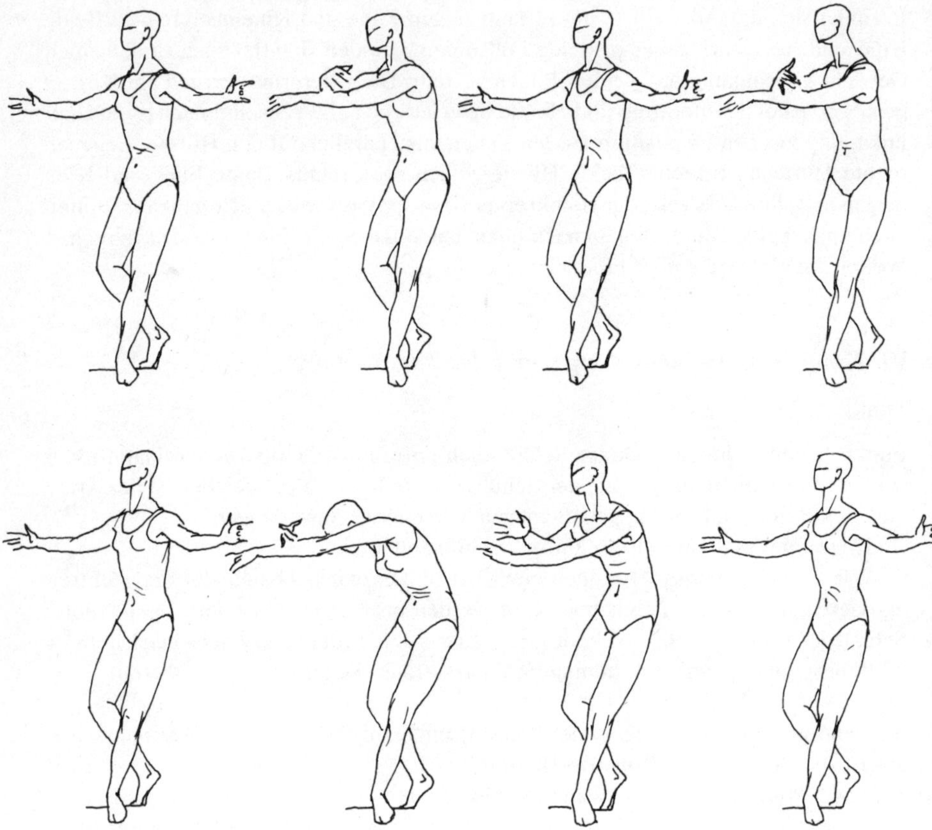

7. Arme wieder in zweite Position führen. Brustkorb hoch, Pelvis zurück, Kopf heben. Das ergibt dann koordiniert release von Brustkorb, Pelvis und Kopf.
8. Alle Zentren zurück in Ausgangsposition.

Zweite Funky-Übung mit Kombinationen:
1. Kopf. Sämtliche erlernten Kombinationen mehrfach wiederholen.
2. Schultergürtel. Sämtliche erlernten Kombinationen wiederholen.
3. Frei gewählte Koordinationen von Kopf und Schultern.
4. Brustkorb. Alle erlernten Kombinationen wiederholen.
5. Frei gewählte Koordinationen von Kopf, Schultern und Brustkorb.
6. Pelvis. Alle erlernten Kombinationen wiederholen.
7. Frei gewählte Koordinationen von Kopf, Schultern, Brustkorb und Pelvis.

Das ist bereits ein Programm für fortgeschrittene Schüler. Wir kommen daher im zweiten Kapitel des dritten Teils auf dieses Programm zurück.

Funky Broadway

Der Tanz Funky Broadway gehört zu den klassischen Soul-Tänzen. Er zeigt in mustergültiger Weise Funky-Motionen, also Koordination von Kopf, Schultern, Pelvis, Armen und Beinen. Anfänger können, wie bei der Vorübung, die Motionen der einzelnen Zentren zunächst getrennt voneinander einüben. Aber im Tanz selber müssen alle Zentren gleichzeitig aktiviert werden. Die Grundtechniken von Funky Broadway sind: Pelvis-Stoß vorwärts und rückwärts, Schulterhalbkreis, Senken, Heben und Drehen des Kopfs. Die Füße führen normalen step, weiter ball tap (unbelastetes Aufsetzen des Ballens) und chug (ein slide vorwärts mit dem belasteten Fuß) aus. Zählweise: *eins* (Pelvis rückwärts) *und* (Pelvis vorwärts), *zwei und, drei* usw.

Grundform:

Und	Pelvis tilt vorwärts, Schultern hoch, Kopf tief, Arme tief, linker Fuß ohne Gewicht.
eins	Pelvis tilt rückwärts, Schultern nach vorn und tief (Halbkreis vollendet), Kopf hinten / hoch, linker Fuß Schritt seitwärts, Arme noch tief.
und zwei	Pelvis vorwärts und rückwärts, halber Schulterkreis rückwärts, Kopf tief auf und, diagonal / rechts / hinten / hoch auf zwei. Linker Fuß im Knie gebeugt (bounce, drop). Arme im Ellbogen gebeugt: Oberarme am Körper, Unterarme senkrecht hoch.
und drei	Wie: und eins, doch rechter Fuß Schritt seitwärts.
und vier	Wie: und zwei, doch Kopf diagonal / links / hoch, rechter Fuß im Knie gebeugt.

Der Funky Broadway kennt auch Variationen, die aber alle mit Funky-Motionen des Kopfs, der Schultern und des Pelvis ausgeführt werden. Hier zwei Beispiele:

Funky Broadway mit ball tap. Auf zwei: rechter Fuß zu linkem Fuß mit ball tap, auf vier: linker Fuß zu rechtem Fuß mit ball tap.

Funky Broadway mit chug. Dabei wird statt des ball tap jeweils ein chug vorwärts auf dem belasteten linken und rechten Fuß ausgeführt.

Pearl

Auch Pearl ist ein klassischer Soul-Tanz mit Funky-Technik. Die Grundtechniken sind: heel tap (unbelastetes Aufsetzen der Ferse, knee drop oder knee bounce (Kniebeugen oder Kniewippen), sonst Funky-Technik wie im Funky Broadway.

Und eins	Linker Fuß heel tap vorwärts, Pelvis vorwärts und rückwärts, Kopf tief und hoch, linke Schulter vorwärts.
und zwei	Linker Fuß zurück zu rechtem Fuß, beide Knie beugen, Pelvis vorwärts und rückwärts, Kopf tief und hoch, beide Schultern neutral.

und drei Heel tap rechter Fuß vorwärts, rechte Schulter vorwärts, Pelvis vorwärts und rückwärts, Kopf tief und hoch.

und vier Wie: und zwei, doch rechter Fuß zurück zu linkem Fuß.

Skate

Die Grundtechnik besteht hier aus Beinbewegungen, koordiniert mit Latin Hip des Pelvis, sowie Motionen der Arm-Areas und der Hände.

1. Linker Fuß seitwärts, rechte Hüfte nach rechts, Kopf ebenfalls nach rechts drehen. Arme: linker Arm links / seitwärts im Ellbogen angewinkelt, Oberarm waagerecht, Unterarm und Hand nach oben, Handfläche nach vorn, Daumen von Handfläche und Fingern isoliert. Rechter Arm rechts / seitwärts angewinkelt, Oberarm waagerecht, Unterarm nach unten, Handrücken nach vorn, Daumen von Fingern isoliert.
2. Rechter Fuß tap (ohne Gewicht) zu linkem Fuß. Pelvis und Kopf neutral. Gleichzeitig eine Viertel-Rechtsdrehung. Hände vor der Brust halten und klatschen.
3. Dasselbe nach rechts seitwärts, Arme umgekehrt.
4. Eine Viertel-Linksdrehung.

Jerk

Zählweise: und *eins*. Auf und geschieht fast noch nichts. Ein Fuß wird ohne Gewicht nach vorn geführt, der Oberkörper bleibt ruhig und zeigt leichten Collapse. Die Arme sind vor der Brust angewinkelt. Auf Zahl eins aber wird die Sache interessant. Der nach vorwärts geführte Fuß übernimmt das Gewicht und wird stark im Knie mit Wippen gebeugt, der andere Fuß führt einen Kick nach hinten aus. Der ganze Oberkörper wird nach vorn / tief geworfen. Das Becken wird als Ganzes nach hinten geführt. Gleichzeitig aber werden die Hüften nach vorn gezogen. Auch der Schultergürtel geht als Ganzes nach vorn / tief, aber die Schulterblätter werden nach hinten zusammengepreßt. Dazu kommen noch isolierte Motionen des Kopfes. Auch die Arme werden isoliert in ihre Areas zerlegt: Der Oberarm zeigt schräg nach hinten / unten, der Unterarm schräg nach vorn, die Hand entweder rückwärts (parallel zum Oberarm) oder nach vorn / waagerecht. Der Jerk, der aus Dahomey stammt, ist eines der großartigsten Beispiele für totale Polyzentrik.

Torso-Twist mit Opposition der Schultern und Hüften

Wir beschreiben zunächst die bei uns übliche, das heißt ganzkörperliche Drehung des Torsos. Dabei wird der ganze Torso gedreht. Hier die Linksdrehung: rechte Schulter, rechte Taille, rechte Hüfte nach vorn; linke Schulter, linke Taille, linke Hüfte nach hinten. Im Jazz aber werden 1. die Schultern zueinander in Opposition gebracht (eine hoch, die andere tief), weiter wird 2. die eine Hüfte, in unserem Fall die linke Hüfte, isoliert und unter starker Muskelspannung nach vorn gedreht (Opposition). So entsteht ein Twist innerhalb des Pelvis. In unserem speziellen Fall befindet sich die rechte Hüfte vorn, die linke Hüfte aber wird gegen die rechte vertwistet. Wir müssen daher unterscheiden zwischen einer Drehung des ganzen Torsos, einer westlichen Ganzkörperbewegung, und Torso-Twist, einer afrikanischen Torso-Drehung mit Gegenbewegung im Becken.

Auch der schon behandelte table top vorwärts mit Hüftstoß gehört in die Gruppe der Torso-Motionen mit Isolation einer Hüft-Area.

Lay out (Ausleger)

Es muß noch einmal betont werden: Beugungen des ganzen geschlossenen Torsos schließen Isolation der einzelnen Torso-Zentren aus. Das gilt vor allem für die in manchen Lehrbüchern behandelten Techniken des lay out. Wir nehmen als Beispiel lay out vorwärts. Das linke Standbein ist völlig gestreckt, das rechte Bein in etwa 90 Grad seitwärts in die Luft erhoben. Das ist die zweite Ballett-Position. Aus dieser Position wird der ganze Torso waagerecht nach vorn gebeugt. Dabei geht automatisch der Pelvis nach hinten. Das gilt auch, wenn er bewußt eingezogen wird. Lay out ist eine klassische Ganzkörperbewegung, aber keine Jazz-Isolation und Jazz-Koordination. Diese Technik stammt eindeutig aus dem klassischen Ballett, sie kann daher auch nur von Schülern ausgeübt werden, die diese Technik erlernt haben. Im übrigen darf lay out nicht verwechselt werden mit table top, denn in dieser Technik wird nur der Oberkörper und nicht der ganze Torso gebeugt. Die guten amerikanischen Lehrbücher unterscheiden daher auch zwischen table top und lay out. Sie sprechen im letzteren Fall von: ganzer Rücken flach (whole flat back). Mehr über lay out findet der Leser im dritten Bereich (Beine).

Der zweite Bereich: Die Arme

Anatomische Voraussetzungen und Möglichkeiten

Im Jazz Dance gibt es keine vorgeschriebenen Arm-Haltungen und Arm-Bewegungen. Diese sind vielmehr weitgehend frei. Zu beobachten sind allein die miteinander zusammenhängenden Gesetze der Isolation und Opposition. Arm-Isolation bedeutet, daß die Arme in der Regel nicht von den Schulterblättern aus – wie bei unserem Bewegungsverhalten – bewegt werden, sondern von den Schultergelenken aus. Arm-Opposition bedeutet, daß die Areas der Arme deutlich voneinander abgesetzt werden. Die Arme bewegen sich also nicht als geschlossene Einheit, sondern isoliert in ihren Areas. Zum mindesten wird der Arm im Ellbogen fast immer gebeugt. Die Areas der Arme sind: Oberarm, Unterarm, Hand, Finger, Fingerglieder und Daumen. Hier gleich einige Beispiele für Arm-Opposition: Oberarm gegen Unterarm plus Hand; Unterarm gegen Hand plus Finger; Daumen gegen die übrigen Finger; die einzelnen Fingerglieder gegeneinander.

Die isolierten, erst im Schultergelenk einsetzenden Armbewegungen des Jazz Dance sind uns zunächst völlig fremd, denn es bewegt sich nicht nur der ganze Schultergürtel als Einheit, sondern auch alle Armbewegungen gehen von den Schulterblättern aus. Jede Armbewegung ist daher mit einer Schulterblattbewegung verbunden. Aber das ist – schon rein anatomisch – nicht unbedingt notwendig. Die Verbindung zwischen Schulterblatt und Oberarmknochen (Humerus) findet im Schultergelenk statt. Dieses Gelenk ist ein perfektes Kugelgelenk. Es gibt im ganzen Körper kein Gelenk, das so viele freie und vielfältige Bewegungen ermöglicht. Nun wissen wir schon: Jede Motion auch des isolierten Schulterknochens (Schulterhöhe, Akromion) bewegt den Oberarm automatisch mit. Hier die anatomische Erklärung für dieses Phänomen: Das Schultergelenk bildet innerhalb des Schulterknochens eine Art Höhle, einen Graben, in dem das abgerundete Ende des Oberarmknochens sich frei bewegen kann. Jede Schulterbewegung bewegt daher das Schultergelenk und den Arm mit.

In unserer Tanzpraxis sind Schulter-/Armbewegungen immer verbunden mit Rotationen der Schulterblätter. Manche Lehrbücher des Tanzes behaupten sogar: Alle Armbewegungen setzen bereits in den Schulterblättern ein. Aber das stimmt nur zum Teil. Genaue Beobachtungen haben folgende Resultate ergeben. Wenn sich die Arme aus ihrer normalen hängenden Lage nach oben / seitwärts bewegen, werden die Schulterblätter bis in Armhöhe von etwa 60 Grad nur wenig bewegt. Bei Hebungen des Arms bis zur waagerechten Position erhebt sich das Schulterblatt etwa um 20 Grad. Gehen die Arme in die Höhe von 120 Grad, dann werden auch die Schulterblätter um etwa 40 Grad erhoben. Von da an allerdings bis zur senkrechten Haltung der Arme nach oben werden Schulterblätter kaum noch weiter bewegt.

Im afrikanischen Tanz und damit auch im Jazz Dance gibt es keine geschlossenen, ganzheitlichen Bewegungen des Arms. Das geht logisch aus dem Gesetz der Isolation hervor. Daher aber müssen die anatomischen Gegebenheiten in der Region Schulter / Oberarm anders ausgenutzt werden als im bisher gewohnten Bewegungsverhalten. Wir wissen schon, daß im afrikanischen Tanz die Schulter tatsächlich isoliert vom Schulterblatt bewegt wird: Heben und Senken. Dieselbe Isolationstechnik wird auch bei den Armbewegungen verwendet. Jedermann kann es selbst ausprobieren. Man kann die Arme mit einiger Übung bis zur Waagerechten heben, ohne daß sich die Schulterblätter wesentlich mitbewegen. Erst bei Armhöhen von über 90 Grad müssen die Schulterblätter wirklich mitgehen. Sonst schafft es der *gestreckte* Arm nicht, in die Höhe zu kommen. Daher aber wird der Oberarm im Jazz Dance möglichst wenig über die Waagerechte erhoben, denn bei größerer Höhe geht die Isolation der Arme verloren. Wenn diese aber bis über Kopfhöhe erhoben werden sollen, dann wird der Oberarm etwa waagerecht zur Seite geführt, wird aber im Ellbogen gebeugt wieder zum Kopf hingeführt. Im übrigen wird die Isolation der Arme erleichtert durch die Haltung von Collapse, der leichten Vorwärtsbeugung des Oberkörpers. Dabei bleiben die Schulterblätter eher in Ruhelage.

Es ist natürlich möglich, auch ganzheitliche (gestreckte oder gerundete) Armbewegungen im Modern Jazz Dance zu benutzen. Aber es sollte dem Schüler gesagt werden, daß diese Technik nicht aus dem afrikanischen, sondern aus dem westlichen Bewegungsverhalten stammt.

I. Armbewegungen im Jazz Dance

Armpositionen

Im klassischen Ballett existiert keine Einigkeit über die Bezeichnungen für die verschiedenen Armpositionen. Die Schulen in der Sowjetunion und den sozialistischen Ländern nennen eine vorbereitende und drei aktive Armpositionen.
Die englischen Schulen (Royal Academy of Dancing = R.A.D.) gehen von mehr Armpositionen aus. Einig sind sie sich in der ersten und in der zweiten Armposition. In der dritten Position aber werden hier beide Arme in die gleiche Richtung geführt, wobei der eine Arm die Brust überquert. In der vierten Position ist ein Arm über den Kopf erhoben, der andere aber befindet sich waagerecht in der zweiten Position. Die fünfte englische Armposition entspricht der dritten Position der sowjetischen Schule: beide Arme über dem Kopf. (Siehe Agrippina Waganowa »Die Grundlagen des klassischen Tanzes«, S. 51ff.)

Die meisten amerikanischen Pädagogen des Jazz Dance haben die englischen Bezeichnungen übernommen. Aber Studenten des Jazz Dance in anderen Ländern brauchen die englischen Begriffe nicht zu übernehmen. Sie können und sollen diejenigen Bezeichnungen für Armpositionen benutzen, die in den betreffenden Schulen oder Ländern gebräuchlich sind.

Jazz Dance Second: Zweite Jazz Dance Position

Es gibt davon zwei Arten: Die eine ist völlig nach außen, die andere teilweise nach außen und teilweise nach innen gerichtet.

Jazz Dance Second nach außen Die Oberarme werden in einem Winkel von etwa 45 Grad nach außen / seitwärts / unten geführt. Der Unterarm aber wird vom Ellbogen aus waagerecht nach außen gestreckt. Die Hand blickt in der Regel nach vorn, die Finger sind gespreizt, also isoliert. Der Daumen wird soweit wie möglich von den übrigen Fingern und der Hand weg nach oben geführt.

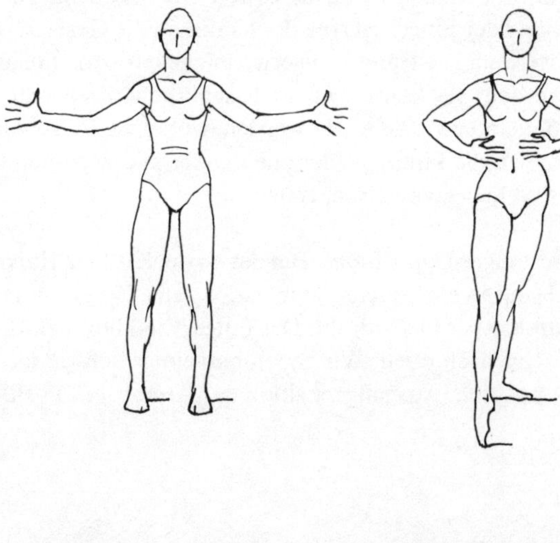

Jazz Dance Second

Jazz Dance Second nach innen Oberarme wie im Jazz Dance Second nach außen. Die Unterarme aber werden jetzt vom Ellbogen aus nach innen zur Brust abgebogen und vor dem Brustkorb gehalten. Die Handflächen zeigen in der Regel nach innen, sie können aber auch nach vorn / außen geführt werden. Brust heißt auf englisch: Chest. Daher wird die Jazz Dance Second nach innen auch als Jazz Dance Chest Second bezeichnet.

II. Die Hände im Jazz Dance

Bei Jazz Dance Second nach außen blicken die Handflächen gewöhnlich nach vorn. Diese Haltung wird daher auch als Jazz Hand bezeichnet. Eine andere Bezeichnung ist: hand out oder hand front. Die Handflächen können aber auch nach unten, oben oder hinten schauen. Aber immer sollte die Hand vom Unterarm isoliert werden. Blickt die Hand nach unten (hand down), dann sollte nicht einfach der Unterarm verlängert, sondern die Hand sollte leicht erhoben werden, also in Opposition zum waagerechten Unterarm treten. Schaut die Handfläche nach oben (hand up oder hand inverted), sollte, wenn möglich, die Hand nach unten gebogen werden. Seltener ist Handfläche nach hinten (hand back).

Jazz Dance Fifth Das ist die fünfte Armposition. Die Oberarme werden etwa waagerecht zur Seite geführt, dann aber werden sie im Ellbogen gebeugt und zum Kopf hin in die Höhe geführt. Auch wenn im Modern Jazz Dance beide Arme als geschlossene Einheiten sich hoch in fünfte Position erheben, ist der Abstand der Hände ziemlich groß. Die Schulterblätter werden so nur wenig bewegt. Die Arme schauen seitwärts nach oben. Das ist die sogenannte V-Armposition. Ausnahmsweise können die Arme auch parallel nach oben in die klassische fünfte Position geführt werden.

Jerk Position Diese Position kommt in Westafrika sehr häufig vor. Die Oberarme zeigen schräg nach rückwärts, die Unterarme aber schräg nach vorn. Die Behandlung der Hand und der Finger ist frei, doch müssen die Gesetze von Isolation / Opposition beachtet werden. Die Hand kann etwa mit gespreizten Fingern waagerecht nach vorn geführt werden, sie kann aber auch senkrecht nach unten, also in einen rechten Winkel zum Unterarm gebracht werden, wobei die Finger wieder nach hinten zeigen. Weiter können die Fingerglieder zueinander in Opposition treten. Der Phantasie des Tänzers sind hier keine Grenzen gesetzt.

Hand- und Finger-Opposition Bei der normalen Jazz Hand (Handfläche nach vorn) wird die Hand in eine leichte Opposition zum Unterarm gebracht, also etwas nach innen, zum Körper hin gedreht. Die Finger sind bei Jazz Hand immer gespreizt, der Daumen zeigt nach oben. Wir geben nun einige schwierige Beispiele für Hand- und Finger-Opposition. Ausgangsposition der Arme: Jerk Position. Die Handfläche wird in einem rechten Winkel nach unten abgebogen, die Finger werden nach rückwärts geführt. Für sehr gelenkige Hände gibt es noch andere Möglichkeiten: Handfläche so weit wie möglich nach oben heben, Finger aber waagerecht nach vorn.

Innerhalb der Hand-Finger-Region spielt der Daumen eine besondere und wichtige Rolle. Er ist durch ein sehr bewegliches Gelenk (Sattelgelenk) mit der Handfläche verbunden. Er kann einerseits vollkommen von den anderen Fingern weggeführt werden (Opposition), er kann aber auch zu jedem anderen Finger hin bewegt werden. Gerade die Ausnutzung der Daumen-Finger-Bewegungen beweist, daß das Gesetz von Isolation / Opposition im Jazz Dance ganz wörtlich vom Kopf bis zum letzten Fingerglied angewandt wird.

Sehr beliebt im Jazz Dance ist der *Handfächer* (hand fan). Der Daumen wird dabei möglichst weit weg von der Handfläche gehalten, die einzelnen Finger werden weit auseinander gespreizt. Sehr wirkungsvoll ist der Handfächer, wenn er aus der Faust entwickelt wird. Hier ein Beispiel: Oberarm am Körper, Unterarm etwa waagerecht nach außen. Die Hand bildet eine Faust, wobei der Handrücken nach hinten zeigt. Dann wird die Faust blitzartig zum Fächer geöffnet, der Daumen steil nach oben. Auch Jazz Hand in Jazz Dance Second kann aus der Faust zum Fächer entwickelt werden. Dabei schaut bei der Faust der Handrücken nach oben, nach der Öffnung der Faust zur Jazz Hand aber blickt die Handfläche nach vorn.

Der Handkreis (hand oder wrist circle) Die isolierte Hand wird dabei aus dem Handgelenk heraus gedreht. Hier gleich ein Beispiel: Wir beginnen mit Jazz Dance Second zur Brust. Dann werden Hand und Arm mit einer Art Halbkreis nach außen geführt. Anschließend führt man mehrere Handkreise aus.

Drehung von Unterarm und Hand Die Handfläche wird dabei jeweils um die eigene Achse gedreht. Aber es handelt sich nicht nur um eine Drehung der Hand allein, sondern des ganzen Unterarms. Das Ellbogengelenk bewirkt sowohl die Beugungen des Unterarms als auch die Drehbewegungen des Unterarms plus Hand. Im folgenden Beispiel zeigt der Unterarm waagerecht nach vorn, der Daumen ist nach außen gedreht, die Handfläche schaut daher nach oben. Der technische Ausdruck im Jazz Dance dafür ist: hand up oder hand inverted. In der Anatomie wird diese Handhaltung als Supination bezeichnet. Nun drehen wir Unterarm plus Hand. Dabei legt sich der ursprünglich außen gelegene Unterarmknochen der Speiche über die Elle und gelangt dadurch nach innen. Die Handfläche schaut jetzt nach unten. Technische Bezeichnung im Jazz Dance: hand down. Die Anatomie spricht von Pronation. Solche Handdrehungen können mit sämtlichen Armpositionen verbunden werden. Hängen die Arme nach unten, dann sagt man statt hand up: hand front. Schaut dabei die Hand nach hinten, dann sprechen wir von hand back.

Bei Jazz Dance Second sagt man auch, wie schon erwähnt, hand out für Handfläche nach vorn und hand in für Handfläche nach hinten. Diese Handhaltung – Handfläche nach hinten – ist nicht allzu häufig. Aber sie wird bei folgender Übung

Armpositionen nach Luigi

benutzt: Wechsel von hands in and feet out (eins) mit hands out and feet in (zwei). Während bei der Zahl eins die Handflächen nach rückwärts schauen, werden Füße und Knie gleichzeitig nach außen gedreht (hands in, feet out). Bei hands out (zwei) werden Füße und Knie nach innen gedreht: hands out and feet in.

Koordinationen

Die Arme werden in Jazz Dance Second mit allen anderen Zentren koordiniert. Es gibt aber keine Vorschriften darüber. Es ist dem einzelnen Tänzer überlassen, welche Arm-Motionen oder Armpositionen er mit den anderen Zentren koordinieren will. Einige Beispiele für Koordinationen der Arme haben wir schon im ersten Bereich (Kopf und Torso-Zentren) gegeben. Hier eine nicht einfache Koordination verschiedener Armpositionen mit Oberkörper-Twist nach Luigi.

1. Ausgangsposition: Füße in zweiter neutraler Position nebeneinander. Arme in Jazz Dance Second, Handflächen nach unten.
2. Der Oberkörper wird von der Taille aus leicht nach links gebeugt. Der rechte Arm wird in Verlängerung der rechten Körperseite über dem Kopf gehalten, der linke Arm bleibt in zweiter Position. Der Kopf wird nach links geneigt, das Gesicht aber blickt nach vorn.
3. Der Oberkörper wird tiefer nach links gebeugt. Der linke Arm wird nach unten vor den Oberschenkel geführt, der Arm wird am Ellbogen gebeugt, die Hand bildet einen rechten Winkel zum Unterarm und zeigt nach oben. Der rechte Arm befindet sich fast parallel zum Boden. Dasselbe gilt für den Kopf, aber der Blick bleibt nach vorn gerichtet.
4. Oberkörper aufrichten. Oberkörper-Twist ausführen: rechte Schulter vorn, linke zurück. Der Kopf blickt nach vorn. Der rechte Arm wird unten vor dem rechten Oberschenkel gehalten, die Hand zeigt aber nach links, Handfläche nach oben. Der linke Arm wird nach oben geführt, die Handfläche zeigt nach vorn.
5. Rechten Arm in Jazz Dance Second führen, Handfläche nach unten. Kopf nach rechts drehen. Linker Arm bleibt hoch.
6. Oberkörper und Kopf *aus der Twist-Position* nach rechts / vorn beugen. Der rechte Arm wird nach vorn / tief, der linke Arm nach hinten / hoch geführt, beide Handflächen blicken nach unten. Die rechte Schulter ist logischerweise tiefer als die linke, hintere Schulter. Kopf neigt nach rechts, Gesicht nach vorn.
7. Körper aufrichten und aus dem Torso-Twist in neutrale Körperhaltung zurückkehren.
8. Der ganze Torso einschließlich des Pelvis wird nach vorn gebeugt. Der Kopf wird nach vorn geführt, das Gesicht blickt zum Boden. Arme in Jazz Dance Second, Handflächen nach unten.

   Den Körper aufrichten. Zurück zur Ausgangsposition.

Der dritte Bereich: Die Beine

Anatomische Voraussetzungen und Möglichkeiten

Das Bein besitzt drei für seine isolierten Motionen wichtige Gelenke: das Hüftgelenk, das Kniegelenk, das Fuß- oder Sprunggelenk. Dazu kommen noch für bestimmte Motionen die Zehengelenke. Als Ganzes ist das Bein über das Hüftgelenk mit dem Pelvis verbunden. Der Oberschenkelknochen bewegt sich in einer tiefen Gelenkpfanne, dem sogenannten Acetabulum. Diese Pfanne befindet sich dort, wo die drei Beckenknochen zusammentreffen. Weil die ganze Masse des Torsos auf den beiden Oberschenkeln ruht, muß das Hüftgelenk durch sechs Bänder regelrecht festgehalten werden. Diese Bänder aber hemmen die Freizügigkeit der Beinbewegungen. Das bedeutet: Die Mobilität (Beweglichkeit) wird im Hüftgelenk geopfert zugunsten der Stabilität (Festigkeit). Daher sind die Beine nicht ganz so frei beweglich wie die Arme. Bei *feststehendem* Pelvis sind folgende Bewegungen des Beins beziehungsweise des Oberschenkels möglich.

a) Das ganze gestreckte Bein kann vom Hüftgelenk aus in die Höhe gehoben werden. Richtungen: vorwärts, seitwärts nach außen, rückwärts.
b) Der isolierte Oberschenkel kann mit gebeugtem Knie zum Brustkorb hin gehoben werden. Eine solche Hebung des Oberschenkels wird im Jazz Dance als knee raise (Knieheben) bezeichnet. Der gehobene Oberschenkel kann aber auch nach außen gedreht werden. Dann sprechen wir von knee raise plus Rotation (Drehung) des Oberschenkels.
c) Aus Knieheben oder Rotation des isolierten Oberschenkels kann das Bein wieder gestreckt werden. Richtungen: nach vorn und seitwärts. Im Jazz Dance sprechen wir in diesem Fall von leg extension (Beinausdehnung oder Beinstreckung).

Wir müssen nun diese Bewegungen genauer untersuchen.

1. Die Hebungen des Oberschenkels mit gebeugtem Knie sind weitgehend frei. Sie werden anatomisch nur durch den Brustkorb begrenzt.
2. Auch Rotationen des gehobenen Knies und Oberschenkels sind seitwärts und etwas nach hinten weitgehend frei.
3. Soll aber das ganze durchgestreckte Bein auf einmal gehoben werden, dann sind die Möglichkeiten beschränkt. Bei *feststehendem* Pelvis kann das Bein nach vorn bis in die Höhe von etwa 60 Grad erhoben werden. Hebungen zur Seite sind möglich bis etwa 40 Grad, nach hinten aber nur bis etwa 15 Grad. Soll das Bein jeweils höher gehoben werden, dann müssen Pelvis, Oberkörper und Rückgrat zusätzlich in Aktion treten. Solche hohen Hebungen werden erleichtert durch das Auswärtsdrehen der Füße, Knie und Hüften. Das ist der anatomische Grund für das Prinzip des sogenannten en dehors im klassischen Ballett.

Isolation und Opposition der Bein-Areas

Der Jazz Dance kennt das eben besprochene Problem nicht. Denn im afrikanischen und afro-amerikanischen Tanz ist das gestreckte Bein, das Bein als geschlossene Bewegungseinheit, so gut wie unbekannt. Das gilt auch für Sprünge und Drehungen. Weiter ist wichtig, daß das Bein vom Pelvis isoliert ist. Das wird vor allem durch die Haltung von Collapse bewirkt. Der Oberkörper wird auf diese Weise vom Bein deutlich abgesetzt. Besonders wichtig aber ist im Jazz Dance die durchgehende Opposition der einzelnen Bein-Areas. Der Oberschenkel wird also einmal oben vom Torso isoliert. Es gibt kaum gemeinsame Bewegungen von Pelvis und Bein, sondern nur Opposition und Koordination. Weiter wird der Oberschenkel durch die Beugung des Knies vom Unterschenkel isoliert und tritt zu diesem in Opposition. Schließlich wird noch der Fuß im eigentlichen Sinn im Fußgelenk vom Unterschenkel isoliert. Es gibt Bewegungen und Bewegungsfolgen im Jazz Dance, die nur in der isolierten Area Fuß stattfinden. Sogar die Zehen werden noch gelegentlich isoliert.

Der Jazz Dance nutzt weiter eine uns unbekannte Fähigkeit des Kniegelenks aus. Normalerweise wird dieses Gelenk bei uns nur als Scharniergelenk eingesetzt: Der Unterschenkel wird im Knie nur in einer einzigen Richtung, nämlich in der Ebene rückwärts / vorwärts gebeugt und bewegt. Bewegungsumfang: etwa 130 Grad. Über das Strecken des Beins hinaus kann das Knie nicht weiter bewegt werden. Nun kann aber das Knie tatsächlich auch leicht – mit einiger Übung – zur Seite gedreht werden. Im Jazz Dance werden solche Rotationen im Knie als Knie-Kreise (knee circles) bezeichnet.

Multiplikation

Davon war schon im zweiten Kapitel des ersten Teils ausführlich die Rede. Der Zeitraum zwischen step und step, also vor einer Gewichtsverlagerung, wird von einer, zwei oder noch mehr Motionen ausgefüllt. Eine einzige Bewegung, der Schreitprozeß, wird vervielfacht, multipliziert. Wir kommen auf das Phänomen der Multiplikation noch ausführlich zurück.

Bewegungsarten und Bewegungsmöglichkeiten

A. Ganzes Bein als Träger des Körpers

1. Locomotor: Bewegungen im Raum

Gehen und Laufen

Locomotor bedeutet auf deutsch: den Körper mit Hilfe der Beine im Raum bewegen. Die gebräuchlichsten (basic) Locomotor-Prozesse sind auch im Jazz Dance: Gehen, Laufen und Springen. Beim Gehen bleibt ein Fuß am Boden, beim Laufen verlassen beide Beine den Boden ganz kurz, beim Springen sind beide Beine und damit der ganze Körper für längere Zeit in der Luft. Gehen und Laufen werden im Jazz Dance

Catch step

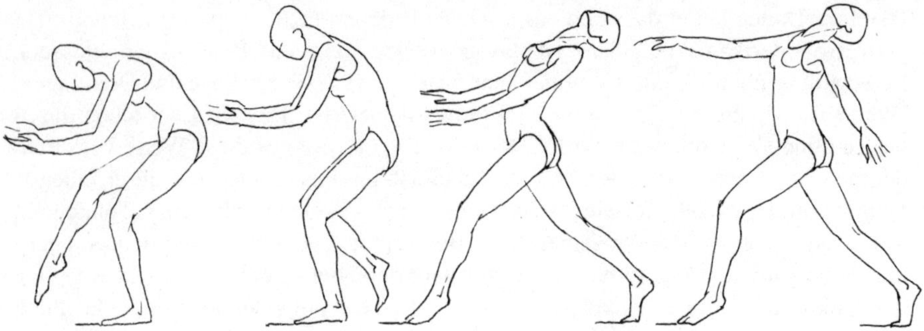

in der Regel mit multiplizierten Fußbewegungen ausgeführt, also mit Jazz Walks. Von ihnen wird am Schluß dieses Bereichs noch ausführlich die Rede sein. Auch wird die Gehbewegung im afrikanischen Tanz dadurch kompliziert, daß *vor* der Gewichtsverlagerung das Spielbein oft mit einem knee raise (Knieheben) in die Höhe gehoben wird. Im Jazz Dance spricht man dann von einem prance. Auch prance ist ein Double, also ein multiplizierter Jazz Walk.

Catch step und Grapevine Sehr beliebte Schrittverbindungen sind im Jazz Dance catch step und Grapevine. Wir behandeln zuerst den catch step (Fangschritt).

Einfache Grundform des catch step: linker Fuß vorwärts, rechten Fuß rückwärts ganz kurz belasten, linken Fuß am Platz belasten. Alle Schritte werden mit gebeugten Knien und Collapse ausgeführt. Zählweise: und a eins. Komplizierte Form: linker Fuß vorwärts, gleichzeitig Heben des rechten Knies – rechtes Bein in der Luft zurück – rechten Fuß kurz hinten aufsetzen – linken Fuß am Platz belasten. Zählweise: und a da eins. Damit ist die Motion des rechten Beines multipliziert. Im echten Jazz Dance kommen bei catch step noch beliebige Koordinationen mit den Torso-Zentren, den Armen und dem Kopf dazu. Die Fortbewegung im Raum erfolgt dadurch, daß der nächste catch step entsprechend mit dem nächsten Fuß beginnt.

Grapevine (Weinrebe). Beispiel: rechten Fuß seitwärts setzen, linken Fuß hinten oder vor rechtem Fuß kreuzen, rechter Fuß wieder seitwärts, linken Fuß ohne Gewicht zu rechtem Fuß. Es folgt nun ein Grapevine mit jazzmäßiger Ausführung: rechter Fuß nach rechts mit Jazz Walk (und eins) – kreuze den linken Fuß hinter rechtem Fuß (und) – setze den rechten Fuß seitwärts mit Jazz Walk (zwei und) – führe den linken Fuß ohne Gewicht zum rechten Fuß (drei) – linker Fuß kick vorwärts und step (Gewichtsübernahme, und vier).

Sprünge

Da der Mensch auf der ganzen Welt nur über zwei Beine verfügt, sind auch die Sprungarten überall die gleichen oder doch ähnlich. Verschieden sind jedoch Stil und Ausführung. Es gibt insgesamt fünf Möglichkeiten zu springen.

1. Von einem Bein auf das gleiche Bein. Deutsch: Hüpfer. Jazz Dance: hop. Klassisches Ballett: temps levé.
2. Von einem Bein auf das andere Bein. Laufsprung, leap, jeté.
3. Von beiden Beinen auf beide Beine. Standsprung, jump, saut.
4. Von einem Bein auf beide Beine. Schlußsprung, jump assemblé, assemblé.
5. Von beiden Beinen auf ein Bein. In allen Tanzarten: sissonne.

Verbindungen sind: skip und Galopp. Ein skip besteht aus einem Laufschritt und einem Hüpfer auf dem gleichen Bein. Anstelle des Schritts kann natürlich auch ein kleiner Sprung treten. Technische Bezeichnung im Jazz Dance: step oder leap plus hop. Galopp: Laufschritt oder Sprung auf einem Bein, Nachziehen und Fallenlassen (drop) des anderen Beins. Technisch in der Sprache des Jazz Dance besteht ein Galopp aus step oder leap plus drop step. Bei uns sind die Beine in der Regel bei Sprüngen gestreckt. Im Jazz Dance aber sind grundsätzlich die Beine auch in Sprüngen nicht gestreckt. Isolation und Opposition der Bein-Areas bleiben also fast immer erhalten. Ein Laufsprung (leap) etwa wird eingeleitet mit einem kurzen, ruckartigen Knieheben des Spielbeins, dann erst erfolgt der Sprung, wobei auch dabei eine leichte Beugung im Knie beibehalten wird. Sehr beliebt sind Hocksprünge: Absprung mit beiden Beinen, beide Knie hoch zum Brustkorb, Haltung von Collapse beibehalten, Landung wieder auf beiden Beinen. Jazz-Sprünge sind fast immer mit Koordinationen anderer isolierter Zentren verbunden. Das Gesetz des Jazz Dance – Isolation / Opposition – gilt also auch für die Sprünge. Afrikanische Sprünge wirken schwerer und gedrungener als die eleganten Sprünge etwa des klassischen Balletts. Auch die Sprünge des Jazz Dance streben nicht in die absolute Höhe, der Körper soll nicht den Anschein der Schwerelosigkeit erwecken. Die Sprünge des Jazz Dance sollen vielmehr so wirken, als ob der Tänzer aus der Höhe wieder kraftvoll zur Erde zurückstrebe. Der Akzent liegt also nicht in der Aufwärtsbewegung, sondern vielmehr in der Abwärtsbewegung. Daher muß auch leichter Collapse bei den Sprüngen beibehalten werden.

Im übrigen ist natürlich nichts gegen die Benutzung ballettmäßiger Sprungtechniken (Bein als gestreckte Einheit) in Bühnen-Choreographien des Modern Jazz Dance einzuwenden. Nur sollten Lehrer und Schüler wissen, daß es sich hier um eine Synthese handelt.

Drehungen (turns)

Auch die Möglichkeiten des Drehens sind auf der ganzen Erde die gleichen. Es gibt im Grunde nur zwei Arten. Die eine Art: Ein Bein bleibt bei der Drehung auf dem Boden. Die zweite Art: Beide Beine befinden sich während der Drehung in der Luft.

Innerhalb der ersten Art unterscheiden wir im Jazz Dance zwischen zwei Unterarten: Schrittdrehung (step turn oder walking turn) und Achsendrehung (pivot turn oder spot turn).

Step turns werden mit mehreren – kleinen oder größeren – Schritten ausgeführt. Es gibt eine große Zahl solcher step oder walking turns. Wir geben einige Beispiele:

Walking turn als Drei-Schritt-Drehung Ausgangsposition: beide Füße in neutraler erster Position nebeneinander. Erster Schritt: rechter Fuß step nach rechts. Zweiter Schritt mit Drehung: linken Fuß über rechten Fuß kreuzen, Gewichtsübernahme und sofort auf rechtem Fuß so weit drehen, bis eine halbe Drehung vollendet ist. Dritter Schritt mit Drehung: auf dem linken Fuß weiterdrehen, rechten Fuß zur Seite führen, bis die ganze Drehung vollendet ist. Der rechte Fuß wird jetzt belastet. Der unbelastete linke Fuß beginnt mit der Drehung nach links.

Drei-Schritt-Drehung mit Jazz Walks Rechter Fuß tap (ohne Gewicht) nach rechts seitwärts, rechter Fuß dann Gewicht übernehmen (und eins) – linken Fuß über rechten Fuß zunächst ohne Gewicht kreuzen, dann Gewicht übernehmen und halbe Drehung auf rechtem Fuß ausführen (und zwei) – halbe Drehung auf linkem Fuß, rechten Fuß mit tap zur Seite führen und Gewicht übernehmen. Damit ist die ganze Drehung beendet.

Skipping turn Ein skip besteht bekanntlich aus einem Schritt (step) und einem Hüpfer (hop). Die skipping turn wird folgendermaßen ausgeführt: rechter Fuß step seitwärts nach rechts – hop auf rechtem Fuß – linken Fuß über rechten Fuß kreuzen und Drehung mit hop auf linkem Fuß – rechter Fuß step und hopping turn auf rechtem Fuß.

Outside Pas de Bourrée turn (Drehung nach rechts) Eins: step rechter Fuß nach rechts. Zwei: step, linken Fuß über rechten Fuß kreuzen. Drei und vier: Drehung auf linkem Fuß, rechten Fuß belastet nach rechts führen (halbe Drehung beendet). Weiter drehen auf rechtem Fuß, linken Fuß nach links führen mit Gewicht (Drehung beendet), rechten Fuß vor linkem Fuß kreuzen.

Pas de Bourrée als Jazz turn Ausgangsposition: Beine in neutraler erster Position nebeneinander.

Und	Rechter Fuß dreht belastet um 180 Grad nach rechts, linker Fuß dreht mit. Oberkörperdrehung aber nur etwa 150 Grad.
da	Linken Fuß vor rechten Fuß setzen, halbe Drehung ist jetzt vollendet.
eins	Zweite halbe Rechtsdrehung auf linkem Fuß, der rechte Fuß wird gekreuzt vor linkem Fuß aufgesetzt. Die ganze Drehung ist vollendet.
zwei	Linker Fuß tap seitwärts / leicht vorwärts zur Vorbereitung für die Linksdrehung.

Beide Knie sind bei der ganzen Drehung stark gebeugt. Alle drei Schritte werden auf Ballen ausgeführt.

Pivot turn oder spot turn Die Drehung wird allein auf dem Standbein ausgeführt. Bei der Pirouette wird der Körper mit einem einzigen Schwung um die eigene Achse gedreht. Bei der sogenannten Promenade wird dieselbe Drehung mit mehreren voneinander abgesetzten Motionen des Standbeins ausgeführt. Beispiel für eine Jazz-

Pirouette: Beide Beine sind im Knie stark gebeugt. Rechtes Bein Standbein, linkes Bein als Spielbein vor rechtem Knie. Oberkörper in Collapse-Haltung, Kopf zur Brust gesenkt. Die Arme können entweder in zweiter Position oder vor der Brust gehalten werden. Es folgt nun entweder eine Rechtsdrehung oder eine Linksdrehung. Wie im klassischen Ballett gibt es auch im Jazz Dance Pirouetten nach innen (en dedans, Gesicht geht mit der Drehung) und nach außen (en dehors, Gesicht gegen Drehrichtung). Für Jazztänzer, die an die klassischen Begriffe nicht gewöhnt sind, empfiehlt es sich, die Anweisungen auf deutsch zu sagen. Beispiel: rechter Fuß Standbein, Drehung auf rechtem Fuß nach rechts.

Air turns (Drehungen in der Luft) Bei diesen Drehungen in der Luft handelt es sich grundsätzlich auch im Jazz Dance um gedrehte Sprünge. Wir unterscheiden daher zwischen hop turn, leap turn und verschiedenen jump turns. Hop turn: Hüpfer mit Drehung und Landung auf dem gleichen, dem Absprungbein. Leap turn: Absprung auf einem Bein, Drehung und Landung auf dem anderen Bein. Jump turn: Absprung mit beiden Beinen und Landung auf beiden Beinen. Alle diese Drehungen kommen auch im afrikanischen und im afro-amerikanischen Tanz vor. Sie sind daher im Jazz Dance durchaus gebräuchlich und nicht, wie man häufig hört, von den westlichen Tanzstilen übernommen. Doch gilt auch bei Drehungen, daß die Beine in der Regel nicht gestreckt werden und daß die Haltung von Collapse beibehalten wird. Die Opposition der Bein-Areas soll vor allem bei den Drehungen in der Luft beachtet werden. Doch betonen wir wieder, daß Übernahmen vom klassischen Ballett in Bühnen-Choreographien möglich sind. Die berühmten tours en l'air wirken natürlich auch in einer solchen Jazz-Choreographie. Man sollte aber eine klassische Pirouette nicht verwechseln mit einer Jazz-Pirouette. Auch eine Jazz-Promenade sieht anders aus als eine klassische Promenade. Die Jazz-Promenade wird mit deutlichem Collapse ausgeführt.

2. Falls (Fallbewegungen)

Die speziellen Jazz-Falls sollten nur von fortgeschrittenen Tänzern ausgeführt werden. Sie sind teilweise sehr schwierig. Bei Falls handelt es sich um das Gegenteil eines Sprungs. Die Beine werden hier dazu benutzt, den ganzen Körper mit einem kontinuierlichen raschen Schwung zum Boden zu führen, ja zu stürzen. Eine genaue Ausführung wird im vierten Bereich dieses Kapitels (Levels) gegeben.

B. Die Beine allein. Motionen am Platz

Wichtiger und auch typischer als die geschilderten Sprünge sind im Jazz Dance jene Motionen, die vom Bein allein am Platz ausgeführt werden. Im Gegensatz zu den Locomotors ist dabei der übrige Körper nicht beteiligt, denn es handelt sich nicht um Bewegungen im Raum. Jedoch werden in der Regel die isolierten Bein-Motionen mit isolierten Motionen der anderen Zentren koordiniert.

1. Oberschenkel plus übriges Bein

Knee raise und Oberschenkel-Rotation Dabei handelt es sich um die schon besprochenen Hebungen von Knie und Oberschenkel beziehungsweise um Drehungen des gehobenen Oberschenkels.

Leg extension und leg thrust Leg extension bedeutet Beinausdehnung. Es handelt sich dabei um die im Hüftgelenk einsetzenden Hebungen des ganzen Beins nach vorn, nach hinten, zur Seite. Leg thrusts (Beinwürfe) sind ruckartige und schnelle Motionen derselben Art. Zu beachten ist, daß bei diesen Extensionen der Pelvis – weil isoliert – im Jazz Dance nicht beteiligt wird. Daher wird eine leg extension meist mit knee raise begonnen, dann erst wird mit einem kick vom gebeugten Knie aus verlängert. Wichtig ist, daß auch bei leg extension die Isolation / Opposition der Bein-Areas beibehalten wird. Auch wenn also, wie bei leg thrust, das ganze Bein scheinbar mit einer einzigen Motion hochgehoben wird, bleibt das Knie leicht gebeugt. Bei leg thrust wird fast gleichzeitig eine Kniehebung und ein kick ausgeführt. Der Oberschenkel kann so in Höhen bis über 90 Grad geführt werden, ohne daß der Pelvis mitbewegt wird.

Kick step Das sind drei sehr rasch aufeinander folgende Motionen: knee raise, kick, step am Platz. Zählweise: und da eins. Als Beispiel soll uns der Lindy mit kick dienen. Wir üben zuerst den normalen Triple Lindy (= Triple Jive). Auf eins und zwei: Chassé nach rechts, abwechselnd rechter Fuß, linker Fuß, rechter Fuß. Auf drei: linken Fuß hinter rechtem Fuß kreuzen. Auf vier: rechten Fuß vor linken Fuß setzen.

Funky Lindy mit kick und Handkreis Oberarme am Körper, Unterarme waagerecht nach vorn.

Eins und zwei	Chassé vorwärts: rechter Fuß, linker Fuß, rechter Fuß.
und drei	Funky hip lift: linke Hüfte heben und anschließend linken Fuß zurücksetzen. Handkreis der linken Hand an der linken Hüfte.
und da vier	Rechter Fuß Knieheben, kick, step vorwärts vor linkem Fuß. Handkreis der rechten Hand an rechter Hüfte.

Rubberlegs (Gummibeine) Dabei werden beide Hüften, beide Knie und beide Füße abwechselnd nach innen und außen gedreht. Übertriebene O-Beine wechseln mit übertriebenen X-Beinen, um es volkstümlich auszudrücken. Diese Motionsfolge ist vor allem aus dem Charleston bekannt. Wir haben sie bereits im Bereich der Arme erwähnt: feet in and hands out, feet out and hands in.

Slides Es gibt bei den slides zwar eine kleine Raumbewegung, aber diese ist eine Folge von binnenkörperlichen Beckenbewegungen. Daher behandeln wir die slides in dieser Rubrik. Es handelt sich dabei, wie wir schon wissen, um ganz flache Rutscher auf dem belasteten Bein oder auch auf beiden Beinen zugleich. Wichtig ist, daß die Bewegung aus den Hüften heraus erfolgt, mit gebeugten Knien begonnen und die Haltung von Collapse beibehalten wird. Ein slide vorwärts wird als *chug* oder *buck*, ein solcher nach rückwärts als pullback bezeichnet. Die schwierigen slides zur Seite werden eingeteilt in inside slides und outside slides. Inside slide: belastetes Bein, etwa linkes Bein, rutscht nach innen, also nach rechts. Outside slide: belastetes Bein, wieder linkes Bein, rutscht nach außen, in unserem Fall also nach links, weg vom Spielbein. Ein *stomp* ist ein slide auf beiden, gleichmäßig belasteten Füßen nach allen Seiten.

Exkurs über stomp Stomp wird im afro-amerikanischen Tanz und der afro-amerikanischen Musik als Bezeichnung für verschiedene Techniken benutzt. Auf keinen Fall aber darf stomp verwechselt werden mit stamp. Das ist immer ein betonter Stampfschritt, bei dem die ganze Sohle mit Gewicht hörbar aufgesetzt wird. Stomp ist das Schlagen eines rhythmischen Musters mit beiden Füßen. Stomp gehört also ursprünglich in die Gruppe des Juba patting. Handy beschrieb in seinem Buch »Father of the Blues« ein solches, die Musik begleitendes stomping. Nacheinander werden hörbar aufgesetzt: linke Ferse, rechter Ballen, rechte Ferse, linker Ballen. Das ist eine Bewegungsfolge, die im modernen Tap Dance als cramp roll bezeichnet wird.

Die Jazzmusik hat diesen rhythmischen Begriff stomping übernommen. In seinem Buch »Jazz – die magische Musik« schreibt A. M. Dauer: »Stomping ist eine charakteristische Technik des historischen Jazz, bei welcher der melodischen Improvisation eine bestimmte, ständig wiederkehrende rhythmische Folge (stomp pattern) unterlegt ist.« Dauer nennt als berühmte Beispiele den New Orleans Stomp, King Porter Stomp, Sugar Foot Stomp. Im modernen Jazz Dance wird nur noch der slide auf beiden Füßen – mit zwei harten, klatschenden sounds – als stomp bezeichnet. Manche amerikanischen Lehrbücher bezeichnen noch immer das unbelastete Aufstampfen als stomp. Aber das ergibt, geschichtlich gesehen, überhaupt keinen Sinn mehr, denn man hört dabei überhaupt nichts. Die Technik des unbelasteten Aufstampfens wird korrekt als slam bezeichnet.

Die Conga Viel Spaß machen die slides in dem afro-cubanischen Tanz Conga. Die Teilnehmer bewegen sich hier hintereinander in Reihe und fassen sich an der Taille. Schrittfolge: rechter Fuß vorwärts, linker Fuß vorwärts, rechter Fuß vorwärts, rechter Fuß chug vorwärts. Dabei Händeklatschen und Uuh-Schrei. Weiter mit: linker Fuß vorwärts, rechter Fuß vorwärts, linker Fuß vorwärts, linker Fuß pullback (Händeklatschen und Uuh-Schrei).

Die Conga kann auch paarweise getanzt werden. Die beiden Partner stehen dabei, ohne Körperberührung, einander gegenüber, entfernen sich aber dann seitwärts voneinander weg. Jeder Partner führt drei Schritte nach rechts aus, dann aber folgt auf rechtem Fuß ein slide nach innen, zum Partner hin. Auf diese Weise nähern sich die Partner wieder einander. Diese Paarform der Conga kann auch mit Drehungen verbunden werden. Schrittfolge: rechter Fuß seitwärts, linker Fuß über rechtem Fuß kreuzen und halbe Drehung ausführen, rechten Fuß seitwärts setzen, rechter Fuß chug vorwärts. Weiter mit linkem Fuß zur zweiten Halbdrehung und chug auf linkem Fuß. Mit zwei halben Drehungen wird also eine ganze Drehung ausgeführt. Gute Tänzer können Conga-Schritte auch noch mit Schulter-Shakes koordinieren.

2. Knie-Isolation (Kniekreis, knee circle)

Das isolierte Knie kann kleine seitliche Bewegungen nach außen und innen ausführen. Dabei werden Unterschenkel und Fuß jeweils mit nach außen und innen gedreht. Das Knie muß dabei stark gebeugt und die Ferse gehoben werden, wenn Kniekreise richtig ausgeführt werden sollen. Wir beginnen mit einer Vorübung: Hebe im Stehen das Knie und führe kreisförmige Bewegungen des Unterschenkels plus Fuß aus. Der Oberschenkel bleibt ruhig. Wird diese Kreisbewegung von Unterschenkel plus Fuß beherrscht, gehen wir über zur Knie-Isolation mit ball tap (Ballen ohne Gewicht auf dem Boden) des arbeitenden Fußes: Knie nach vorn beugen, Knie nach innen drehen, dann über vorn nach außen drehen. So erhalten wir einen Halbkreis des isolierten Knies. Dieselbe Drehung dann von außen nach innen. Keine Mitbewegung des Oberschenkels! Der Kniekreis wird mit beiden Knien nacheinander geübt.

3. Unterschenkel mit Fuß isoliert

Hier handelt es sich um die durch das gebeugte Knie ermöglichten Motionen des isolierten Unterschenkels plus Fuß. Die gebräuchlichsten dieser Motionen sind: brush, scuff, pick up. Bei brush wird der Unterschenkel plus Fuß des Spielbeins allein vom gebeugten Knie aus nach vorn und rückwärts geführt. Dabei bürstet der Fußballen den Boden, bevor Unterschenkel plus Fuß wieder nach oben, in die Luft geführt werden. Bei scuff ist es umgekehrt die Ferse, die in der Vorwärtsbewegung den Boden anschlägt, bevor der Fuß wieder in die Luft geführt wird. Pick up wird folgendermaßen ausgeführt: Hebe den Ballen des Spielbeins vom Boden in die Höhe (die Ferse bleibt am Boden), schlage den Ballen mit einer scharfen brush-Bewegung zurück in die Luft.

4. Der isolierte Fuß allein

Hier handelt es sich um Motionen, die allein vom Fuß ausgeführt werden. Dieser isolierte Fuß bildet im Jazz Dance eine sehr wichtige und vielseitig verwendete Area. Sein wichtigstes Gelenk ist das Fuß- oder Sprunggelenk. Es verbindet Schien- und Wadenbein mit dem Sprungbein des Fußes. Dieser Knochen trägt zusammen mit dem darunter liegenden Fersenbein das gesamte Körpergewicht. Daher müssen die Bewegungsmöglichkeiten im Sprunggelenk beschränkt sein. Als Scharniergelenk kann das Fußgelenk den Fuß nur in einer einzigen Ebene bewegen. Der isolierte Fuß kann nach oben, zum Unterschenkel hin, geführt werden: Fußbeugung, Flexion. Der Fuß kann aber auch so tief nach unten gestreckt werden, daß Fußrücken und Schienbein eine einzige Linie bilden: Fußstreckung, Extension. Außerdem kann der Fuß auch leicht nach rechts und links gedreht werden. Sehr beweglich sind auch die Zehengelenke. Gute Jazztänzer isolieren gelegentlich auch noch die Zehen vom Fuß. Nun aber befinden sich zwischen Fußgelenk und Zehengelenken noch zahlreiche andere knochenverbindende Bänder und Gelenke. Wir brauchen sie nicht alle aufzuzählen. Hier geht es nur um jene Motionen, die vom und im isolierten Fuß ausgeführt werden können und im Jazz Dance auch tatsächlich ausgeführt werden.

point und flex Die im Jazz Dance am häufigsten benutzten isolierten Fußmotionen sind die Flexions- und Extensions-Bewegungen. Technische Bezeichnung für Extension: point, Fußspitze nach unten strecken. Technische Bezeichnung für Flexion: flex, Fuß nach oben heben.

Inversion (Eindrehen) und Eversion (Ausdrehen) Das sind anatomische Begriffe, die aus dem Lateinischen stammen. Aber im modernen Jazz Dance können diese Begriffe mit Nutzen verwendet werden. Bei Inversion wird die innere Fußkante gehoben, bei Eversion die äußere. Wer sich die lateinischen Begriffe nicht merken kann oder will, darf natürlich auch deutsche Begriffe benutzen.

Adduktion und Abduktion Auch hier handelt es sich um lateinische Begriffe der Anatomie. Adduktion bedeutet heranführen und Abduktion wegführen. Bei Adduktion wird der Fuß nach innen, bei Abduktion nach außen geführt. In der Sprache des Jazz Dance kann man auch für Adduktion sagen: ball turned in (Ballen nach innen gedreht). Technische Bezeichnung für Abduktion: ball turned out (Ballen nach außen gedreht).

Supination und Pronation Auch das sind lateinische Begriffe, die von der Anatomie benutzt werden und vom Jazz Dance übernommen wurden. Supination heißt wörtlich: mit dem Rücken auf dem Boden liegen. Pronation bedeutet: mit Gesicht zu Boden blicken, auf dem Bauch liegen. Technisch handelt es sich jeweils bereits um Kombinationen von zwei verschiedenen Fußmotionen. Supination ist eine Kombination von Adduktion und Inversion. Der Fuß wird also nach innen gedreht, die innere Fußkante gehoben. Pronation ist eine Kombination von Abduktion und Eversion. Der Fuß wird nach außen gedreht, die äußere Fußkante wird gehoben. Das sind sicherlich komplizierte Begriffe. Wer will, kann ohne weiteres entsprechende englische oder deutsche Bezeichnungen benutzen.

Fußkreis (foot circle) Auch hier handelt es sich um Kombinationen. Kombiniert werden Abduktion / Adduktion (Fußbewegung nach außen / Fußbewegung nach innen) und Flexion / Extension (Beugung / Streckung). Wir üben diese Kombination zuerst im Stehen. Linkes Bein Standbein, rechtes Bein Spielbein, rechtes Knie gehoben. Nun wird der isolierte Fuß allein gehoben (flex). Dann wird der Fuß nach rechts / außen gedreht (Abduktion, foot turned out). Dritte Motion: Fuß nach vorn / unten strecken (point). Vierte Motion: Fuß in point nach innen drehen. Abschluß: Fuß zurück nach vorn mit flex.

Genau die gleiche Übung kann sehr schön auch in Rückenlage am Boden ausgeführt werden. Das betreffende Bein kann dabei in jeder Lage gehalten werden:

diagonal / hoch, senkrecht / hoch usw. Genaueres findet der Leser im vierten Bereich, der den Levels gilt.

Wir verbinden nun point und flex mit Armbewegungen. Ausgangsstellung: neutrale zweite Fußposition, Arme hängen nach unten. Die ganze Bewegungsfolge wird in vier Abschnitten ausgeführt. Rechtes Bein nach vorn heben bis in Höhe des linken Oberschenkels, rechter Fuß in Höhe des linken Knies, rechter Fuß point. Arme in zweiter Jazz-Position.

Rechten Oberschenkel und rechtes Knie nach außen drehen, der rechte Unterschenkel aber zeigt nach innen zum linken Knie. Rechter Fuß flex nach außen, parallel zum Oberschenkel. Arme über den Kopf heben.

Rechter Fuß zum Boden zurück, aber nach außen gedreht. Arme in zweiter Position, Handfläche aber nach unten.

Knie nach vorn heben, Fuß in point, Arme senkrecht hoch. Anschließend Rückkehr zur Ausgangsposition.

Tap Der sogenannte tap ist im Jazz Dance technisch nichts anderes als eine Kombination von foot flex und foot point. Ausgangsposition: Knie des Spielbeins gebeugt, Bein in Bodennähe in der Luft mit leichtem flex des Fußes. Dann berührt der Ballen mit leichter point-Motion den Boden, das ist der tap. Anschließend kehrt der isolierte Fuß wieder in die Ausgangsposition mit flex zurück. Wichtig ist, daß tap im Jazz Dance und auch im Tap Dance nur mit dem unbelasteten Bein ausgeführt wird. Manche Bücher machen einen Unterschied, je nachdem, ob der unbelastete Ballen auf dem Boden bleibt oder sich wieder in die Luft erhebt. Folgt man diesen Büchern, dann wird das Belassen des Ballens auf dem Boden als ball beat bezeichnet. Tap ist nach diesen Autoren nur dann gegeben, wenn sich der Fuß wieder erhebt. Aber meist bezeichnet man beide Motionen gleichermaßen als tap. In ähnlicher Weise kann auch unterschieden werden zwischen heel beat (Ferse bleibt unbelastet auf dem Boden) und heel tap (Ferse erhebt sich wieder in die Luft).

Heelstand / balldrop und ballstand / heeldrop Es handelt sich dabei um Motionen des belasteten Fußes. Heeldrop beginnt damit, daß nur der belastete Ballen den Boden berührt (ballstand, Ballenstand). Dann wird der ganze Fuß auf die Sohle abgesenkt (heeldrop, auf Ferse absenken). Man kann auch direkt von Ballenstand übergehen zu Fersenstand (heelstand). Stand allein auf der Ferse, die Zehen zeigen in die Luft. Balldrop verläuft umgekehrt. Beginne mit Fersenstand, senke dann ab auf ganze Fußfläche oder gehe direkt über zu Ballenstand. Im Grunde handelt es sich auch hier um eine Variante der Folge von point und flex. Ballstand ist eine belastete point-Motion am Boden, heelstand eine belastete flex-Motion am Boden.

5. Lay out mit isolierten Fußmotionen

Lay out vorwärts wurde schon am Schluß des ersten Bereichs im Teil VI vorgestellt. Es handelt sich bei lay out stets um ganzkörperliche Motionen. Der ganze Torso, einschließlich des Pelvis, wird nach vorn, rückwärts oder seitwärts geführt. Das

Standbein ist gestreckt, auch das Spielbein wird gestreckt in Höhe von 90 Grad gehalten. Alle lay outs können sehr gut mit isolierten Fußmotionen kombiniert und so auch für den Jazz Dance gewonnen werden. Voraussetzung ist allerdings eine Schulung in der Technik des klassischen Balletts.

Lay out vorwärts (lay out to the front) Ausgangsposition: Füße in erster neutraler Position, also parallel nebeneinander. Die Arme befinden sich dauernd in zweiter Jazz-Position.

1 Linkes Bein Standbein. Rechtes Bein mit Knieheben so weit nach vorwärts / oben heben, bis sich der rechte Fuß in Höhe des linken Knies befindet. Rechter Fuß zeigt mit point nach unten. Diese Haltung wird auch im Jazz Dance gelegentlich in der Sprache des Balletts als passé bezeichnet. In unserem Fall spricht man von passé turned in.
2 Rechtes Bein nach vorn strecken (leg extension) bis in Höhe von 45 Grad. Fuß zeigt in flex senkrecht nach oben.
3 Rechter Fuß wird gestreckt zur Seite geführt. Der Fuß bleibt in flex.
4 Nun kommt der lay out. Der ganze Torso wird nach vorn geführt, so daß er sich parallel zum Boden befindet. Der Kopf wird in Verlängerung des Torsos gehalten, das Gesicht blickt zum Boden. Das rechte Bein bleibt seitwärts gestreckt, auch der Fuß bleibt in flex.
5 Körper aufrichten. Rechtes Bein bleibt zur Seite gestreckt mit flex nach oben.
6 Oberschenkel bleibt in waagerechter Position. Aber Unterschenkel und Fuß werden zum linken Knie zurückgeführt. Der Fuß mit point in Verlängerung des Unterschenkels.
7 Oberschenkel nach vorn drehen (passé turned in).
8 Rückkehr zur Ausgangsposition.

Lay out rückwärts (lay out back) Linkes Bein Standbein. Arme in zweiter Jazz-Position.

1 Rechtes Knie nach vorn heben, bis sich der Fuß in Höhe des linken Knies befindet. Fuß point nach unten.
2 Oberschenkelrotation nach außen. Rechter Fuß bleibt am Knie mit point.
3 Rechtes Bein mit leg extension zur Seite Strecken. Fuß zeigt im flex senkrecht nach oben.
4 Rechtes Bein gestreckt in Höhe von 45 Grad nach vorn führen, Fuß bleibt in flex.
5 Es folgt der lay out. Der Oberkörper wird so weit wie möglich nach hinten gebeugt, der Pelvis wird nach vorn geschoben. Das rechte Bein soll so hoch wie möglich geführt werden, Fuß bleibt in flex. Kopf, Oberkörper und rechtes Bein bilden eine einzige Linie. (Winkel zum Boden etwa 45 Grad). Nur der Fuß in flex weicht von dieser Linie ab.
6 Körper aufrichten. Sonst wie 4.
7 Wie 1.
8 Zurück in Ausgangsposition.

Lay out rückwärts

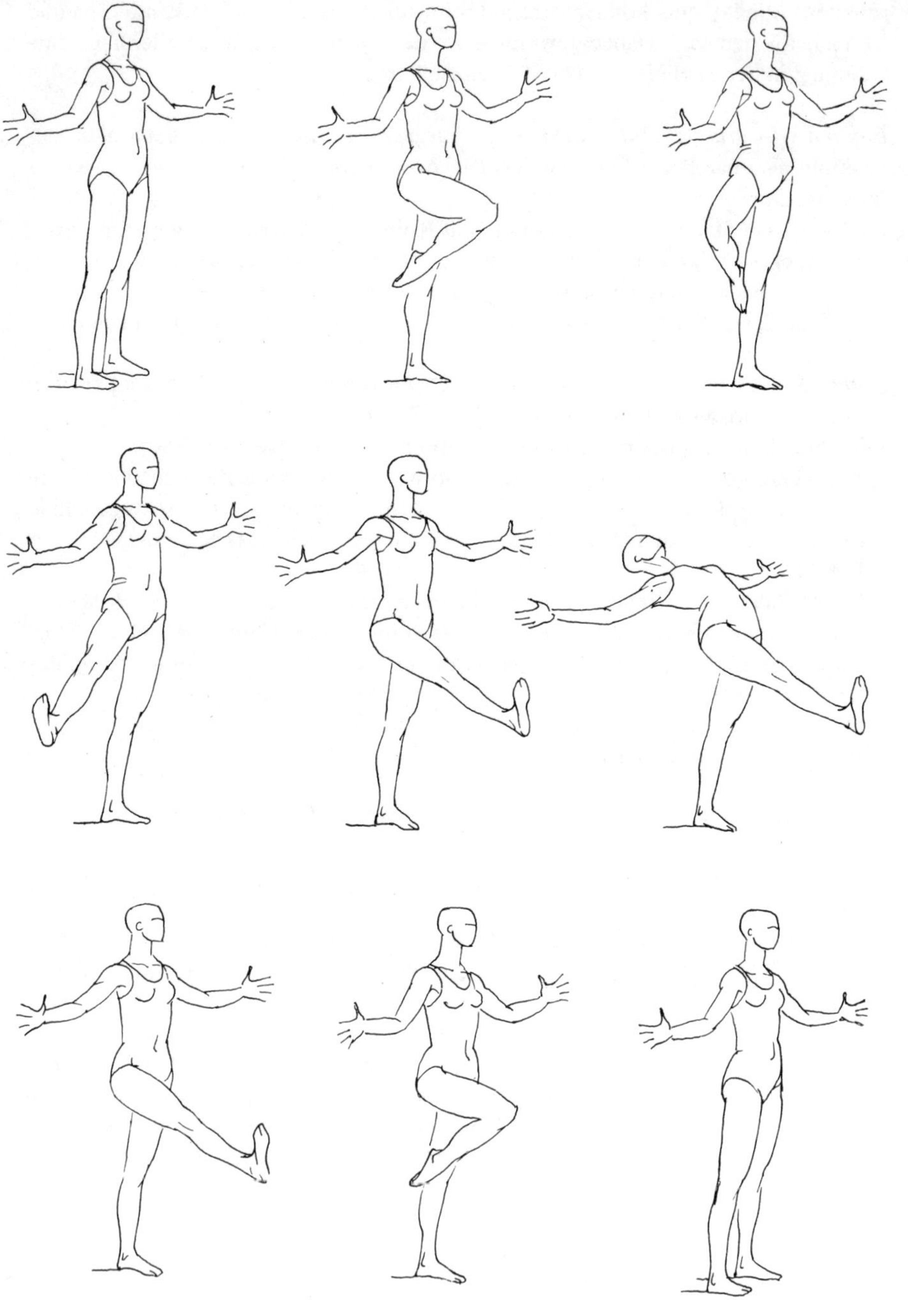

Lay out zur Seite Auch diese lay outs können mit point, flex und Fußkreisen verbunden werden. Beispiel: lay out nach links.

Linkes Bein Standbein, rechtes Bein wird fast waagerecht nach rechts zur Seite geführt, der Fuß zeigt in flex nach oben. Der Oberkörper einschließlich des Pelvis wird nun waagerecht nach links zur Seite gebeugt. Rechtes Bein und rechte Seite des Oberkörpers bilden eine einzige Linie. Der Kopf liegt in der gleichen Linie, nur der Fuß in flex weicht von dieser Linie ab. Die Arme werden bei lay out seitwärts hoch gehalten: rechter Arm über dem Kopf, linker Arm unter dem Kopf. Beide Handflächen zeigen nach vorn. In dieser Stellung mehrere Fußkreise hintereinander ausführen.

C. Multiplizierte Beinmotionen und Jazz Walks

Technische Begriffe

Beinmultiplikation bedeutet, wie der Leser schon lange weiß, daß der Zeitraum zwischen zwei Gewichtsverlagerungen (step) durch mehrere Motionen ausgefüllt wird. Eine einfache Schrittmotion wird vervielfacht zu Doubles, Triples usw. Am häufigsten im Jazz Dance sind Doubles. Bevor das Gewicht vom Spielbein übernommen wird, führt dieses eine Zwischenmotion aus. Der Tänzer benötigt also zwei Bewegungen, um zur Gewichtsverlagerung zu kommen. Bei einem Triple wird das Gewicht erst mit der dritten, bei einem Quadruple mit der vierten Motion übernommen. Multiplizierte Beinmotionen können völlig am Platz ausgeführt werden. Kommt eine, allerdings nur geringe, Fortbewegung im Raum hinzu, sprechen wir von einem Jazz Walk. Bevor wir jedoch die vielen Jazz Walks behandeln, sollen noch einmal die entsprechenden technischen Bezeichnungen im Zusammenhang vorgestellt werden.

- *Step* Ein step ist im Jazz Dance jede Art von Gewichtsverlagerung. Bei *ball step* (ballstand, Ballenstand) steht der Tänzer auf dem Ballen, bei *heel step* (heelstand, Fersenstand) auf der Ferse. *Flat step* (flacher step) bedeutet: Stehen auf der ganzen Fußfläche. *Stamp* (Stampfschritt) ist ein flat step, der mit Kraft zum Boden hin ausgeführt wird.
- *Beat, tap, slam* Alle eben erwähnten Fußmotionen können auch so ausgeführt werden, daß kein Gewicht übernommen wird. Dem ball step entspricht dann der *ball beat* (Ballenschlag), eine reine Fußmotion: Der Ballen des Spielbeins berührt den Boden und bleibt auf dem Boden ohne Gewicht. Häufig wird, auch in diesem Buch, der ball beat als *ball tap* bezeichnet. Dem heel step entspricht der *heel beat*, der von vielen Autoren auch als *heel tap* bezeichnet wird. Führt das Spielbein ein flat step ohne Gewicht aus, dann sprechen wir korrekt von einem *slam*. Die Fußfläche berührt als Ganzes den Boden ohne Gewicht. Von ball beat beziehungsweise heel beat aus kann dann das seitherige Spielbein durch heeldrop beziehungsweise balldrop das Gewicht auf ganze Fußfläche übernehmen.
- *Brush, pick up, skid* Brush und pick up wurden schon in B 3. behandelt. Skid bezeichnet das Vorwärtsschleifen des unbelasteten Fußes am Boden.

Wir benötigen alle die bis jetzt genannten Motionen für die Ausführung der verschiedenen Jazz Walks.

Zählweise bei Jazz Walks

Entweder wird gezählt und (and) *eins* oder aber *eins* und (and). Im ersten Fall ist die zweite Motion (Gewichtsübernahme) länger als die erste (ohne Gewicht). Bei *eins* und aber ist die erste Motion (ohne Gewicht) länger als die zweite mit Gewichtsübernahme. Über die Ausführung der Jazz Walks ist mit der Zählweise aber noch gar nichts gesagt. Die meisten Jazz Walks werden mit wippenden Kniebeugen (bounce, auch knee drop genannt) verbunden. Fälschlicherweise werden diese bounces in der amerikanischen Literatur nach dem Muster des klassischen Balletts auch als pliés bezeichnet.

Normaler (moderner) Jazz und Rock Jazz

Im Jazz Dance können solche bouncing Jazz Walks auf zweierlei Weise ausgeführt werden. Der eine Stil wird als normaler (oder auch moderner) Jazz bezeichnet, der andere Stil wird Rock Jazz genannt.

Im normalen Jazz wird der bounce auf *eins* (Zahl) ausgeführt, also mit der zweiten Motion. Auf und (and) wird der Fuß nur mit tap oder slam, auf jeden Fall ohne Gewicht, aufgesetzt. Körper hoch also auf *und*, tief auf *Zahl*. Im Rock Jazz aber erfolgt der bounce schon mit der ersten Motion ohne Gewicht, mit der zweiten Motion geht der Körper aus der Kniebeuge wieder hoch, der Fuß übernimmt dann das Gewicht. Tief also auf *und*, hoch auf *Zahl*. Zählweise entweder: und (tief) *eins* (hoch) oder: *eins* (tief) und (hoch). Alle mit Kniebeugen (bounce) verbundenen Jazz Walks können also auf doppelte Weise ausgeführt werden: mit der Technik des normalen Jazz oder der des Rock Jazz. Um den Unterschied der beiden Stile klarzumachen, führen wir folgende Übung aus.

Zuerst normaler Jazz. Füße nebeneinander in neutraler erster Position. Linker Fuß belastet. Zählweise: und *eins*. Rechter Fuß ball tap, also Ballen ohne Gewicht aufsetzen auf und. Auf *eins*: tiefe Kniebeuge, Absenken auf ganze Sohle und Gewichtsübernahme. Der ganze Körper bewegt sich damit nach unten. Dieselbe Übung führen wir mit dem linken Fuß aus. Wechsel von rechtem Fuß und linkem Fuß mehrere Male wiederholen. Nun machen wir dieselbe Übung mit Rock Jazz. Zählweise wieder: und *eins*. Aber wir beginnen mit der tiefen Kniebeuge (bounce) auf rechtem Fuß. Ausführung der ersten Motion: rechter Fuß slam ohne Gewicht oder mit halbem Gewicht, tief ins Knie gehen, linkes Knie leicht gebeugt. Zweite Motion: beim Strecken den Körper aufrichten. Dieselbe Übung mit linkem Fuß. Mehrere Male wiederholen.

Bounce Jazz Walk

Wir verbinden nun die eben geübte Motionsfolge mit einer kleinen Raumbewegung. Das ergibt dann den Bounce Jazz Walk. Dieser kann sowohl mit normalem Jazz als auch mit Rock Jazz ausgeführt werden.

Normaler Jazz. Zählweise: und eins und zwei. Slam ohne Gewicht auf und, bounce auf eins. Dasselbe abwechselnd mit beiden Füßen. Wir machen nun diesen Jazz Walk bei Jazz Rock interessanter und komplizierter. Das Gewicht wird nun schon beim bounce übernommen, während die Vorwärtsbewegung und Aufrichtung mit slam vorwärts ohne Gewicht bleibt.

Und eins Linker Fuß bounce, Gewicht mit flat step – rechten Fuß heben und ohne Gewicht mit slam leicht vorwärts führen.

und zwei Rechter Fuß bounce mit Gewicht, linken Fuß heben und mit slam etwas vorwärts führen.

Hip Jazz Walk

Wir führen diesen Jazz Walk zuerst mit normalem Jazz und Latin Hip aus (Opposition von Bein und Hüfte).

Eins und Rechter Fuß kleiner Schritt vorwärts, linke Hüfte nach links – linker Fuß mit tap zu rechtem Fuß.

zwei und Linker Fuß step worwärts, rechte Hüfte nach rechts – rechter Fuß mit tap zu linkem Fuß.

Hip Jazz Walk mit Rock Jazz

Dabei werden Hüfte und Bein parallel geführt (Soul Hip).

Und eins Rechte Hüfte nach rechts, rechter Fuß mit tap und tiefem bounce vorwärts – rechter Fuß kleiner step vorwärts, Körper hoch.

und zwei Linke Hüfte nach links, linker Fuß tap vorwärts mit bounce – linker Fuß step vorwärts, Körper hoch.

Side Jazz Walk

Mit normaler Jazztechnik ausgeführt ist dieser Jazz Walk nichts anderes als der uns schon bekannte Skate. Rechter Fuß step nach rechts, linke Hüfte nach links – tap linker Fuß zu rechtem Fuß, Hüften neutral. Weiter mit linkem Fuß nach links und rechter Hüfte nach rechts.

Nun dieselbe Übung im Rock-Stil. Dabei werden wieder Bein und Hüfte parallel geführt (Soul hip).

Und eins Soul hip lift mit rechter Hüfte. Das heißt: Die rechte Hüfte wird nach vorn gehoben und führt den rechten Fuß mit step nach rechts – linker Fuß mit tap zu rechtem Fuß.

und zwei Soul hip lift linke Hüfte, step nach links – rechter Fuß mit tap zu linkem Fuß.

Die wichtigsten und gebräuchlichsten Jazz Walks

Die im folgenden aufgeführten Jazz Walks werden alle mit normaler Jazztechnik vorgestellt. Der Schüler aber kann und soll versuchen, dieselben Walks mit Rock Jazz auszuführen.

Flat Jazz Walk Das ist ein slam mit folgendem flat step.

Bounce Jazz Walk Slam plus flat step mit starker Kniebeugung (bounce).

Camel Walk Dieser Jazz Walk wird wie der Bounce Jazz Walk ausgeführt. Doch ist der bounce härter, ruckartiger, auf amerikanisch jerky.

Strut Dieser Jazz Walk wird ausgeführt mit ball beat (ball tap) mit folgendem heel drop. Es handelt sich also um einen tap step. Im alten afro-amerikanischen Tanz bedeutete strutting auch hohe Beinwürfe und Kicks. Man kann auch heute noch einen Strut mit einem kick beginnen, dann den Fuß ohne Gewicht auf Ballen absetzen und schließlich das Gewicht mit ganzer Sohle übernehmen. Nur ist das dann kein Double mehr, sondern ein Triple. Dieser Triple darf natürlich nicht mehr Zeit verbrauchen als der Double.

Balldrop Jazz Walk Dieser wird ausgeführt mit heel beat plus balldrop.

Brush step Der Fuß führt zuerst einen brush nach vorn oder rückwärts aus. Dann wird mit step das Gewicht vom Ballen übernommen. Andere Bezeichnungen für brush step sind slap oder spank.

Harlem Walk Dieser sehr beliebte Jazz Walk kann auf zweierlei Weise ausgeführt werden. Erste Form: ball beat (ball tap) plus pullback, also mit slide rückwärts. Zweite Form: skid auf dem Boden nach vorn ohne Gewicht ausführen, dann den Fuß wieder zurückführen mit ruckartiger Bewegung und Gewicht übernehmen.

Prance Dieser Jazz Walk besteht aus Knieheben (knee raise) und einem anschließenden flat step oder stamp. Eine interessante Variante ist der hopping prance (hüpfender prance). Gleichzeitig mit dem Knieheben des einen Beins wird ein hop mit dem anderen Bein ausgeführt. Anschließend wird das im Knie gebeugte Bein mit Gewicht auf den Boden aufgesetzt.

Triples Zählweise: und da eins. Hier soll als Beispiel der shuffle step genannt werden. Ein shuffle besteht im Jazz Dance und Tap Dance aus einem brush vorwärts und einem brush rückwärts. Anschließend wird der Fuß mit Gewicht aufgesetzt. Erst also mit der dritten Motion, dem step, wird das Gewicht übernommen. Wird mit dem shuffle step eine Raumbewegung verbunden, erhalten wir einen Triple Jazz Walk. Dieser Jazz Walk kann auch mit einem Sprung (leap) ausgeführt werden. Auf den zweiten brush folgt dann ein Sprung vorwärts.

Quadruples Zählweise: und a da eins. Der im Jazz Dance gebräuchlichste Quadruple Jazz Walk ist der African Primitive Walk. Dieser besteht aus einem knee raise, einem slam, einem zweiten knee raise und schließlich einem flat step. Erst mit dieser vierten

Motion wird das Gewicht übernommen. Das alles geschieht im gleichen Zeitraum, den ein einfacher step oder ein Double Jazz Walk erfordern würde.

Jazz Walks mit Koordinationen

Tap step (Strut) mit Brustkorb-Isolationen

Rechter Fuß mit tap vorwärts, dabei Brustkorb contraction, also nach innen zurück.

Rechter Fuß step auf der Stelle, dabei Brustkorb release, also nach vorn und hoch.

Funky Jazz Walk

Funky bedeutet immer, wie wir schon wissen, Koordination mit Pelvis-Motionen. Der Funky Jazz Walk ist nichts anderes als ein tap step mit funky, also mit dauerndem Wechsel von: Pelvis nach vorn und zurück.

Und eins Rechter Fuß tap, Pelvis nach vorn – rechter Fuß flat step mit bounce, Pelvis zurück, Oberkörper Collapse.

und zwei Linker Fuß vorwärts mit tap, Pelvis nach vorn – linker Fuß flat step mit bounce, Pelvis zurück.

Low Jazz Walk

Dies ist nichts anderes als ein tap step oder Flat Jazz Walk mit dauerndem tiefen Collapse. Der Brustkorb wird parallel zum Boden gehalten, der Kopf bildet die Verlängerung des Rückens, das Gesicht schaut zum Boden. In dieser Haltung abwechselnd rechten und linken Fuß vorwärts führen mit kleinen Jazz Walks. Die Arme befinden sich in Opposition zu den Beinen. Wenn das rechte Bein also nach vorwärts gesetzt wird, wird der rechte Arm nach hinten geführt, der linke Arm aber wird nach vorn gehalten.

Pelvis Circle Jazz Walk

Und eins Rechter Fuß mit Flat Jazz Walk vorwärts, Pelvis nach vorn.

und zwei Linker Fuß mit Gewicht und bounce zu rechtem Fuß, rechte Hüfte nach rechts.

und drei Camel Walk mit rechtem Fuß vorwärts, dabei Pelvis nach hinten.

und vier Camel Walk mit linkem Fuß vorwärts, Pelvis nach links.

Knee Twist Walk

Und eins Rechter Fuß step vorwärts – linkes Bein mit gebeugtem Knie heben und das Knie so nach innen führen, daß es über dem rechten Oberschenkel gekreuzt wird.

und zwei Linker Fuß knee twist (das Knie wird in einem Halbkreis nach links außen geführt) – step linker Fuß vorwärts.

und drei Rechtes Knie über linkem Oberschenkel kreuzen.

und vier Rechtes Knie twist, also Halbkreis nach außen – step rechter Fuß vorwärts.

Funky Broadway

Die polyzentrische Technik von Funky Broadway wurde schon im Abschnitt VI des ersten Bereichs vorgestellt. Wir fügen nun dem Funky Broadway Jazz Walks hinzu.

Und eins Rechter Fuß Jazz Walk. Pelvis vorwärts und rückwärts. Beide Schultern Halbkreis über hoch nach vorn tief. Kopf tief und hoch.

Und zwei Linker Fuß Jazz Walk vorwärts. Pelvis vorwärts und rückwärts. Halber Schulterkreis rückwärts. Kopf tief und diagonal / hinten / hoch.

Statt Schulter-Halbkreisen mit beiden Schultern gleichzeitig kann auch nur eine Schulter in Aktion treten. Weiter können die Schultern in Opposition geführt werden.

Reggae Walk oder Soul Hip Walk

Reggae ist jene proletarische Musik des schwarzen Jamaica, die sich seit 1970 vor allem in England verbreitete. Die dort lebenden Neger aus Westindien, etwa eine Million, haben eine eigene Reggae-Musik geschaffen. Der bekannteste Vertreter des Reggae ist Bob Marley. Der Tanz Reggae wird mit polyzentrischer Technik ausgeführt. Der dabei ausgeführte Jazz Walk zeigt Parallelismus von Hüfte und Bein, also Soul hip.

Eins und Rechter Fuß belastet vorwärts, rechte Hüfte nach rechts – linker Fuß tap vorwärts, rechte Hüfte bleibt rechts.

zwei und Linker Fuß belastet, linke Hüfte nach links – rechter Fuß tap vorwärts, linke Hüfte bleibt links.

drei und Rechter Fuß belastet – rechte Hüfte nach rechts.

vier und Linker Fuß belastet, linke Hüfte nach links – rechter Fuß tap vorwärts, linke Hüfte bleibt links.

Cuban Walk

Dabei handelt es sich um eine Opposition von Hüfte und Bein, also um eine Latin Hip.

Eins und Rechter Fuß belastet vorwärts, linke Hüfte nach links – linker Fuß tap vorwärts, linke Hüfte bleibt links.

zwei und Linker Fuß belastet, rechte Hüfte nach rechts – rechter Fuß tap vorwärts, rechte Hüfte bleibt rechts.

drei und Rechter Fuß belastet vorwärts, linke Hüfte nach links.

Snake Hips oder Boogie Walk

Hüfte und Fuß werden hier wieder parallel geführt.

Eins und Rechter Fuß belastet vorwärts, rechte Hüfte nach rechts (beide Knie gebeugt) – linker Fuß tap vorwärts, linke Hüfte nach links (beide Füße ballstand).

zwei und Linker Fuß belastet, linke Hüfte bleibt links (beide Knie gebeugt) – rechter Fuß tap vorwärts, rechte Hüfte nach rechts (beide Füße ballstand).

drei und Rechter Fuß belastet, rechte Hüfte bleibt rechts – linker Fuß tap vorwärts, linke Hüfte nach links.

Im vorausgehenden wurden Jazz Walks mit Koordinationen beschrieben, die feste Namen tragen. Aber grundsätzlich können Jazz Walks mit allen möglichen Motionen anderer Zentren koordiniert werden. Der Phantasie sind hier keine Grenzen gesetzt. Der Schüler soll aufgefordert werden, neue Jazz Walks mit Koordinationen zu erfinden.

D. Andere Jazz-Bewegungen am Boden

Es gibt im Jazz Dance neben den Jazz Walks noch eine Reihe typisch afrikanischer Raumbewegungen, bei denen die Füße am Boden bleiben, ja kleben.

Parallels oder Suzie-q

Diese Art der Fortbewegung ist uns schon beim Suzie Q des Big Apple von 1938 begegnet. Die Beine sind dabei immer geschlossen, beide Knie sind stark gebeugt, das Gewicht ist stets gleichermaßen auf beide Beine verteilt. Parallels ergeben eine Seitwärtsbewegung. Wir nehmen als Beispiel die Bewegung nach links. Abwechselnd werden beide Knie und beide Füße nach links und rechts gedreht (knee and foot twist nach links und rechts). Beide Füße erheben sich abwechselnd auf Ferse (heelstand) und Ballen (ballstand). Beim knee twist nach links steht der Fuß auf der Ferse und zeigt nach links. Beim folgenden knee twist nach rechts steht der Fuß auf dem Ballen und zeigt nach rechts. So entsteht durch mehrere Wiederholungen eine Bewegung nach links. Umgekehrt natürlich bei der Bewegung nach rechts. Bei knee twist nach rechts steht der Fuß auf der Ferse und zeigt nach rechts. Bei knee twist nach links steht der Fuß auf Ballen und zeigt nach links. Merke: Der Impuls für die Parallels muß von den Hüften ausgehen, nicht nur vom Knie. Die Hüften sind es, die die Seitwärtsbewegungen ermöglichen.

Chicken Walk

Es handelt sich hier um Rubberlegs mit kleiner Raumbewegung. Dabei werden die Knie und Fußspitzen abwechselnd nach außen, also weg voneinander, und nach innen, also zueinander, geführt. Technische Bezeichnung: Folge von knees and feet turned out and in.

Ausgangsposition: Füße hintereinander, in unserem Beispiel rechter Fuß belastet vor dem linken Fuß, aber so, daß beide Hüften, Knie und Fußspitzen nach außen gedreht sind. Auf *und* werden Füße, Knie und Hüften nach innen gedreht. Auf *eins* wird der hintere, linke Fuß nach vorn geführt und belastet, Füße, Knie und Hüften werden wieder nach außen gedreht. Dann wird das rechte Bein nach vorn geführt, die ganze Bewegung wird wiederholt.

James Brown African Twist

Diese Figur ist nach dem großen Soul-Sänger James Brown benannt. Aber in Wirklichkeit stammt sie aus dem afrikanischen Tanz. Auch hier handelt es sich um eine Seitwärtsbewegung. Wir nehmen als Beispiel die Bewegung nach links. Dabei ist das linke Bein belastet und das linke Knie gebeugt. Das rechte, vollkommen unbelastete Bein wird einfach zur Seite nach rechts gestreckt, nur die Ferse berührt den Boden, der Ballen schaut in die Luft. Dieses rechte Bein tut bei der Linksbewegung gar nichts, es wird lediglich mitgeführt. Das linke Bein aber muß sehr aktiv sein. Der Fuß erhebt sich abwechselnd auf Ferse und Ballen und dreht dabei jeweils mit Fußtwist nach innen und außen. Das ergibt dann die Bewegung nach links. Umgekehrt bei der Bewegung nach rechts.

Der vierte Bereich: Die Levels

I. Arten der Levels

Die gebräuchlichsten, die sogenannten normalen Levels sind: Stehen, Hocken, Knien, Kriechen und Liegen. Außerdem können im akrobatischen Jazz Dance noch benutzt werden: Spagat, Schulterstand, Handstand, Handgang, Kopfstand, Radschlagen usw.

A. Hocken (squatting level)

Die Knie werden dabei stets gebeugt, das Becken wird nach hinten / unten geschoben, der Oberkörper zeigt mehr oder weniger starken Collapse. Auch Stehen (standing level) ist im Jazz Dance in der Regel eine leichte Hockstellung. Beide Hände berühren in der tiefen Hocke häufig den Boden. Bei der ganz tiefen Hocke berührt das Hinterteil die Fersen. Das ergibt dann einen

Fersenhocksitz (squatting heel sit) Der Oberkörper wird dabei stark nach vorn gebeugt. Nur die Füße berühren den Boden. Die Hände können auf dem Boden aufgelegt werden.

Limbo Aus tiefer Hocke kann der Limbo entwickelt werden. Der Körper wird dabei aber nur noch von den beiden großen Zehen und den Innenkanten der Füße getragen. Der Pelvis schiebt sich weit nach vorn, der Oberkörper aber wird rückwärts so tief gelegt, daß der Tänzer sich unter einer tief gelegenen Latte hindurchwinden kann, ohne den Boden mit den Händen zu berühren. Bei Vorübungen können allerdings die Hände auf dem Boden aufgelegt werden.

B. Knien (kneeling level)

Knien kann auf beiden Knien oder nur auf einem Knie ausgeführt werden. Im letzteren Falle befindet sich das Knie des anderen Beins gebeugt in der Luft. Fersensitz (kneeling heel sit) ist auch im Knien sehr gebräuchlich.

C. Kriechen (crouching level)

Beide Hände und beide Füße (aber nicht die Knie) berühren den Boden und tragen den Körper. Die extremste Art des Kriechens ist Liegestütz. Der Torso (Bauch und Brustkorb) berührt beinahe den Boden, wird aber durch die im Ellbogen gebeugten Arme gerade noch vom Boden abgestützt. Kriechen wird im Jazz Dance auch bezeichnet als: On all fours. Das bedeutet: auf allen vieren. Im Jazz Dance unterscheiden wir davon zwei Arten: All fours front und all fours back. All fours front bedeutet, daß die Vorderseite (Frontseite) des Körpers zum Boden gerichtet ist. All fours back bedeutet, daß die Rückseite (back) des Körpers zum Boden gerichtet ist. Das Gesicht schaut dabei nach oben zur Decke. Die gebräuchlichste Form von all fours front ist die Bank. Hände und Füße berühren dabei den Boden, das Gesicht ist zum Boden gerichtet, der Rücken liegt gerade, also parallel, Bauch und Brustkorb zeigen zum Boden. Natürlich kann der Körper auch gewölbt sein. Dann sprechen wir im Jazz Dance von einem Körperbogen (body arch). Bei all fours back sind Brustkorb und Bauch nach oben gerichtet, der Rücken zeigt flach oder gewölbt zum Boden. Die Arme greifen dabei rückwärts zum Boden. Mit beiden Kriecharten können kleine Raumbewegungen verbunden werden. Dabei werden auch die Hände als Träger der Fortbewegung eingesetzt. Sie führen wechselseitige hand walks aus (Handgänge vorwärts oder rückwärts). Diese Art von Handgang darf nicht verwechselt werden mit dem Handgang, der im Handstand ausgeführt wird.

D. Sitzen (sitting level)

Es gibt eine große Zahl von Sitzarten und Sitzmöglichkeiten.

1. Der Normalsitz

Wir sitzen dabei auf den beiden Ästen des Sitzbeins. Dieser Normalsitz aber kann wieder auf die verschiedensten Weisen ausgeführt werden.

a) Langsitz oder Strecksitz. Die Beine werden zusammen gestreckt nach vorn geführt. Diese Sitzart wird im Englischen auch bezeichnet als: sitting in first leg position.
b) Grätschsitz oder Weitsitz (legs apart oder wide sit). Die Beine werden gestreckt, aber getrennt nach rechts und links diagonal / vorwärts geführt.
c) Sitzen in zweiter Beinposition (second leg position). Die Beine werden dabei genau nach rechts beziehungsweise links geführt. Sie bilden also am Boden eine einzige Linie.
d) Hocksitz (squat sit). Beide Beine werden geschlossen mit gebeugten Knien zur Brust hochgezogen. Es kann sich aber auch nur ein Bein im Hocksitz befinden. Das andere Bein kann am Boden nach vorn oder zur Seite gestreckt werden. Es kann aber auch in die Luft gehoben werden. Auf alle Fälle sprechen wir in diesem Fall von einem halben Hocksitz.

e) Offener Hocksitz. Dabei werden die Knie nicht zueinander geschlossen, sondern weit zur Seite geführt. Doch die Fußsohlen berühren sich wieder (sole to sole). Im amerikanischen Jazz Dance wird der offene Hocksitz gelegentlich auch als frog sit (Froschsitz) bezeichnet.
f) Türkensitz oder Schneidersitz (tailor sit). Dabei werden die Knie auseinander geführt, die Unterschenkel aber werden gekreuzt.
g) Yoga-Sitzarten. Wer Spaß daran hat, kann sich auch übungshalber mit den Sitzarten des Yoga beschäftigen. Aber mit dem afro-amerikanischen Jazz Dance hat der indische Yoga nichts zu tun.

2. Rückbeugesitz

Der Oberkörper wird dabei leicht zurückgebeugt, die Hände berühren als Stütze den Boden. Das Gewicht wird jetzt zusätzlich auch noch vom Steißbein, dem Ende der Wirbelsäule, übernommen.

Cradle sit oder Wiegesitz entsteht, wenn zusätzlich auch noch die Beine und Arme in die Luft erhoben werden. Im Englischen wird dieser Wiegesitz häufig auch als V-Sitz bezeichnet.

3. Hüftsitz (hip sit)

Man sitzt dabei entweder auf einer Hüfte (one hip sit oder side sit) oder aber auf beiden Hüften zugleich (two hip sit, Zweihüftsitz). In den amerikanischen Lehrbüchern wird dieser Zweihüftsitz auch als Z-Sitz oder sehr treffend als swastika bezeichnet. Swastika ist ein altes indisches Sanskritwort, das wörtlich Hakenkreuz (Sonnenrad) bedeutet. Der Zweihüftsitz ähnelt in der Tat einem Hakenkreuz. Aber wegen der belasteten Bedeutung dieses Worts verwenden wir auch im Deutschen am besten die indisch-englische Bezeichnung swastika.
a) One hip sit kann aus verschiedenen Positionen heraus erreicht werden: aus Knien, durch Abrollen über den Oberschenkel auf eine Hüfte; aus Türkensitz, Swastika oder Wiegesitz. Wichtig ist, daß man dabei tatsächlich nur auf einer Hüfte sitzt, während die andere sich leicht erhoben weg vom Boden befindet.
b) Swastika.
Dabei befinden sich beide Beine und beide Hüften auf dem Boden. Die Beine sind jeweils im Knie gebeugt, das eine befindet sich vor dem Torso, das andere dahinter. Hier gleich ein Beispiel, in dem sich das rechte Bein vorn, das andere hinten befindet. Der rechte Oberschenkel und das rechte Knie am Boden werden leicht nach rechts / diagonal / vorwärts geführt, der rechte Unterschenkel aber wird am Boden scharf nach links abgebogen. Der linke Oberschenkel (hinter dem Körper) und das linke Knie zeigen nach links, parallel zum rechten Unterschenkel. Der linke Unterschenkel wird nach rechts / hinten abgebogen, er befindet sich also parallel zum rechten Oberschenkel. Beide Hüften und beide Beine werden fest an den Boden gepreßt. Natürlich kann auch eine Swastika dadurch ausgeführt werden, daß sich das linke Bein vorn und das rechte hinten befindet.

4. Jazz Split (Jazzspagat)

Im Jazz Dance wird dabei, entsprechend dem Gesetz der Isolation, nur das vordere Bein gestreckt, während das andere, das hintere Bein, im Knie rechtwinklig abgebogen wird.

E. Liegen (lying level)

Wir unterscheiden insgesamt drei Arten des Liegens: Bauchlage (flat front lying), Rückenlage (flat back lying) und die zwei Seitlagen (right and left side lying). Natürlich gibt es in allen drei Liegearten verschiedene Variationen, von denen noch die Rede sein wird.

II. Einfache Levelwechsel

Levelwechsel werden im Englischen als level changes bezeichnet. Es handelt sich dabei um Übergänge von einem Level in einen anderen Level. Die folgenden einfachen Beispiele sind nicht nur spezifisch für den Jazz Dance, sie kommen auch in der Gymnastik und im Modern Dance vor.

1. Vom Sitzen zum Liegen auf dem Rücken durch Abrollen (roll back). Umgekehrt aus der Rückenlage zum Sitzen durch Heben des Oberkörpers.
2. Vom Liegen in Rückenlage, Beine hochwerfen zum Schulterstand.
3. Vom Knien über Einhüftsitz zur Seitlage.
4. Vom Liegen in Bauchlage über Kriechen zum Stehen.
5. Vom Stehen über Hocke oder table top zum Knien, weiter über Einhüftsitz zur Seitlage.
6. Vom Knien über Bank im Knien, Handgang, Liegestütz zum Liegen auf dem Bauch.
7. Dasselbe umgekehrt. Aus Bauchlage über Liegestütz, Kniebank zum Knien und Stehen.

III. Sinn und Aufgabe der Levels im Jazz Dance

Martha Graham, die Mutter des Modern Dance, hat die tiefen Levels für den nichtafrikanischen Tanz erst entdeckt. Sie dienen in diesem Tanzstil der Übung und Erweiterung von Contraction and Release. Vor allem im Sitzen kann diese vom Pelvis ausgehende Technik leichter erlebt und erlernt werden als im Stehen. Im Jazz Dance aber haben die tiefen Levels einen anderen Sinn. Sie dienen der Erweiterung tänzerischer Isolations- und Oppositions-Motionen. Denn, wie wir schon wissen, stammen die tiefen Levels des Jazz Dance weitgehend aus dem zentralafrikanischen Tanz. Dort sind die tiefen Levels Konsequenzen der totalen polyzentrischen Körpertechnik. Wir zeigen im folgenden, welche Isolationen in den tiefen Levels des Jazz Dance ausgeführt werden.

Isolationen in Hocksitz

Der Fersenhocksitz vor allem zeigt stärkste Opposition und Isolation von Torso und Bein und weiter der Bein-Areas. Der Oberschenkel wird waagerecht nach vorn geführt, der Unterschenkel aber nach hinten, die Füße zeigen wieder nach vorn. Limbo ist ohne totale Isolation / Opposition sämtlicher Zentren und Areas überhaupt nicht ausführbar.

Isolationen im Knien

Oberschenkel und Unterschenkel werden dabei vollkommen voneinander isoliert. Weiter treten die Füße in Opposition zum Unterschenkel. Fersensitz aus Knien zeigt dieselben Oppositionen wie der Fersenhocksitz.

Isolation im Sitzen

Die Beine üben hier keinerlei Stützfunktion für den Körper mehr aus. Sie sind daher wesentlich freier als im Stehen. Der Pelvis aber befindet sich fest am Boden, er kann sich kaum noch aus eigener Kraft bewegen. Nur Pelvis-Rutscher (pelvis walks) auf dem Boden sind noch möglich. Daher sind im Sitzen jene isolierten Motionen leichter zu erlernen, bei denen im Stehen häufig Fehler durch Mitbewegung anderer Zentren gemacht werden. Übungen mit dem isolierten Brustkorb sollen grundsätzlich zuerst im Sitzen geübt werden. Auch Übungen mit dem isolierten Schultergürtel und dem isolierten Oberkörper fallen vielen Tänzern im Sitzen leichter als im Stehen.

IV. Einfache Level-Übungen

Die einfachen Level-Übungen werden häufig am Anfang einer Stunde als sogenannte warm-ups (Anwärmübungen) benutzt. Sie sind aber nicht unbedingt charakteristisch nur für den Jazz Dance. Sie kommen auch im Modern Dance und in der Gymnastik vor. Doch sollten sie im Jazz Dance hauptsächlich der Einübung von Isolation dienen.

A. Stehen

Bevorzugt werden Beugungen (bends) des isolierten Oberkörpers nach vorwärts, rückwärts oder seitlich / vorwärts. Diese Beugungen gehen bis zu table top. Der Pelvis darf dabei auf keinen Fall mitbewegt werden. Weiter werden benutzt Seitstreckbeugungen (stretches) des isolierten Oberkörpers zur Seite, bei denen die Körperfront und das Gesicht genau nach vorn gerichtet sind. In all diesen Übungen wird der Pelvis vom Oberkörper isoliert.

Eine gute Übung im Stehen ist *Körperkreis* aus tiefer Oberkörperbeugung heraus.

Dabei wird der Oberkörper so tief nach vorn gebeugt, daß der Kopf die Knie berührt.

1. Wippen des Kopfs am linken Knie.
2. Wippen des Kopfs am rechten Knie.
3. Körperkreis. Der Kopf befindet sich am rechten Knie, beide Hände halten den rechten Knöchel.
4. Von dieser Position aus Körperkreis aus der Taille heraus: Oberkörper nach links, Oberkörper zurück, Oberkörper nach rechts, Oberkörper nach vorn. Die Arme gehen jeweils mit, auch sie führen einen Kreis aus.

B. Sitzen

Bend und stretch im Sitzen

Diese Beugebewegungen werden jeweils mit Wippen (bounce) des Oberkörpers verbunden. Der Pelvis sitzt dabei vollkommen fest am Boden, er kann sich also nicht mehr mitbewegen. Nur Kopf und Oberkörper werden aktiv. Die Hände befinden sich je nach Übung auf dem Boden, auf einem oder auf beiden Füßen oder in der Luft. Bei einer Beugung nach vorwärts aus Grätschsitz etwa wird der Boden von den Händen zwischen den beiden Füßen berührt. Bei Beugungen aus Langsitz berühren beide Hände beide Füße. Bei einer Streckbeugung zur Seite befindet sich der eine Arm über, der andere unter dem Kopf. Wir üben nun

1. Vorwärtsbeugung (forward bend) mit bounce aus Langsitz oder Grätschsitz.
2. Vorwärts / Seitwärtsbeugung aus Grätschsitz gegen ein Bein. Oberkörper und Gesicht werden dabei zum Boden gerichtet. Beide Hände berühren den einen Fuß. Abwechselnd Beugung zum rechten und zum linken Fuß.
3. Seitstreckbeugung (side stretch) aus zweiter Beinposition. Der Oberkörper befindet sich dabei genau über dem betreffenden Bein. Körperfront und Gesicht werden daher nach vorn gerichtet. Die Hände befinden sich seitwärts gestreckt in der Luft.
4. Tiefe Beugung aus Frosch-Position. Im Englischen heißt diese Übung round over bounce (Beugung und Wippen mit rundem Rücken) in frog position. Ausgangsposition: offener Hocksitz. Die Knie werden aber in dieser Übung so weit nach außen geführt, daß sie fast den Boden berühren. Die Oberschenkel sind also fast waagerecht nach außen gerichtet, die Unterschenkel aber werden fast parallel zum Oberschenkel nach innen geführt, so daß sich die Fußsohlen berühren (Sohle an Sohle). Die Hände berühren die Fußknöchel, der Blick ist nach vorn gerichtet. Aus dieser Position heraus werden Kopf und Oberkörper so tief gebeugt, daß der Kopf die Füße berührt. Die Ellbogen werden auf dem Boden aufgestützt, die Unterarme aber werden so hoch nach oben geführt, daß die Hände die Schultern berühren. In dieser tiefen Frosch-Position mehrere Male wippen.
   Dieses Wippen in Frosch-Position kann komplizierter gemacht werden durch folgende Übung. Der Oberkörper wird so tief nach vorn gebeugt und geschoben,

Round over bounce in frog position

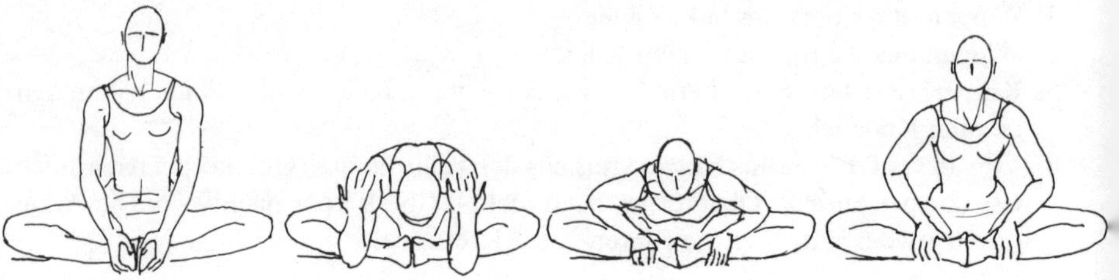

daß sich der Kopf weit vor den Füßen befindet. Die Ellbogen sind auf den Knien aufgestützt, die Hände berühren die Fußknöchel.

5. Drehen des Oberkörpers aus zweiter Bein-Position heraus. Dabei wird zuerst der Oberkörper so weit nach vorn gebeugt, daß der Kopf vorn den Boden berührt. Von da aus wird der Oberkörper nach rechts gedreht und gebeugt, so daß er sich nun über dem rechten Oberschenkel befindet. Das Gesicht befindet sich über dem rechten Knie und schaut nach unten. Beide Hände berühren den rechten Fuß. Nun kommt die dritte Bewegung, die Drehbewegung. Der Oberkörper wird so weit nach links gedreht, daß Körperfront und Gesicht nun nach vorn gerichtet sind. Der Kopf befindet sich dabei jetzt zwischen den beiden Armen.

In allen drei Positionen mehrere Male wippen.

Isolation der Bein-Areas im Sitzen

a) Fußkreis (foot circle). Ausgangsposition: Langsitz. Beide Beine also befinden sich parallel nebeneinander auf dem Boden und sind genau nach vorn gerichtet. Hebe nun das rechte Bein gestreckt in die Luft und führe in dieser Position einen Fußkreis aus: flex (Fuß nach oben) – Fuß nach rechts drehen – Fuß in point (Fuß gestreckt nach unten) – Fuß nach links führen – Fuß zurück in flex. Wiederholung mit dem anderen Fuß.
b) Opposition von Oberschenkel, Unterschenkel, Fuß und Zehen.
Beispiel 1: Hebe das rechte Bein gestreckt, beuge das rechte Knie und führe den rechten Unterschenkel nach unten / leicht rückwärts. Führe in dieser Position mehrere Fußkreise aus. Doch sollen nun auch noch die Zehen vom Fuß isoliert werden. Bei flex nach oben: Zehen nach vorn. Bei point nach unten: Zehen so weit wie möglich nach oben.
Beispiel 2: Weitsitz fast schon zweite Position. Ein Knie wird jeweils gebeugt und vom Boden weggeführt. Dabei bleibt der Fuß am Boden, aber der Ballen des entsprechenden Fußes wird erhoben. Dann wird das Bein wieder gestreckt und in seiner ganzen Länge zum Boden zurückgeführt. Wiederholung mit dem anderen Bein.
Beispiel 3: Ausgangsposition: Hocksitz. Ein Bein bleibt mit gebeugtem Knie im Hocksitz, das andere aber wird gestreckt und vom Boden weggehoben. Wechsel

von Kniebeugen und Beinstrecken, wieder verbunden mit point und flex des erhobenen Fußes. Wiederholung mit dem anderen Bein und Fuß.

c) Wechsel von Knie zur Brust und Bein strecken (knees to chest). Die gebeugten Knie werden an die Brust gedrückt, dann werden entweder beide Beine oder auch nur ein Bein gestreckt hoch nach oben geführt. In dieser Position Fuß- und Zehenisolation. Dann werden die Knie wieder zur Brust zurückgeführt und schließlich wieder auf dem Boden nach vorn gestreckt.

d) Wiegesitz oder V-Sitz (cradle). Ausgangsposition: Langsitz, Hocksitz oder Grätschsitz. Die Beine verlassen gestreckt den Boden und werden nebeneinander nach vorn / hoch geführt. Der Oberkörper wird leicht nach rückwärts gebeugt. Die Arme können sich vorn in der Luft oder hoch über dem Kopf befinden. In dieser Position Schaukelbewegungen mit Fußisolationen.

C. Liegen

Rückenlage

Sämtliche Bein-Areas sind hier vollkommen frei für isolierte Motionen. Eine sehr schöne Übung ist Wechsel von einem Bein in grand battement (90 Grad hoch und mehr) und Kniebeugen, jeweils verbunden mit point und flex.

1. Rechtes Bein gestreckt nach senkrecht / oben führen. Winkel: 90 Grad. Das ist das grand battement. Der rechte Fuß zeigt mit flex nach hinten. Das linke Bein bleibt gestreckt am Boden.
2. Das rechte Bein wird im Knie gebeugt, der Unterschenkel befindet sich parallel zum Boden und zeigt nach vorn. Fuß in point, also in Verlängerung des Unterschenkels. In dieser Position Fußkreis ausführen.
3. Das rechte Bein wird wieder gestreckt, aber nun höher und weiter nach hinten geführt als in eins. Der Fuß in flex zeigt nun nach hinten, er befindet sich parallel zum Boden.
4. Wieder wie 2.
5. Das rechte Bein wird nun so weit wie nur möglich nach hinten / hoch geführt und gestreckt, Fuß in point. Nun aber werden auch Kopf, Schultern, Brustkorb und Arme in die Übung einbezogen. Während das rechte Bein hoch nach hinten gestreckt wird, werden Brustkorb, Schultergürtel und Kopf vom Boden erhoben, der Blick geht zum erhobenen Fuß. Als Stütze dienen die Arme. Der Unterarm bleibt am Boden mit den Händen, der Oberarm aber zeigt in Schulterhöhe senkrecht nach oben.
6. Wie 5., doch Fuß nun in flex, zum Gesicht gerichtet.
7. Rechtes Bein gestreckt zum Boden zurückführen zum linken Bein. Doch Kopf, Brustkorb und Oberarm bleiben noch erhoben.
8. Zurück in flache Rückenlage. Alle Körperteile befinden sich nun wieder auf dem Boden.

Weitere Übungen im Liegen sind: Wechsel von gebeugtem Knie am Brustkorb und Bein strecken, sowie Wechsel von Rückenlage und Wiegesitz.

Grand battement mit point und flex

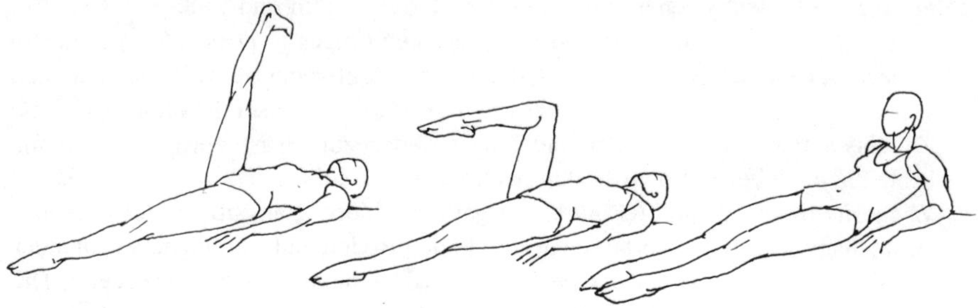

Bauchlage

Der Schwan Oberkörper, Beine, Arme und Kopf werden vom Boden erhoben. Einzige Körperstütze ist das Schambein, einer der drei Knochen des Beckens. Die Arme werden seitwärts am Körper nach hinten gehalten, Kopf hoch, das Gesicht blickt nach vorn. In dieser Position sind Schaukelbewegungen möglich sowie Kopfkombinationen und Schulterkreise.

V. Spezielle Level-Isolationen im Jazz Dance

1. Stehen

a) *Body roll* (Körperrolle im Stehen). Ausgangsposition ist die neutrale oder natürliche zweite Beinposition. Die Knie sind gebeugt. Hebe nun zuerst Brustkorb und Kopf. Beuge dann den Oberkörper so weit nach vorn, daß er sich parallel zum Boden befindet. Die Arme sind im Ellbogen gebeugt, beide Oberarme werden nach

Body roll

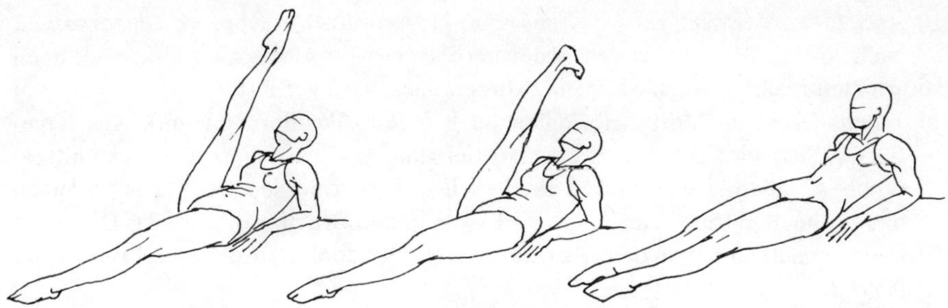

hinten hochgeführt, die Unterarme aber werden so nach unten geführt, daß die Hände die Oberschenkel berühren. Ziehe dann den Oberkörper noch tiefer, so daß er sich diagonal zum Boden befindet. Das Becken zeigt nun nach hinten / hoch, der Kopf beugt sich zum Brustkorb und befindet sich beinahe zwischen den Knien.

b) Koordination von Kopf, Brustkorb und Pelvis. Release: Kopf hoch, Brustkorb hoch, Pelvis zurück. Contraction: Kopf tief, Brustkorb, Pelvis nach vorn.

2. Knien

a) *Knie-Bank* (knee table top in kneeling level). Aus Knien Oberkörper waagerecht nach vorn. Beide Arme können den Körper stützen. Zum Unterschied von der Bank im Kriechen befinden sich auch die Knie und Unterschenkel auf dem Boden. Fortgeschrittene Tänzer können die Arme vom Boden wegführen, entweder seitwärts in zweite Position oder hoch über den Kopf. Kopfisolationen können ausgeführt werden. Möglich sind auch federnde, wippende Bewegungen des Oberkörpers.

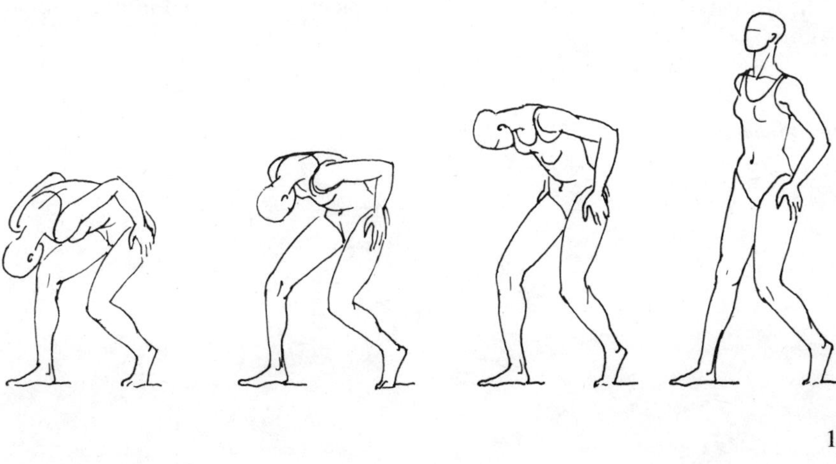

b) *Arch forward* (Bogen vorwärts) aus Knie-Fersen-Sitz. Der Kopf wird dabei so weit nach vorn geführt, daß er den Boden berührt. Der Fersensitz aber soll gerade noch erhalten bleiben. Auch die Arme werden nach vorn geführt.

c) *Womb* (Kind im Mutterleib, daher auch foetale Position genannt). Aus Knie-Fersen-Sitz wird der Oberkörper so tief und weit nach vorn gebeugt und geschoben, daß die Hinterbacken die Fersen verlassen müssen. Der Pelvis wird nach hinten / hoch geführt. Der Kopf wird vorn an den Brustkorb gedrückt. Die Arme werden nach hinten an den Oberkörper gepreßt. Kopf, Brustkorb und Pelvis sind isoliert.

d) *Arch back* (Bogen rückwärts) aus Knie-Fersen-Sitz. Der Oberkörper wird so weit wie möglich zurückgebeugt, Pelvis vorn hoch, Kopf ganz stark zurück. Die Arme können den Körper stützen, aber besser ist es, wenn sie in die Höhe geführt werden.

e) *Brücke aus Knie-Fersen-Sitz.* Der Bogen rückwärts wird so weit fortgeführt, daß der Kopf den Boden berührt. Die Arme müssen den Boden verlassen und werden in die zweite Position seitwärts geführt. Der Körper wird nur noch von den Unterschenkeln und vom Kopf gestützt.

f) *Knee hinge* (Knie als Scharnier). Hinge bedeutet Scharnier oder Türangel. Die Ausgangsposition ist: Stehen in natürlicher zweiter Position, Füße also parallel.

– Flacher Rücken, Pelvis nach hinten. Arme, im Ellbogen leicht gebeugt, nach vorn. Der Kopf befindet sich vorn zwischen den Armen.
– Nun kommt der Knee hinge und der Levelwechsel aus Stehen in Knien. Die Arme werden zunächst ganz kurz nach unten geführt, dann aber sofort in zweite Position nach außen gerissen. Dadurch wird der Pelvis regelrecht nach vorn gestoßen, so daß der Körperschwung fast automatisch in den knee hinge, also in das Knien, hineinführt.
– Ergebnis: Oberschenkel und Oberkörper sind leicht nach rückwärts gebeugt, der Kopf ist leicht erhoben, das Gesicht blickt nach oben. Die Arme befinden sich in zweiter Position seitwärts, die Hand blickt nach vorn, die Finger werden weit zur Jazz Hand geöffnet.
– Mit Körperschwung zurück in die Position flacher Rücken und in Ausgangsposition.

Knee hinge

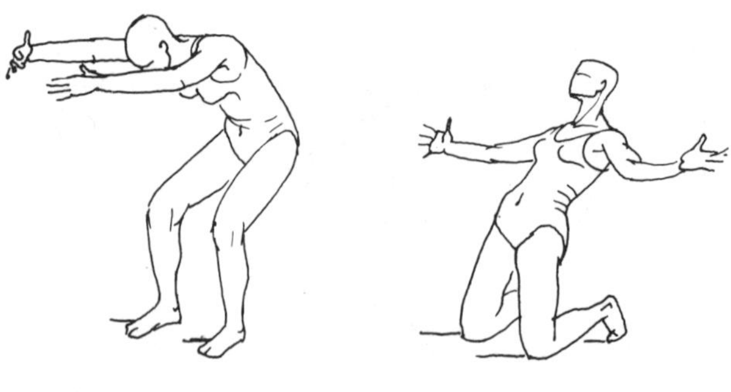

g) *Seitstreckbeugung aus Knien.* Ausgangsposition: Knien auf einem Knie, dem rechten. Das linke Bein wird zur Seite gestreckt, der Oberkörper ist zunächst aufrecht. Beide Arme in zweiter Position seitwärts. Es folgt die Seitstreckbeugung (side stretch) nach links, Körperfront und Gesicht zeigen nach vorn. Der linke Arm bleibt waagerecht, wird aber durch die Beugung so weit nach links geführt, daß er sich genau über dem linken Fuß befindet. Der rechte Arm liegt über dem Kopf in Verlängerung der rechten Körperseite, die Handfläche zeigt nach innen / unten. In dieser Position können wieder wippende Bewegungen des Oberkörpers ausgeführt werden.

h) *Knee walk (Kniegang).* Dabei wird abwechselnd ein Knie jeweils ein kleines Stück auf dem Boden nach vorn oder rückwärts geschoben. Dieser Kniegang wird von akrobatischen Jazztänzern gerne für Schau-Effekte benutzt.
Kniegang aus Gehen heraus und zurück. Das ist eine bei afro-amerikanischen Tänzern sehr beliebte Bewegungsfolge. Nacheinander werden ausgeführt: Aufrechtes Gehen – halbtiefes Gehen, das linke Knie berührt beinahe den Boden, das rechte Knie ist noch hoch – das rechte Knie wird auf den Boden abgesenkt – das linke Knie wird ebenfalls auf den Boden abgesenkt – dann bewegen sich beide Knie abwechselnd auf dem Boden vorwärts. Um wieder in die Höhe zu kommen, wird die Bewegungsfolge umgekehrt. Der Effekt wird gesteigert, wenn dem Kniegang ein hoher Sprung vorausgeht und der Tänzer anschließend auf einem Knie landet, um dann den Kniegang auszuführen.

3. Sitzen

Variationen von Hocksitz und Türkensitz

a) *Grätsch-Hocksitz.* Die Füße befinden sich hier in einiger Entfernung voneinander, die Knie werden nur leicht nach außen geführt. Weder Knie noch Sohlen berühren einander. Wichtig ist diese Art von Hocksitz für die typischen Jazz-Levelwechsel von Sitzen in Stehen. Übungen mit Wippen des Oberkörpers können in dieser Position ausgeführt werden.

b) *Türkensitz mit Koordination.* Ausgangsposition: Türkensitz in aufrechter Haltung, die Hände liegen auf den Knien, das Gesicht blickt nach vorn.

– Kopf und Oberkörper nach vorn beugen, den Kopf aber nach oben halten. Arme in zweiter Jazzposition.
– Oberkörper aufrichten, aber Schultern nach vorn führen, der Kopf wird gesenkt bis in Höhe der Knie. Die Arme werden nach vorn geführt.
– Oberkörper so tief wie möglich nach vorn / tief führen. Der Rücken ist fast flach (table top). Die Arme werden waagerecht nach vorn geführt, die Hände aber werden isoliert, die Handflächen blicken nach hinten zum Körper hin. Der Kopf befindet sich zwischen den Armen. In dieser Position Wippbewegungen.

Swastika-Techniken

a) *Pelvis Lift* (Beckenheben). Ausgangsposition ist Swastika: rechtes Bein vorn, linkes Bein hinten. Dann werden beide Hüften und Oberschenkel mit Energie in

Pelvis lift

die Höhe geführt, die beiden Knie und Unterschenkel aber bleiben am Boden. Der ganze Pelvis und die Oberschenkel befinden sich am Ende der Bewegung in der Luft.

b) *Swastika spin* (Swastika-Karussell). Ziehe beide Knie zur Brust und führe dann mit Hilfe der rechten Hand eine halbe Linksdrehung aus. Ende wieder in Swastika, aber jetzt befindet sich das linke Bein vorn, das rechte hinten. Das ist dann ein Swastika-Wechsel. Natürlich kann man auch eine *ganze* Drehung auf dem Pelvis ausführen. Dann befindet sich das rechte Bein wieder vorn, das linke hinten.

c) *Footsole twist* (Sohlentwist), verbunden mit Swastika-Wechsel. Sitze in Swastika. Hebe beide Knie vom Boden, so daß normaler Hocksitz entsteht. Von da aus nach links Übergang zu Einhüftsitz auf linker Hüfte und wieder in Swastika, aber nun mit dem linken Bein vorn, dem rechten Bein hinten. Wichtig bei dieser Übung ist, daß die Füße selber sich nicht im mindesten vom Platz bewegen. Nur die Sohlen rollen jeweils von der einen auf die andere Fußkante.

d) *Swastika-Beinwechsel* über Bein-Schwebeposition. Strecke und hebe das vordere, rechte Bein und das linke, hintere Bein in die Luft. Nur noch der Pelvis befindet sich auf dem Boden. Diese Position bezeichnen wir im Jazz Dance als vierte Schwebeposition. Nun wird das rechte Bein gestreckt nach hinten, das linke Bein gestreckt nach vorn geführt. Anschließend nehmen beide Beine wieder Swastika-Position ein.

e) *Swastika mit Hüftrotation.* Es handelt sich hier um einen Übergang aus Zweihüftsitz in Einhüftsitz, verbunden mit einer Drehung des Oberkörpers. Ausgangsposition: Swastika, rechtes Bein vorn, linkes Bein hinten. Von da aus Übergang zu Einhüftsitz auf rechter Hüfte. Dabei dreht sich der ganze Oberkörper so weit wie möglich nach rechts, die linke Schulter wird weit nach vorn geführt, der linke Arm nach vorn ausgestreckt. Die rechte Schulter wird weit nach hinten geführt. Auch der rechte Arm wird nach hinten gestreckt. Es wird also ein Twist des Oberkörpers gegen den feststehenden Pelvis *und* ein Schultertwist gegen den Brustkorb ausgeführt. Die Bewegung kann fortgeführt werden bis in Seitlage und Rückenlage.

f) *Gekreuzte Swastika-Position.* Bei normaler Swastika befindet sich der Fuß des rechten, vorderen Beins am Unterschenkel des hinteren, linken Beins. Bei gekreuzter Swastika-Position aber befinden sich die Zehen des vorderen, rechten Fußes am oder auch auf dem linken Knie.

Swastika mit Hüftrotationen

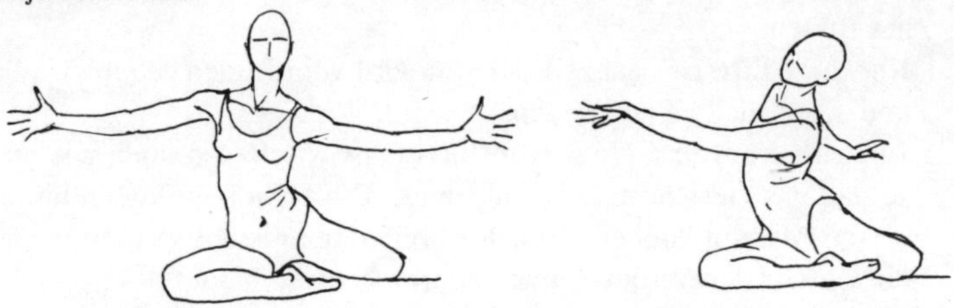

g) *Swastika-Rolle in Rückenlage.* Ausgangsposition: Gekreuzte Swastika-Position. Die Zehen des rechten Fußes befinden sich am linken Knie.
– Oberkörper nach rechts zur Seite beugen.
– Oberkörper so weit nach links / hoch drehen, bis beide Schultern den Boden berühren. Körperfront und Gesicht schauen nach oben, die Arme werden zur Seite in zweite Position geführt.

h) *Halber Swastika-Sitz.* Das vordere, rechte Bein wird aus Swastika nach vorn hoch bis in Schulterhöhe in die Luft gestreckt. Das linke Bein aber bleibt am Boden in Swastika-Position. Die Hände umschließen den Knöchel des erhobenen Beins.

i) *Halbe Swastika als Jazz Split.* Dabei wird das vordere Bein am Boden gestreckt nach vorn geführt, dann wird der Oberkörper so weit nach vorn gebeugt, bis er sich parallel zum Boden befindet. Auch die Arme werden nach vorn gestreckt. Im Grunde ist das eine Art von Jazz-Spagat (Jazz Split). Das rechte Bein ist vorn gestreckt, das hintere Bein ist im Knie gebeugt.

k) *Aus Wiegesitz in Swastika.* Der Oberkörper wird aufgerichtet, die Beine werden zum Boden geführt und nehmen Swastika-Position ein. Mehrere Male Wechsel von Wiegesitz und Swastika.

Pelvis Walk (Pelvisgang). Das ist eine für uns völlig ungewohnte Art der Fortbewegung (locomotor). Aber man kann diesen Pelvisgang häufig bei akrobatischen afro-amerikanischen Jazztänzern beobachten. Die Hinterbacken rutschen auf dem Boden vorwärts oder rückwärts. Die Beine und Arme dürfen dabei nicht in Aktion treten. Der Schwung und die Energie gehen allein von den Hüften aus. Akrobatisch wird der Pelvisgang dann, wenn ihm ein Sprung vorausgeht. Das sieht dann so aus: Sprung, Beine nach vorn werfen – Pelvissitz – Pelvis Walk.

4. Liegen

Rückenlage *Body Lifts* (Körperhebungen aus dem Liegen). Dabei werden Teile des Körpers oder der ganze Torso mit den Beinen vom Boden weggeführt. Doch bei den meisten Body Lifts bleiben die Beine am Boden, auch die Arme liegen auf dem Boden am Körper.

a) *Lift von Brustkorb und Bauch.* Kopf, Schultern und Pelvis bleiben am Boden.

b) *Pelvis Lift.* Nur der Pelvis wird erhoben. Kopf, Schultern und Brustkorb bleiben am Boden.
c) *Rückgrat-Lift.* Das ganze Rückgrat wird vom Boden gehoben. Schultern, Becken und Kopf bleiben am Boden.
d) *Lift von Kopf und Hals.* Kopf und Hals werden so hoch wie möglich gehoben, so daß das Gesicht nach vorn schaut. Die Hände umfassen hinten den Kopf. In dieser Position können Kopf-Kombinationen geübt werden. Denn dabei besteht die Gefahr der Mitbewegung anderer Zentren nicht.
e) *Hoher Körperbogen (high body arch).* Kopf und Pelvis bleiben am Boden. Schultern, Brustkorb und Bauch werden gehoben. Das Gesicht schaut nach hinten. Die Beine, in den Knien gebeugt, werden ebenfalls bei diesem Lift erhoben. Nur der isolierte Fuß bleibt am Boden. Arme: Nur die Ellbogen befinden sich noch auf dem Boden. Die Unterarme werden senkrecht nach oben geführt. Die Hände befinden sich vor der Brust. Die Oberarme führen vom Boden weg zu den erhobenen Schultern.

Hoher Körperbogen

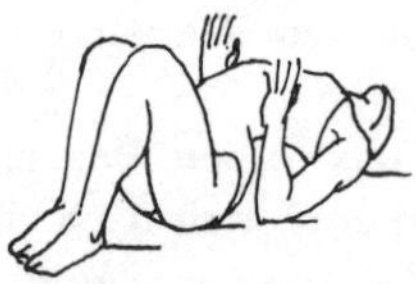

f) *Lift des ganzen Körpers (whole body lift).* Dieser Lift ist eine Art von Bodenbrücke. Der ganze Torso sowie Ober- und Unterschenkel werden erhoben. Nur noch der Kopf und die Füße befinden sich auf dem Boden und stützen den Körper. Die Arme sind vor der Brust gekreuzt.
g) *Lift von Torso und Kopf.* Nur noch die Hände und die Füße befinden sich auf dem Boden. Dieser Lift ergibt also durch Heben: All fours back (auf allen vieren mit Blick zur Decke). Kopf, Schultern, Oberkörper, Pelvis, Oberschenkel und Unterschenkel befinden sich in der Luft. Die Körperfront und das Gesicht schauen nach oben. Die Arme sind gestreckt zum Boden gerichtet. Die Beine sind in den Knien gebeugt: Füße auf dem Boden, Unterschenkel senkrecht nach oben, Oberschenkel waagerecht in Fortsetzung des Oberkörpers. Dieser Lift kann erweitert werden, indem ein Arm den Boden verläßt und in die Höhe gestreckt wird. Weiter kann zusätzlich noch ein Bein erhoben werden. Dann stützen nur noch ein Arm und ein Bein den Körper. Beispiel: rechter Arm als Stütze am Boden, linker Arm erhoben – rechtes Bein erhoben, linker Fuß am Boden.
h) *Isolation von Bauch und Brustkorb in Rückenlage.* Zuerst wird der isolierte Brustkorb gehoben (lift) und gesenkt (drop). Dann wird die Bauchdecke erhoben und wieder gesenkt. Koordination entsteht, wenn gleichzeitig der Brustkorb erhoben und der Bauch gesenkt wird. Umgekehrt: Bauch erhoben und gleichzeitig Brustkorb gesenkt.

i) *Rückenbogen (arch to back bend).* Kopf, Schultern, Oberarme und Füße bleiben am Boden. Das Gesicht ist nach oben gerichtet. Brustkorb, Bauch, Pelvis und Oberschenkel werden so hoch nach oben gehoben, daß sie zusammen mit dem senkrecht stehenden Unterschenkel einen Bogen bilden: Brustkorb senkrecht nach oben, Pelvis und Oberschenkel waagerecht. Die Beine sind im Knie gebeugt, so daß die Unterschenkel senkrecht nach oben geführt werden, während sich die Oberschenkel in waagerechter Lage befinden, in Verlängerung von Pelvis und Bauch. Die Oberarme werden auf den Boden gepreßt. Die Unterarme aber gehen leicht vom Boden weg nach vorn, die Hände umfassen die Fußknöchel. Brustkorb, Pelvis, Oberschenkel, Unterschenkel, Arme bilden insgesamt ein Viereck.

Gebeugte Knie zu anderen Zentren Knie zur Schulter. Abwechselnd das rechte Knie zur linken Schulter und weiter zur Stirn führen, linkes Knie zur rechten Schulter und zur Stirn führen. Dabei werden Kopf und Schultern erhoben. Die Hände umfassen den Knöchel des erhobenen Beins.

Beine zur Hand. Arme in zweiter Position seitwärts am Boden. Rechtes Bein gestreckt zur linken Hand führen, linkes Bein zur rechten Hand führen.

Aus Liegen Beine in Schulterstand und über den Kopf Auf englisch heißt diese Übung; legs into shoulder stand and overhead. Ausgangsposition: Rückenlage, Arme auf dem Boden in zweiter Position seitwärts. Kopf auf dem Boden, Gesicht nach oben.

1. Beide Beine werden gestreckt senkrecht nach oben geführt in grand battement. Der Pelvis befindet sich noch am Boden. Die Füße führen mehrere Male einen Wechsel von flex und point aus.
2. Oberkörper und Pelvis verlassen den Boden: Schulterstand. Nur noch die Schultern und der Kopf befinden sich auf dem Boden, die Beine werden diagonal nach hinten / hoch gestreckt. Mehrere Male wieder Wechsel von point und flex.
3. Beide Beine werden gestreckt über den Kopf weit nach hinten geführt. Die Füße in point berühren mit den Zehen den Boden. Das Gesicht blickt genau nach oben zu den Knien, die sich unmittelbar über dem Kopf befinden.
4. Der Oberkörper wird nun genau senkrecht nach oben gestreckt, der Pelvis bildet den höchsten Punkt des Körpers. Die Beine werden im Knie gebeugt und zum Kopf nach vorn geführt. Die Oberschenkel werden an den Oberkörper gepreßt, die Unterschenkel aber bilden zu den Oberschenkeln einen rechten Winkel, sie werden auf dem Boden nach hinten geführt. Oberkörper, Pelvis und Oberschenkel bilden eine einzige »Masse«. Die Hände umfassen von unten her die Kniekehlen, sie helfen also, Oberschenkel und Knie an den erhobenen Oberkörper zu pressen.
5. Zurück in: Beine über den Kopf am Boden.
6. Schulterstand wie in 2.
7. Zurück in grand battement.
8. Zurück in Rückenlage.

Beine zum Schulterstand und über den Kopf

Liegen in Bauchlage

a) *Vorübung.* Nacheinander den Kopf, die Schultern, den Brustkorb und die Beine vom Boden erheben.

b) *Schlange (snake).* Gleichzeitig werden Brustkorb, Schultern und Kopf vom Boden erhoben. Pelvis und Bauch bleiben am Boden. Das Gesicht ist nach vorn gerichtet, der Kopf hoch erhoben. Die Arme befinden sich vor dem Körper als Stütze, Hände am Boden.*

* Der Schwan s. Seite 180

c) *Umgekehrter Rückenbogen (inverted back arch).* Aus der Bauchlage heraus werden Oberkörper und Kopf sowie die Unterschenkel in die Luft erhoben. Die Arme greifen nach rückwärts und umfassen die Füße an den Knöcheln. Schultern weit zurück, Kopf hoch, Gesicht nach vorn.

Umgekehrter Rückenbogen

VI. Spezielle Jazz-Levelwechsel

a) Mit Pelvis Lift (hip raise) in Stehen

Diese Übung beginnt mit Einhüftsitz. In unserem Beispiel Sitz auf der rechten Hüfte. Die rechte Hand befindet sich auf dem Boden. Sie stößt die rechte Hüfte und damit den ganzen Körper in die Luft. Dann berühren nur noch die eine Hand und beide Füße den Boden, um den Körper zu stützen. Ist der Schwung groß genug, dann kann die Bewegung weitergeführt werden bis in Stehen.

b) Aus Grätschhocksitz in Stehen

Ausgangsposition: Weiter Grätschhocksitz, rechte Hand am Boden, linker Arm nach vorn, im Ellbogen gebeugt, Unterarm zeigt nach oben. Mit Hilfe des rechten Arms und der Beine wird der Körper in die Höhe gestoßen. Die rechte Hand verläßt schließlich den Boden, der linke Arm wird hochgerissen. Die Knie sind zunächst noch stark gebeugt, sie werden aber dann beim Übergang in Stehen gestreckt.

c) Aus Swastika in Stehen (pelvis thrust)

Zuerst Übergang aus Swastika in Einhüftsitz. Von dieser Position aus weiter in Fußsohlen-Twist: hebe beide Knie, so daß Hocksitz entsteht. Dabei aber bleiben die Sohlen fest an den Boden gepreßt. Nur die Knie bewegen sich, die Sohlen rollen von einer Fußkante auf die andere. Aus dieser Position wird zunächst der Pelvis und dann der ganze Oberkörper unter Ausnutzung des durch den Twist erreichten Schwungs mit Hilfe der *linken* Hand in den Stand gestoßen. Diese ganze Übung wird im Englischen auch als pelvis thrust bezeichnet (Pelvisstoß).

d) Mit Pelvisstoß aus Bauchlage in Stehen

Dieser schwierige Levelwechsel muß als fließende Bewegungsfolge ohne Unterbrechung durchgeführt werden. Doch geben wir im folgenden eine Gliederung.
Ausgangsposition: Bauchlage, doch Brustkorb und Kopf erhoben. Arme im Ellbogen gebeugt, Unterarme und Hände liegen auf dem Boden.

Mit Pelvisstoß aus Bauchlage in den Stand

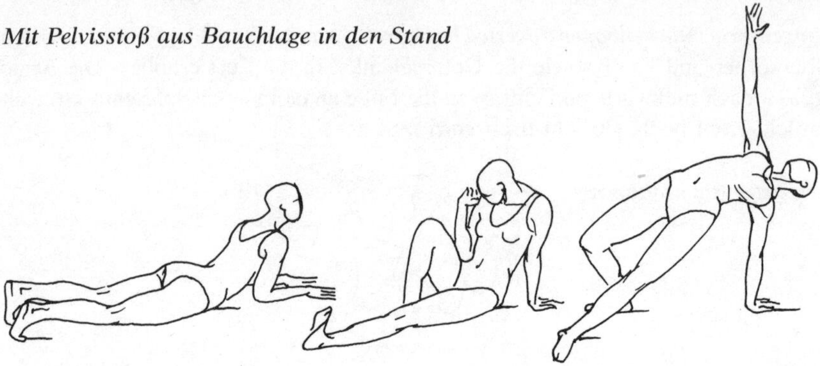

1. Aus der erhobenen Bauchlage mit Hilfe der Hände blitzartig den Körper in Rückenlage rollen (die Übungsfolge kann auch von hier aus begonnen werden).
2. Oberkörper aufrichten in halben Hocksitz: linkes Bein nach vorn gestreckt, Fuß in flex, rechtes Knie in Hocksitz. Der linke gestreckte Arm stützt den Oberkörper. Der Kopf ist zur Brust gesenkt. Der rechte Arm ist im Ellbogen gebeugt, der rechte Ellbogen wird auf den rechten Oberschenkel aufgestützt, der rechte Unterarm wird nach oben zum Gesicht geführt, die rechte Hand berührt die Stirn.
3. Mit größtmöglicher Kraft schleudert nun der linke Arm den Körper nach oben. Der rechte Arm wird ebenfalls nach hoch oben gerissen, so daß auch dieser Arm zum Körperschwung nach oben beiträgt. Nur noch die linke Hand und die Füße befinden sich auf dem Boden. Die Beine sind noch in den Knien gebeugt.
4. Die Arme und die sich streckenden Beine müssen nun den Körper vollends nach oben in den Stand führen.

e) Aus Stehen in Swastika.

Stehe mit ganz eng gekreuzten Beinen und gehe dann über in Knien auf einem Knie. Führe von da aus die Bewegung weiter in Einhüftsitz und schließlich in Swastika.

f) Aus Swastika in Stehen.

Der aus Swastika erfolgende Pelvis-Lift wird über Knien so weit nach oben fortgeführt, bis der Standlevel erreicht ist.

g) Aus Fersenhocksitz in Stehen.

Ausgangsposition: Knie geschlossen, Hinterteil sitzt auf den Fersen auf. Die Hände befinden sich in der Nähe der Knie auf dem Boden. Kopf hoch, Gesicht nach vorn. Mehrere Male wippen.

1. Strecke beide Beine ruckartig nach oben in Stehen, führe gleichzeitig den Oberkörper so tief vorwärts, daß er sich parallel zu den Beinen befindet (tiefe Rumpfbeuge, deep body bend). Die Hände umfassen die Fußknöchel. Der Kopf befindet sich zwischen den Armen an den Knien. Mehrere Male wippen.

2. Führe den Oberkörper nach vorn hoch, aber nur so hoch, daß die Hände noch den Boden berühren. Kopf zum Boden, Blick nach hinten. Wieder wippen.
3. Arme nach oben / vorwärts werfen. Oberkörper und Kopf aufrichten.
4. Arme in zweite Position nach außen führen. Jazz Hand. Beide Knie beugen.

VII. Falls (Fallbewegungen)

Es handelt sich bei den Falls um spezielle Levelwechsel, die aus Stehen direkt oder fast direkt in Rückenlage, Bauchlage oder die beiden Seitenlagen führen. Sie müssen fließend ausgeführt werden, wobei sich das Tempo nach der Musik richtet. Fast alle Falls sind für den Anfänger nicht geeignet, sie sind zu schwierig, teilweise sogar gefährlich.

a) Vorwärts-Falls in Bauchlage

1. Beginne mit einem Ausfallschritt (lunge) des rechten Fußes vorwärts. Gehe dann in Knielage des rechten Beins über. Von da aus führt die Bewegung sofort weiter in Knieliegestütz und Fallen. Das rechte Knie bleibt zunächst auf dem Boden, die Hände aber stützen ganz kurz den fallenden Körper noch ab. Das Knie verläßt dann den Boden, der ganze Körper wird in Bauchlage abgesenkt. Die Arme befinden sich nun in zweiter Position seitwärts. Der Kopf kann erhoben werden.
2. Hier fällt das Knien weg. Ausgangsposition: Füße parallel nebeneinander, Arme hängen am Körper herab.
– Füße auf Ballen erheben.
– Körper sofort anschließend fallen lassen, das linke Bein bleibt gestreckt, das rechte Bein aber führt noch ganz kurz einen Ausfallschritt mit gebeugtem Knie aus. Arme und Hände werden nach vorn geführt, um den fallenden Körper im Liegestütz auffangen zu können.
– Liegestütz. Das rechte Bein ist im Knie noch gebeugt, das hintere Bein ist noch gestreckt. Der eigentliche Liegestütz wird erreicht, indem das vordere Bein gestreckt zum hinteren Bein zurückgeführt wird.
– Absenken in Bauchlage.
3. Über Handstand in Bauchlage. Schwinge beide Beine nach hinten so hoch, bis der Handstand erreicht ist. Dann werden die Arme gebeugt und gesenkt, die Schultern werden vorn auf dem Boden aufgesetzt. Weiter über Absenken in Bauchlage.

b) Falls in Rückenlage

1. Einfache Form. Aus Stehen über tiefe Hockstellung mit oder besser ohne Hilfe der Hände in die Rückenlage abrollen.
2. Direkt aus Stehen in Rückenlage. Der Körper fällt direkt zurück, die Fallbewegung wird aber kurz von den Händen aufgefangen (rückwärtiger Liegestütz). Dann Absenken in Rückenlage. Arme in zweiter Position auf dem Boden.
3. Aus Sprung in Rückenlage. Absprung mit beiden Beinen und Landen in Hocksitz.

Von da aus mit Hilfe der Hände die Beine nach vorn zum Langsitz schieben, den Oberkörper nach hinten in Rückenlage abrollen.

4. Über Rolle vorwärts in Rückenlage. Aus einer beliebigen Stellung im Stehen heraus mit Rolle vorwärts über die Schultern in Rückenlage.
5. Aus Stehen über Schulterstand in Rückenlage. Die Beine hochwerfen und Übergang in Schulterstand. Aus Schulterstand nach vorn abrollen in Rückenlage.
6. Aus Stand über Knien in Rückenlage. Die Beine befinden sich zunächst in zweiter neutraler Position. Führe dann beide Knie und das Becken so weit und tief nach vorn, bis sich beide Knie auf dem Boden befinden. Der rechte Arm wird dabei nach oben, der linke Arm nach vorn geführt. Nun wird der Oberkörper so weit nach hinten gebeugt, bis die Schultern den Boden berühren. Die Knie werden dabei langsam gestreckt, die Unterschenkel bewegen sich mit den Füßen nach vorn. Dann wird der ganze Oberkörper mit den Beinen zum Boden gebracht.
   Am Anfang ist bei dieser Übung unbedingt eine Partnerhilfe notwendig. Auch kann die ganze Übung als Partnerübung durchgeführt werden. Dabei stützen sich beide Partner jeweils mit der linken Hand, während die rechte Hand zunächst rückwärts zum Boden geführt wird. Die Hände verlassen einander in dem Augenblick, in dem der Kopf und die Schultern den Boden berühren.

c) Seitwärts-Falls

1. Aus Stehen über Knien auf einem Knie zu Einhüftsitz und weiter in Seitlage.
2. Das rechte Knie wird mit einem weiten Ausfallschritt tief nach rechts zur Seite geführt. Von da aus Übergang in Knien und weiter über rechte Schulter abrollen in rechte Seitlage. Umgekehrt in linke Seitlage.
3. Aus Stehen mit Hüftstoß in Seitlage. Rechter Hüftstoß nach rechts, der ganze Körper fällt nach rechts. Das linke Bein wird während der Fallbewegung im Knie gebeugt, vor das rechte fallende Bein geführt. Der Fall wird von beiden Händen zunächst aufgefangen, dann rollt die rechte Körperseite – Knie, Hüfte, Schulter – in die Seitlage ab.

Es gibt viele andere Möglichkeiten, aus Stehen oder Springen heraus in Rückenlage, Bauchlage oder beide Seitlagen zu gelangen. Wir haben hier nur die bekanntesten Falls zusammengestellt. Aber die Schüler können ihre eigene Erfindungsgabe entfalten, indem sie neue Fallbewegungen aus Stehen oder Springen schaffen. Manche Falls sind, wie schon erwähnt, als Partnerübungen außerordentlich geeignet. Aber man sollte mit Anfängern keine Falls durchführen, weil sie totale Körperbeherrschung erfordern.

Zweites Kapitel
Pädagogik

Aufbau eines Kurses und einzelner Stunden

Grundsätzliche Vorbemerkung

Der Jazz Dance weist vier Grundphänomene und Grundtechniken auf.

Isolation / Polyzentrik / Opposition
Multiplikation / Jazz Walks
Jazz Levels (Bodenarbeit)
Jazz Locomotors (Bewegung im Raum)

Diese Reihenfolge zeigt bereits eine Rangordnung an. Das wichtigste und typischste Phänomen des Jazz Dance ist Isolation / Polyzentrik. Diese uns fremde, aus Afrika stammende Technik muß vor allem gelehrt und gelernt werden. Wenn Isolationen in einem Tanz völlig fehlen, kann man nicht mehr von Jazz Dance sprechen. Aber der Jazz Dance kann sehr wohl, ohne seinen Charakter zu verlieren, auf Raumbewegung verzichten. Er kann also rein binnenkörperlich ausgeführt werden. Die typische Fortbewegungsart des Jazz Dance sind die kleinräumigen Jazz Walks, die auf der Technik der Multiplikation beruhen. Daher stehen die Jazz Walks an der zweiten Stelle unserer Rangordnung. Auch hier gilt: ohne Jazz Walks kein Jazz Dance. Sie kommen in keinem anderen Tanzstil der Erde vor. Hingegen teilt der Jazz Dance viele seiner Levels mit dem Modern Dance. Daher stehen die Levels an der dritten Stelle unserer Rangordnung. Ein Jazz Dance ist ohne Benutzung der tiefen Levels zwar nicht vollständig, aber durchaus möglich. Hingegen sind die üblichen Locomotors – Gehen, Laufen, Sprünge – überhaupt nicht typisch für den Jazz Dance. Sie kommen in vielen anderen Tanzstilen der Erde ähnlich vor. Daher stehen sie an der vierten Stelle unserer Rangordnung. Wichtig aber ist, daß die Jazz Locomotors mit afrikanischer Collapse-Haltung ausgeführt werden sollten.

Die Rangordnung der vier Jazz-Elemente muß sich natürlich auch auf ihren jeweiligen Platz innerhalb einer einzelnen Stunde, einer Stufe, eines ganzen Kurses auswirken. Ein länger dauernder Kurs für professionelle Tänzer und begabte Amateure kann und soll in vier Stufen eingeteilt werden:

Vorbereitender Anfängerkurs, Stufe I
Unterstufe II
Mittelstufe III
Oberstufe IV

Auch für professionelle Tänzer sind die Techniken und Übungen der vier Stufen Voraussetzungen für ein weiteres Studium, das vor allem der Bildung von synthetischen Formen dienen kann. Auch diejenigen Studenten, die Jazz Dance nicht als Tanzkunst, sondern als Jazzgymnastik betreiben wollen, sollten alle vier Stufen durchlaufen, bevor sie eigene Formen oder Systeme einer Jazzgymnastik entwickeln können. Amateure werden am Ende der Mittelstufe ihr Studium beenden.

Bekleidung

Männer und Frauen sollten beim Training eine Bekleidung tragen, die – mit Ausnahme der Arme – den ganzen Körper bedeckt. Das empfiehlt sich schon wegen der Übungen in den tiefen Levels. Wenn es der Boden erlaubt, sollten keine Schuhe getragen werden. Jazz Dance wird im allgemeinen barfuß getanzt.

Warm ups

Die ersten Stunden der Anfängerklasse dienen dem Kennenlernen der fremden afrikanischen Techniken des Jazz Dance: Isolation und Multiplikation. Dazu treten noch einfache Level-Übungen und die bekannten Locomotors und Sprünge. Jede Stunde – zu je 90 Minuten – beginnt schon im Anfängerkurs mit sogenannten warm ups (Anwärmübungen). Diese sollten schon in den ersten Lektionen so beschaffen sein, daß in ihnen Techniken des Jazz Dance eingeübt werden. Wir benutzen auf dieser Stufe hauptsächlich als warm ups Beugungen des isolierten Oberkörpers und die Isolation der Bein-Areas in den verschiedenen Levels.

Warm ups im Stehen Vorwärtsbeugung (bend) des isolierten Oberkörpers bis in die Waagerechte (table top). Von da aus den Oberkörper in tiefe Rumpfbeuge fallen lassen. Alle Beugungen sollen mit Wippen verbunden werden. Die Isolation der

Bein-Areas üben wir im Stehen durch Wechsel von ganz tiefer Kniebeuge (grand plié) mit Beinstrecken. Dabei jeweils Wechsel von ballstand (relevé) und Absenken auf ganze Sohle. Weiter Knieheben und Beinstrecken mit point und flex.

Warm ups im Sitzen Beugen und Wippen aus Langsitz, Grätschsitz und den verschiedenen Hocksitzen, Seitstreckbeugungen (side stretch) mit Gesicht und Oberkörper nach vorn. Ebenfalls wieder Beinübungen mit Kniebeugen und Beinstrecken mit point und flex.

Warm ups im Liegen (Rückenlage) Hier beginnen wir mit Wadenschütteln. Es folgen wieder Beinübungen mit Isolationen der Bein-Areas. Knie zu Brust und Gesicht.

Stufe I

Das Hauptziel ist das Kennenlernen aller typischen Techniken des Jazz Dance. Aber wir werden noch keine perfekte Beherrschung dieser Techniken verlangen. Doch sollten die Anfänger schon versuchen, sich die wichtigsten technischen Begriffe in deutscher oder, wenn nötig, in englischer Sprache anzueignen. Locomotors werden wir auf dieser Stufe noch nicht mit Jazztechniken üben. Nützlich sind Grundkenntnisse der menschlichen Anatomie.

Collapse

Von der ersten Stunde an muß dem Schüler gesagt und gezeigt werden, was Collapse-Haltung bedeutet und warum sie – wenn auch nur in ganz leichter Form – im Jazz Dance notwendig ist. Die vollkommen aufrechte, gestreckte und senkrechte Haltung des Körpers ist im Jazz Dance so gut wie unbekannt. Der Schüler muß daher frühzeitig lernen, seine Wirbelsäule locker zu halten und nicht zu straffen. Der Oberkörper wird auf diese Weise mehr oder weniger stark nach vorn gebeugt. Weiter muß von Anfang an auch betont werden, daß im Jazz Dance die Knie fast immer gebeugt sind. Beugen des Oberkörpers und der Knie zusammen ergeben die gute Collapse-Haltung.

Isolation

Um die Schüler mit diesem Phänomen überhaupt einmal bekannt zu machen, kann der Lehrer hintereinander ganzkörperliche Bewegungen im Raum (etwa Walzer oder klassisches Ballett) und isolierte Motionen am Platz ausführen. Die Schüler sollen auf diese Weise mit eigenen Augen sehen und erkennen, daß es sich hier um zwei völlig verschiedene Tanzstile handelt. Die Bewegungen werden einmal mit dem ganzen Körper ausgeführt, die Motionen des Jazz Dance setzen zum andern jedoch die verschiedenen Zentren des Körpers auf verschiedene Weise ein. Der Lehrer soll diese Unterschiede natürlich auch mit Worten erklären. Die Schüler sollen dann selber herausfinden, welche Zentren ihres Körpers sie isoliert in Bewegung versetzen können. Wenn zwei Zentren miteinander koordiniert werden, werden die Schüler bald feststellen, daß häufig die anderen Zentren »mitgehen«. Gerade aus diesen Fehlern aber lernen die Schüler, daß wir Europäer uns stets ganzkörperlich bewegen, während im Jazz Dance die einzelnen Zentren isoliert werden müssen.

Nach diesen Vorübungen und Erklärungen üben wir die Isolationen der einzelnen Zentren.

Kopf-Isolationen Heben und Senken, Neigen und Drehen, zunächst im Stehen, dann aber auch auf anderen Levels. Dazu treten noch Kopf-Kombinationen. Noch kein Sundari!

Schulter-Isolationen Im Stehen, Knien und Sitzen: beide Schultern vorwärts und rückwärts, heben und senken, halbe Kreise und ganze Kreise mit beiden Schultern gemeinsam. Einfache Oppositionen: eine Schulter hoch, die andere neutral oder tief; eine Schulter vorwärts, die andere neutral oder rückwärts.

Pelvis-Isolationen Im Stehen und Hocken: Stöße nach rechts und links, nach vorwärts und rückwärts, hip lifts (Heben einer Hüfte über dem unbelasteten Bein). Pelvis-Kreuz mit jeweiliger Rückkehr in neutrale Position. Auch halbe Kreise und ganze Kreise können schon geübt werden.

Isolationen des Oberkörpers Wichtig ist dabei, daß der Pelvis nicht mitbewegt wird. Wir üben im Stehen: Beugen und Wippen (bounce and bend) nach allen Seiten und bis in die Waagerechte (table top). Seitstreckbeugung (side stretch), Oberkörper und Gesicht nach vorn. Tiefe Rumpfbeuge, (deep body bend). Dabei wird der Oberkörper ganz tief nach vorn / unten gebeugt, so daß sich der isolierte Kopf zwischen den Knien befindet.

Isolationen des Brustkorbs werden in Stufe I noch nicht verlangt, sondern bestenfalls ausprobiert. Die Beherrschung der Brustkorb-Isolation wird in Stufe II geübt.

Manche Schüler werden schon bald feststellen, daß bei Isolationen im Stehen die anderen Körperteile mitgehen: etwa die Schultern mit dem zu isolierenden Kopf, der Brustkorb mit den zu isolierenden Schultern. Daher üben wir die Isolation des Kopfs und der Schultern hauptsächlich, wenn nicht zuerst, im Sitzen. Hier ist die Gefahr der Mitbewegung anderer Zentren erfahrungsgemäß nicht so groß wie im Stehen. Doch Pelvis-Isolationen können nur im Stehen oder im Hocken ausgeführt werden.

Noch nicht verlangt werden in Stufe I Koordinationen mehrerer Torso-Zentren. Bizentrik wird in Stufe II, Polyzentrik in Stufe III geübt. Doch können Arme und Hände bereits in Stufe I mit Motionen des Kopfs, der Schultern und des Pelvis koordiniert werden.

Binnenkörperlichkeit Für den Europäer ist Tanz immer Raumbewegung in Höhe und Weite. Daß man auch am Platz im Stehen oder (wie in Ostasien) im Sitzen oder gar im Liegen tanzen kann, diese Tatsache erscheint vielen Tänzern, vor allem unseren Anfängern, zunächst völlig unverständlich und fremd. Es gehört daher zu den wichtigsten Aufgaben des Jazz-Pädagogen in Stufe I, den Schülern zu zeigen, daß Tanz auch ohne jede Raumbewegung durchaus möglich ist. Binnenkörperlichkeit ist eines der wichtigsten Phänomene des Jazz Dance. Es muß den Schülern daher klargemacht werden, daß alle Isolationen primär innerhalb des Körpers selber erfolgen. Isolationen also können am besten rein binnenkörperlich am Platz ausgeführt werden. Um das Vorurteil zu beseitigen, Tanzen sei immer identisch mit Raumbewegung, lasse der Lehrer die Schüler selber entdecken, welche Fülle an Motionen – mit Kopf, Schultern, Oberkörper, Torso, Armen und Arm-Areas, Beinen und Bein-Areas – am Platz ausgeführt werden können.

Kleiner Exkurs: Auch Worte sind notwendig Da viele in Europa wirkende und dozierende Spitzenpädagogen des Jazz Dance Amerikaner sind, die die deutsche Sprache nicht beherrschen, werden die jeweiligen Übungen einfach vorgemacht und nachgemacht. Keinerlei Erklärung wird gegeben. Ein deutschsprachiger Jazz-Pädagoge mit deutschsprachigen Schülern sollte aber die Übungen und Techniken des Jazz Dance nicht nur vormachen, sondern auch deren Ausführung und Sinn mit Worten erklären. Wir haben bis jetzt eine stattliche Zahl von Techniken und Fachausdrücken in deutscher und englischer Sprache vorgestellt. Es ist unbedingt notwendig, daß die Schüler die betreffenden Techniken nicht nur blind nachahmen, sondern auch verstehen. Daher müssen sowohl die deutschen als auch die englischen Fachausdrücke erklärt werden.

Arme und Arm-Areas

Ganz im Gegensatz etwa zum spanischen und vor allem zum indischen Tanz sind die Arme fast so etwas wie die Stiefkinder des Jazz Dance. Das hat natürlich auch seine Vorteile. Es gibt keinerlei Vorschriften darüber, wann welche Armbewegungen eingesetzt werden müssen. Nur ein einziges Gesetz gilt auch für die Arme, das Grundgesetz der Isolation. Ansonsten herrscht weitgehend Freiheit, mit den Armen kann im Jazz Dance in der freizügigsten Weise improvisiert werden.

Aber um diese Freiheit nutzen zu können, müssen die Schüler erfahren, welche Armbewegungen überhaupt möglich sind. Sie sollen also zuerst selber erproben, was und wieviel mit den beiden Armen mit Hilfe der verschiedenen Armgelenke gemacht werden kann. Wichtig ist die Feststellung, daß es grundsätzlich zwei Möglichkeiten der Armführung gibt:

a) Beide Arme führen die gleiche Bewegung aus.
b) Beide Arme führen verschiedene Bewegungen aus.

Diese zwei Möglichkeiten ergeben für die Armpositionen einen fast unerschöpflichen Reichtum.

Wir werden aber nun den Schülern jene Arm-Positionen vorstellen, die im Jazz Dance am häufigsten vorkommen und die daher auch feste Bezeichnungen tragen.

Jazz Dance Second nach außen Hier handelt es sich um eine Jazzversion der zweiten Arm-Position. Beide Arme führen gleichzeitig die gleiche Bewegung aus, allerdings in verschiedene Richtungen. Sie werden beide nach außen zur Seite, also nach rechts und links, geführt. Dabei aber müssen nun im Jazz Dance die Gesetze der Isolation angewandt werden. Die Arm-Areas (Oberarm, Unterarm, Hand und Finger) werden voneinander isoliert. Das kann den Schülern am besten in der zweiten Position gezeigt werden. Die Arme sind, wie auch in allen anderen Jazz-Armhaltungen, im Ellbogen gebeugt. Die Oberarme zeigen schräg zur Seite nach unten. Die Unterarme aber werden waagerecht gehalten. Die Hände werden wieder leicht vom Unterarm abgebogen, die Finger sind voneinander getrennt und bilden die Jazz Hand. Zusätzlich kann auch noch der Daumen von den gespreizten Fingern isoliert werden. Es kann weiter in dieser Position sehr schön gezeigt werden, daß die Handflächen nach vorn, hinten, oben und unten »schauen« können. Bei normaler Jazz Hand blickt die Handfläche nach vorn.

Jazz Dance Second nach innen, zur Brust Nur die Oberarme werden nach außen geführt, die Unterarme werden vor der Brust gehalten, die Handflächen berühren die Brust.

Jazz-V-Position Beide Arme werden, leicht im Ellbogen gebeugt, diagonal nach außen / hoch geführt. Beide Ellbogen befinden sich in der Höhe des Kopfs. Die Hände schauen – isoliert – nach innen, also zueinander. Die Arme bilden ein V, in das der Kopf hineinragt.

Hände über dem Kopf Die Oberarme werden etwas höher als waagerecht nach oben / außen geführt. Die Unterarme aber zeigen schräg / hoch nach innen. Sie bilden also einen rechten Winkel zu den Oberarmen. Die Hände befinden sich direkt über dem Kopf.

Hände an den Schultern Diese Armhaltung gilt zwar nicht als selbständige und standardisierte Armhaltung, sie wird aber als Übergang zu anderen Arm-Positionen im Jazz Dance sehr häufig benutzt, etwa als Vorbereitung für: Arme nach außen, Arme nach oben. Die Oberarme befinden sich seitlich am Brustkorb, die Unterarme aber werden nach oben geführt, die Hände berühren die Schultern.

Arme nach oben stoßen (arm reach) Aus »Hände an den Schultern« werden die nur leicht gebeugten Arme fast parallel in die Höhe gestoßen. Natürlich kann auch nur ein Arm nach oben gestoßen werden, während der andere in eine andere Position geführt wird: zweite Position nach außen, Hand am Oberschenkel oder vor dem Magen.

Gekreuzte Handknöchel (crossed wrists) Die Arme, im Ellbogen gebeugt, befinden sich gekreuzt (crossed) vor der oberen Brust: Oberarme fast waagerecht, Unterarme in Schulterhöhe. Die Hände als Faust befinden sich über den Schultern in der Höhe des Kinns. Rechte Hand ist über der linken Schulter, linke Hand über der rechten Schulter. Von dieser Position aus werden die Arme kurz seitwärts in die zweite Position nach außen geführt, die Fäuste öffnen sich in Jazz Hand. Nun kommt die dritte Motion. Die Oberarme bewegen sich leicht noch oben, die Unterarme aber werden in einem rechten Winkel zum Oberarm nach innen geführt. Die Hände befinden sich nun – isoliert – über dem Kopf, die Knöchel der Hände überkreuzen sich genau über dem Kopf.

Pinguin-Hände Diese Handhaltung ist im Jazz Dance sehr beliebt. Die Arme werden, leicht im Ellbogen gebeugt, nach unten gehalten, die Hände aber werden von den Unterarmen aus in die Waagerechte geführt, die Handflächen schauen nach unten. Koordinationen vor allem mit Jazz Walks und Kopf-Motionen.

Handkreise und Unterarmkreise Auch diese Kreise werden im Jazz Dance sehr häufig benutzt. Sie können und sollen in allen Arm-Positionen angewandt werden. Dabei kann die isolierte Hand einen Handkreis innerhalb eines Unterarmkreises ausführen. Beispiel: Rechte Schulter isoliert hoch, rechter Oberarm waagerecht nach außen, Unterarm senkrecht nach unten. In dieser Position Handkreis und Unterarmkreis. Weiter mit Unterarmhalbkreis nach außen, wobei sich der Oberarm nicht bewegt. Handfläche zeigt nach unten. Am Schluß Handkreis, der endet mit der Handfläche nach oben.

Der Lehrer wird die Schüler auffordern, Handkreise und Unterarmkreise in allen möglichen Armpositionen auszuprobieren. Auch können schon Koordinationen von Kopfkreisen, Unterarmkreisen und Handkreisen geübt werden.

Englische Bezeichnung für Handkreis ist hand circle, für Unterarmkreise elbow circle.

Handschütteln (hand wiggling) Auch diese Handtechnik ist im Jazz Dance häufig zu beobachten. Eine isolierte Hand oder beide isolierte Hände bilden Jazz Hand, die dann in rasendem Tempo in alle Richtungen geführt und geschüttelt wird. Das ergibt für den Zuschauer einen faszinierenden Anblick.

Beine und Bein-Areas

Schon in Stufe I müssen die Jazz-Schüler erfahren, daß die Bein-Areas genauso wie die Arm-Areas im Jazz Dance in der Regel voneinander isoliert werden: Oberschenkel, Knie, Unterschenkel, Füße und Zehen.

Wir üben die Isolation der Bein-Areas im Liegen, Sitzen und Stehen.

Liegen und Sitzen Beinstrecken, Beinbeugen, jeweils mit point und flex. Fußkreise und Zehen-Isolation.

Stehen Knie heben (knee raise) bis zur Brust, Oberkörper nach vorn beugen. Knie heben in passé-Haltung. In dieser Position Oberschenkel drehen (Rotation) nach außen oder langsames Beinstrecken (leg extension) nach vorn oder seitwärts. Wenn das Knieheben und das Beinstrecken aus dem Knie heraus blitzartig hintereinander ausgeführt wird, haben wir einen kick. Aus knee raise kann der Unterschenkel auch nach hinten geführt werden. Wir führen mehrere Male Wechsel aus: Unterschenkel nach vorn und Unterschenkel nach hinten, das Knie bleibt vollkommen ruhig. Kick ballchange: rechtes Bein kick, linkes Bein ganz kurz mit Gewichtsübernahme aufsetzen, dann aber übernimmt das rechte Bein sofort wieder das Gewicht am Platz. Kick step ballchange: rechter Fuß kick, rechter Fuß step am Platz, linker Fuß und rechter Fuß ballchange.

Der einfache catch step ist nichts anderes als ein step plus ballchange.

Multiplikation und Jazz Walks

Es muß den Schülern klargemacht werden, daß Jazz Walks primär nicht auf Raumbewegung zielen, sondern auf Multiplikation. Es ist also wichtig, daß ausgegangen wird von der normalen Gewichtsverlagerung. Jazz Walk ist Gewichtsverlagerung mit minimaler Fortbewegung. Der Lehrer möge zuerst mit einigen Beispielen (Strut, brush step) den Zeitraum zwischen step und step durch eine Motion ausfüllen. Er wird fragen: Wie habe ich meine Gewichtsverlagerung erreicht? Die Schüler sollen feststellen, daß er jeweils zwischen step und step eine Motion eingeschoben hat. Sie sollen aber auch darauf achten, daß die Zeit bei Doubles, Triples usw. nicht überzogen wird. Der Zeitraum zwischen step und step ist immer derselbe.

Technisch müssen die Schüler zuerst vertraut gemacht werden mit jenen belasteten und unbelasteten Fuß-Motionen, die in den Jazz Walks benutzt werden. Belastet sind: step, stamp (Stampfer), Fersenstand, Ballenstand, heeldrop und balldrop (Abrollen auf ganze Sohle aus Ballenstand beziehungsweise Fersenstand). Es muß weiter klargemacht werden, daß im Jazz Dance mit einem step nicht immer eine Raumbewegung verbunden ist. Step ist vielmehr jede Art von Gewichtsverlagerung, Gewichtsübernahme. Unbelastete Fuß-Motionen sind: tap, beat, slam (unbelastetes Aufsetzen auf der ganzen Sohle), brush. Manche Autoren unterscheiden zwischen tap und beat. Bei tap, so sagen diese amerikanischen Autoren, berührt der Ballen des unbelasteten Fußes den Boden nur ganz kurz, um dann sofort in die Luft zurückgeführt zu werden. Beim beat aber bleibt der unbelastete Fuß auf dem Boden. Andere amerikanische Pädagogen sprechen in beiden Fällen von tap. Der Autor dieses Buches hält sich an diesen Sprachgebrauch.

Wenn diese Motionen und Begriffe bekannt sind und sitzen, dann können die Jazz Walks verstanden und ausgeführt werden als multiplizierte steps, die in der Regel – nämlich als Doubles – bestehen aus einer unbelasteten und einer belasteten Fuß-Motion. Wir nehmen als ersten Jazz Walk den *Strut* (tap step), um zu zeigen, wie ein Jazz Walk als Double ausgeführt wird. Erste unbelastete Motion: tap (beat) auf Ballen, zweite belastete Motion: Absenken auf ganzes Bein, Sohle mit leichtem Kniewippen (bounce). Die Zählweise: und eins. Ähnlich ist der *brush step*: kurzes Vorbürsten des unbelasteten Fußes, dann Aufsetzen auf ganze Sohle mit Gewichtsübernahme.

Schwieriger sind schon jene Jazz Walks, bei denen der Fuß sofort auf ganzer Sohle, aber zunächst noch ohne Gewicht aufgesetzt wird. Dann erst wird mit mehr oder weniger starkem Kniewippen das volle Gewicht übernommen. So entstehen: *Flat Jazz Walk, Bounce Jazz Walk, Camel Walk.* Für ungeübte Augen sehen diese flachen Doppelmotionen wie eine einzige Fuß-Motion aus. Aber in jedem Fall müssen zwei getrennte Bewegungen ausgeführt werden. Viele Anfänger allerdings werden die Jazz Walks so ausführen, daß die beiden Motionen allzu deutlich voneinander getrennt werden. Dagegen ist nichts einzuwenden, solange Jazz Walks geübt und trainiert werden. Aber ein Jazz Walk ist nur dann wirklich gut und richtig, wenn die beiden Motionen ohne Bruch glatt und elegant ineinander übergehen. Vor allem das Kniewippen darf auf keinen Fall »zickig« ausgeführt werden.

Levels

Den Schülern muß zunächst mit Worten erklärt werden, was Levels überhaupt sind und was sie im Jazz Dance bedeuten. Die Studenten sollen dann selber herausfinden, welche normalen Levels es gibt: Stehen (standing level), Hocken (squatting level), Knien (kneeling level), Kriechen (crouching level), Sitzen (sitting level) und die verschiedenen Liege-Levels: Rückenlage, Bauchlage (back lying, front lying, side lying). Auch können schon einige »akrobatische« Levels ausprobiert werden: Kopfstand, Handstand, Schulterstand, Rolle.

Übungen

Kriechen: Beide Arten von »auf allen vieren« mit Raumbewegung. Bank. Liegestütz mit Wippen.
Knien: Auf einem oder beiden Knien. Knie-Fersen-Sitz. Kniebank (table top) mit flachem Rücken vorwärtsbeugen.

Sitzen: Alle »normalen« Sitzarten: Langsitz, Grätschsitz, die verschiedenen Hocksitze, Türkensitz, Sitzen in zweiter Position (versuchsweise), Wiegesitz.

Isolations-Übungen der Bein-Areas.

Liegen: in Rückenlage Isolations-Übungen der Bein-Areas. Levelwechsel von Sitzen in Liegen und umgekehrt. In Bauchlage üben wir die Schlange (Kopf, Oberkörper und Unterschenkel vom Boden erhoben) und den Schwan (Körper ruht nur noch auf dem Schambein). In Seitlage wird ausgeführt das Zusammenkrümmen des Körpers: Knie zum Brustkorb, Kopf zur Brust.

Einfache Levelwechsel

Vom Stehen in Knien (ein Knie, beide Knie). Wälzrolle: von Rückenlage in Bauchlage und umgekehrt rollen. Vom Stehen über Knien und Kriechen in Liegen. Vom Stehen über Hocken zum Sitzen und Rückenlage. Vom Stehen über ein Knie mit Hilfe der Hände in Seitlage. Die Schüler sollen andere Möglichkeiten von Levelwechsel selber herausfinden und ausprobieren. Auch die Rolle der Hände, beziehungsweise ihre Notwendigkeit bei Levelwechsel, soll erprobt werden.

Locomotors und Sprünge

Es geht auf dieser Stufe zunächst nur darum, die Schüler mit den verschiedenen Boden-Locomotors und Sprüngen bekannt zu machen, also mit den auch im Jazz Dance benutzten Möglichkeiten, den Körper im Raum (Weite und Höhe) zu bewegen. Folgende Locomotors und Sprünge werden geübt: Gehen (marching, walking), Laufen (running), Galopp, skip (step plus hop), hop (Hüpfer auf einem Bein und Landung auf dem gleichen Bein), leap (Sprung von einem auf das andere Bein), jump (Absprung mit beiden Beinen und Landung auf beiden Beinen), jump assemblé (von einem Bein auf beide Beine), sissonne (von zwei Beinen auf ein Bein).

Spezielle Jazz-Techniken werden auf dieser Stufe bei Locomotors und Sprüngen noch kaum verlangt werden. Doch sollen die Schüler bereits versuchen, bei Sprüngen leichte Collapse-Haltung einzunehmen beziehungsweise zu behalten.

Drehungen (turns)

Wir üben auf dieser Stufe hauptsächlich Schritt-Drehungen auf dem Boden: Dreischrittdrehung, beginnend mit einem Seitschritt; Pas-de-Bourrée-Jazzdrehung, völlig am Platz. Neu ist die Spiraldrehung. Wir haben sie im ersten Kapitel des dritten Teils noch nicht vorgestellt, da sie nicht typisch für den Jazz Dance ist. Sie kommt als eine der verschiedenen vueltas vor allem im spanischen Tanz vor. Sie wird aber neuerdings auch im Jazz Dance benutzt. Es gibt die halbe und die ganze Spiraldrehung. Die halbe ist einfach: Der rechte Fuß ist vorn über dem linken Fuß gekreuzt, aus dieser Position halbe Linksdrehung auf beiden Füßen am Platz. Am Schluß der halben Drehung befindet sich der linke Fuß vorn. Umgekehrt bei der halben Rechtsdrehung. Sie beginnt mit dem linken Fuß vorn. Komplizierter, aber auch eleganter, ist die komplette Spiraldrehung. Dabei wird der rechte Fuß über dem linken Fuß so weit gekreuzt, daß er sich links vom rechten Fuß befindet. Von da aus mit Schwung ganze Linksdrehung auf beiden Füßen, der linke Fuß wird sich dabei ganz kurz vom Boden erheben. Am Schluß befindet sich der linke Fuß vorn. Umgekehrt die Rechts-Spiraldrehung. Diese beginnt mit gekreuztem linkem Fuß.

Anatomie und technische Begriffe

Zum Programm der Stufe I gehört unbedingt eine Einführung in die menschliche Anatomie. Ohne anatomische Kenntnisse können die Isolationstechniken des Jazz Dance kaum wirklich erklärt und verstanden werden. Wenn der Schüler die Bewegungsmöglichkeiten und Bewegungstechniken dieses Tanzstils wirklich erleben will, muß er zunächst bekannt gemacht werden mit den Zentren und Areas des menschlichen Körpers. Er sollte weiter wissen, welche Bewegungen die Wirbelsäule und die verschiedenen Gelenke erlauben. Anatomie trägt im Jazz Dance entscheidend bei zur Jazz-Körpererfahrung.

Folgende deutsche und englische Begriffe und Bezeichnungen sollte sich der Schüler schon auf Stufe I aneignen: Isolation, Zentren, Areas, Collapse, Binnenkörperlichkeit, Namen der Levels, Jazz Walks mit den entsprechenden Namen, die Namen der Arm-Positionen, Jazz Hand, Pinguin, Handschütteln, Pelvis, table top, bend and bounce (Beugen und Wippen), knee raise (Knieheben), side stretch (Seitstreckbeugung), Sitzarten, Locomotors mit Namen, step, Ballenstand, Fersenstand, tap, beat, slam, kick, brush, kick ballchange, ball tap und heel tap. Die englischen Begriffe sind vor allem deshalb wichtig, weil viele in Europa lehrende Jazz-Pädagogen Amerikaner sind, die kaum deutsch können. Wenn die Schüler aber die englischen Bezeichnungen kennen, sind sie imstande, jedem Unterricht zu folgen.

Modellstunde am Ende von Stufe I

Warm ups

Stehen: Beine parallel in zweiter Position. Tiefe Kniebeuge (grand plié) mit Wechsel von ganzer Sohle und Ballenstand (relevé). Erheben aus Stehen in Ballenstand und Absenken durch heeldrop auf ganze Sohle. Mehrere Male wiederholen. Oberkörper vorwärts beugen und wippen. Table top mit Wippen. Übungen in knee raise mit point und flex.
Sitzen: Oberkörper aus Langsitz, Grätschsitz, Hocksitz und auch schon, wenn möglich, aus zweiter Bein-Position nach vorwärts beugen und wippen. Side stretch:

Körperfront und Gesicht nach vorn, wieder mit Wippen. Beinübungen mit Beinstrekken und Beinbeugen, point und flex.
Rückenlage: Beinübungen wieder mit point und flex und Fußkreisen. Zehen-Isolation. Knie zum Brustkorb, zur Stirn, zu den Schultern.
Locomotors: Wechsel von Laufschritten, hops und leaps.

Eigentliche Stunde

Isolationen

Kopf: Heben und Senken (raise und drop, contract and release), Drehen (turn) und Neigen (lean). Kombinationen.
Schultern: Beide Schultern gemeinsam heben und senken (lift, drop), vorwärts und rückwärts (push, pull). Halbe und ganze Kreise mit beiden Schultern gemeinsam. Opposition in Hebung und Senkung, vorwärts und rückwärts.
Pelvis: Stöße (thrust oder tilt) nach vorn, hinten, nach rechts und links. Pelvis-Kreuz.
Oberkörper: Table top, side stretch.
Beine und Füße im Stehen: a) knee raise plus kick plus ballchange, b) knee raise und passé, Oberschenkel-Rotation nach außen, c) ein Knie ganz leicht erheben, mit isoliertem Unterschenkel ball tap oder heel tap und sofort wieder in die Luft zurück, d) knee raise vorn hoch: Oberschenkel waagerecht, Unterschenkel senkrecht nach unten, Unterschenkel nach vorn und rückwärts schwingen, e) Fuß in passé, dann das Bein gestreckt vorwärts oder seitwärts führen (leg extension), mit point und flex.
Arme: Im Stehen und Sitzen die erlernten Arm-Positionen miteinander frei verbinden. Ganze Armkreise, Unterarmkreise, Handkreise, Handschütteln in verschiedenen Levels.
Jazz Walks: Alle bis jetzt erlernten Jazz Walks sollen frei verbunden und mit Armbewegungen koordiniert werden. Wechsel von normalem Gehen, Laufschritten und Jazz Walks.

Levels

Kriechen: Auf allen vieren (Gesicht zum Boden oder zur Decke), Kriechgang, also Fortbewegung mit Hilfe der Hände und Füße. Wippen im Liegestütz.
Knien: Beugungen nach vorwärts und rückwärts, jeweils mit Wippen. Knie-Fersen-Sitz mit Beugungen und Wippen.
Sitzen: Vorwärtsbeugungen wieder mit Wippen. Bein heben und beugen mit point und flex, Fußkreise, Zehen-Isolation. Wiegesitz, wobei die Beine noch zusätzlich im Knie gebeugt werden. Schaukeln im Wiegesitz. Vom Sitzen in Liegen abrollen und wieder zurück.
Rückenlage: Beinübungen mit point und flex, Fußkreisen und Zehen-Isolation. Knie zum Brustkorb, zu den Schultern, zur Stirn (Oberkörper und Kopf werden dabei

erhoben). Arm-Positionen am Boden. Füße zu den Händen: rechter Fuß zur linken Hand (zweite Position), linker Fuß zur rechten Hand (ebenfalls zweite Position).
Bauchlage: Schlange und Schwan mit Schaukeln und Armbewegungen.
Abschluß: Rechter Fuß step auf Ballen, linker Fuß step auf Ballen, rechter Fuß step mit tiefer Kniebeuge und linker Schulter isoliert vorwärts. Diese drei Laufschritte werden diagonal nach rechts ausgeführt. Die folgenden drei Schritte aber nach links: linker Fuß step auf Ballen, rechter Fuß step auf Ballen, linker Fuß step mit tiefer Kniebeuge und rechter Schulter isoliert vorwärts. Anschließend noch ein paar hops mit Kopf-Isolation.

Stufe II

Vorbemerkung

Auf dieser Stufe müssen die Übungen der Stufe I wiederholt und technisch vervollkommnet werden. Außerdem werden die Isolationsübungen der Stufe I um neue Übungen erweitert. Auch neue Levelübungen kommen hinzu.
Völlig neu sind auf Stufe II:

Koordinationen zweier Zentren: Bizentrik. Auch schon Trizentrik mit den Armen.
Die Isolation des Brustkorbs.
Body Lifts im Liegen.
Neue Sitzarten: Einhüftsitz, Swastika.
Geometrische Figuren der Schultern, des Brustkorbs, des Pelvis.
Jazz Walks mit Koordination des Pelvis und Rock-Technik.
Jazz-Lauf, Jazz-Drehungen, Jazz-Sprünge.

Erweiterung der Isolationstechniken

Kopf
Wiederholung: Die erlernten Isolationen und Kombinationen in allen Levels.
Neu: Pendelschwung (halbe Rolle): von rechts / diagonal / hoch über tief / Mitte nach links / diagonal / hoch und wieder zurück. Kopfkreis, Folge von schnellen Kopfkreisen: Ecstasy. Koordinationen mit Armen und Schultern.

Schultern
Wiederholung: Alle erlernten Isolationen, halbe Kreise, ganze Kreise in allen Levels.
Neu: Schulterkreis in Opposition: Rechte Schulter beginnt nach vorn, linke nach hinten. Achterfiguren. Schulter-Twist: Schulter wird verdreht gegen den feststehenden Brustkorb. Koordinationen mit Kopf und Armen.

Brustkorb

Neu: Heben (lift, release) und senken (drop, contract), seitwärts schieben nach rechts und links (push oder tilt). Kombination: Brustkorb-Kreuz mit jeweiliger Rückkehr in neutrale Position. Koordinationen mit Armen und Kopf.

Bauch

Isolationen im Liegen: Heben und senken (lift und drop).

Pelvis

Wiederholung: Alle erlernten Isolationen, Pelvis-Kreuz, hip lift, Soul Hip, Latin Hip.

Neu: Pelvis-Halbkreise und Pelvis-Kreise. Pelvis-Kreuz diagonal. Achterfiguren mit verschiedenen Anfängen und Ausführungen. Pelvis Walk. Pelvis Twist: Opposition von Oberkörper und Pelvis. Pelvis-Spirale.

Die Pelvis-Spirale wurde im ersten Kapitel dieses Teils noch nicht vorgestellt. Es handelt sich dabei um eine Folge von Pelvis-Kreisen, die sich in Spiralform nach unten und wieder zurück nach oben bewegen. Bei den Spiralen nach unten sinkt der Körper immer tiefer, die Knie werden immer stärker gebeugt, bis sie sich fast in der Nähe des Bodens befinden. Während dieser Bewegung nach unten werden Pelvis-Kreise ausgeführt. Diese Kreise werden wiederholt bei der Bewegung nach oben.

Koordination des Pelvis mit Kopf, Armen, Schultern. Noch nicht geübt wird Shimmy = buttocks shake.

Oberkörper als Ganzes

Neu: Table-top-Kreis (table top roll). Deep body bend aus Hocke mit Strecken des Beins. Oberkörper-Twist: Opposition von feststehendem Pelvis und Oberkörper, der eine Drehung aus der Taille heraus ausführt. Bizentrik innerhalb des Oberkörpers. Oberkörper-Twist mit Hüftstoß: bei Oberkörper-Twist nach links, linke Hüfte nach vorn. Bei table top mit Hüftstoß: table top nach vorn, linke Hüfte nach links.

Einfache body roll 1. Kopf und Brustkorb hoch. 2. table top, Oberarme hinten/hoch, Hände an der Hüfte. 3. Oberkörper: Deep body bend, Pelvis hinten/hoch, Kopf tief, fast zwischen den Knien. Wieder zurück in aufrechteKörperhaltung.

Torso als Ganzes (einschließlich des Pelvis)

Neu: Ganze Torsodrehung mit binnenkörperlicher Schulter- und Hüft-Isolation. Beispiel: Ganzer Torso wird nach links gedreht. Dabei aber wird 1. ein Schulterkreis ausgeführt, 2. die linke Hüfte nach links/vorn in Opposition zum Torso geführt, der sich als Ganzes nach links/hinten dreht.

Beine und Füße

Wiederholung: Beinübungen im Stehen, Liegen und Sitzen mit knee raise, Fußkreisen und Zehen-Isolationen.
Neu: Ausfallschritt (lunge) mit tiefer Kniebeuge. Catch step mit Multiplikation. Zählweise: und a eins zwei.

Und	Step linker Fuß vorwärts, rechtes Knie beugen und hinten hochheben.
a	Rechter Fuß ohne Gewicht hinten auf den Boden aufsetzen.
eins	Step rechter Fuß mit Gewicht aufsetzen.
zwei	Linker Fuß am Platz mit Gewichtsübernahme.

Rubberlegs: Rascher Wechsel von beiden Knien und Füßen nach außen und beiden Knien und Füßen nach innen.
Gehen und Laufen mit Isolationen des Kopfes oder der Schultern.

Arme und Arm-Areas

Wiederholung: Alle standardisierten Armpositionen. Handkreise und Unterarmkreise in jeweils verschiedenen Arm-Positionen. Arme in verschiedene Richtungen führen.
Beispiel: rechter Arm waagerecht nach vorn, linker Arm senkrecht nach oben. Dabei jeweils Hand- und Unterarmkreise im Stehen, Knien und Sitzen. Wechsel der verschiedenen Handhaltungen in verschiedenen Levels: Handfläche nach vorn, nach hinten, nach oben, nach unten.
Neu: Wechsel von: ***hands in und feet out und hands out und feet in.*** Bei ***hands out*** zeigt die Handfläche nach vorn, bei ***hands in*** zeigt sie nach rückwärts. ***Feet out*** bedeutet: Knie und Füße nach außen. ***Feet in:*** Knie und Füße nach innen.
Jerk-Armposition: Oberarm schräg/rückwärts/tief, Unterarm schräg/vorwärts/tief. Hände total isoliert von den Unterarmen.
Spanish Arms (spanische Arme) Diese Armhaltung stammt natürlich nicht aus dem Jazz Dance, sondern aus dem spanischen Tanz. Aber sie findet im modernen Jazz Dance häufig Verwendung. Beide Arme oder auch nur einer befinden sich auf dem Rücken.
Hand cut oder hand hit (Handschnitt oder Handschlag) Unterarme und Hände führen am Brustkorb entlang eine harte und plötzliche Schlagbewegung aus wie im Karate. Einfaches Beispiel: rechter Oberarm waagerecht nach außen, Unterarm vor der Brust. Unterarm und Hand werden dann am Körper vorbei nach unten/hinten gerissen. Die Bewegung endet hinter dem Körper mit Handfläche nach hinten.
Ganzer Arm Kreisen beider Arme oder nur eines Arms seitlich am Körper vorbei. Ein Arm kreist vor dem Oberkörper vorbei.
Handpressen (hand press) Die Hände werden dabei so geführt, als ob sie einen sperrigen Gegenstand mit Gewalt wegschieben müßten. Hier ein Beispiel: rechte Schulter hoch, rechter Arm im Ellbogen gebeugt, Oberarm waagerecht nach außen,

Unterarm waagerecht nach vorn, Handfläche zunächst nach unten. Dann wird der ganze Arm mit Kraft nach vorn geschoben beziehungsweise gedrückt. Die Handfläche zeigt jetzt nach vorn, um zu »pressen«.

Jazz Walks mit Pelvis-Koordination

Zunächst noch nicht mit Rock-Technik, sondern mit normaler Jazz-Technik: erste Motion ohne Gewicht, zweite Motion mit Gewicht und Kniewippen (bounce). Jetzt aber sollen die Jazz Walks mit mehr oder weniger starkem Collapse und mit Pelvis-Koordinationen ausgeführt werden.

Neue Jazz Walks

Harlem Walk Rechter Fuß mit slide oder tap nach vorn führen, dann aber den rechten Fuß sofort wieder zurück zum linken Fuß reißen. Dabei starker Collapse, Pelvis zurück.
Grapevine als Jazz Walk. Rechter Fuß seitwärts, linker Fuß über rechtem Fuß kreuzen, rechter Fuß seitwärts, jeweils als Jazz Walk und mit Collapse.
Hip Jazz Walk Mit Latin Hip. Rechter Fuß step vorwärts, linke Hüfte nach links – linker Fuß mit tap zu rechtem Fuß – linker Fuß step vorwärts, rechte Hüfte nach rechts.
Funky Jazz Walk Jazz Walk mit jeweils Pelvis vorwärts und rückwärts. Beispiel: rechter Fuß tap vorwärts, Pelvis nach vorn – step rechter Fuß, Pelvis zurück, starker Collapse.
Pelvis Circle Walk Viermal Jazz Walk mit jeweils Pelvis nach vorn, nach rechts, nach rückwärts, nach links.
Knee Twist Walk Jazz Walk mit Kniedrehungen und tiefem Collapse.
Low Jazz Walk Jazz Walk mit Rücken in table top.
Afro Jazz Walk Oberkörper noch tiefer als table top, Pelvis hinten hoch.
Side Jazz Walk Opposition von Bein und Hüfte in der Seitwärtsbewegung (skate).
Soul Hip Walk Hüfte und Bein werden parallel geführt.
Cuban Walk Mit Latin Hip, also Opposition von Bein und Hüfte.
Snake Hips = Boogie Walk Hier werden Hüfte und Bein wieder parallel geführt.
Jazz Walks mit Rock-Technik Dabei wird die Kniebewegung (bounce) bereits mit der ersten Motion ausgeführt. Tief also auf und, hoch auf Zahl. Hier ein Beispiel:

Und Rechter Fuß tap oder slam mit bounce (Körper tief), linkes Bein belastet, aber ebenfalls leicht im Knie gebeugt.

eins Das rechte Bein wird gestreckt und übernimmt das Gewicht. Auch das linke Bein wird gestreckt. Der Körper bewegt sich nach oben.

Levels

Knien

Neu: Aus Knie-Fersen-Sitz Bogen nach vorwärts und rückwärts (forward and backward arch), Kind im Mutterleib (womb), Fersensitz-Brücke, Wechsel von einem Knie in Einhüftsitz. Knee hinge: Level-Wechsel aus Stehen in Knien und zurück. Kniegang (knee walk oder knee slide).
Torso-Twist aus knee hinge Ausgangsposition: Knee hinge mit Blickrichtung zur Seite (vom Zuschauer aus gesehen), Oberschenkel und Knie zeigen nach links, Unterschenkel und Füße nach rechts, der Oberkörper ist leicht nach rechts / rückwärts gebeugt. Beuge nun den Oberkörper so tief wie möglich, führe den rechten Ellbogen und Unterarm in der Nähe der Zehen auf den Boden. Drehe dann den Oberkörper so weit nach vorn, bis Körperfront und Gewicht nach vorn schauen. Der Pelvis bewegt sich bei der ganzen Übung überhaupt nicht.

Kriechen

Liegestütz mit einem Bein senkrecht hoch. Auf allen vieren: von da aus ein Bein senkrecht hoch in die Luft heben. Weitere Möglichkeit: nur noch ein Fuß und eine Hand befinden sich auf dem Boden. Erheben aus Bauchlage in die Stellung auf allen vieren.

Sitzen

Neu: Einhüftsitz, halbe Swastika, ganze Swastika, Pelvis-Karussell (pelvis spin), Swastika mit Beinwechsel, Fußsohlentwist, Swastika mit Rückenrolle, Pelvis Lift.
Wir üben weiter:
Aus normalem Sitzen zurückrollen in Kopf- und Schulterstand. Oberkörper, Schultern und Kopf werden am Boden nach hinten in Liegen abgerollt. Dann aber verläßt der Oberkörper den Boden, er wird senkrecht nach oben geführt, die Oberschenkel zeigen waagerecht nach hinten, die Unterschenkel aber, in Opposition zu den Oberschenkeln, zeigen diagonal / hoch / vorwärts. Kopf und Schultern bleiben auf dem Boden. Die Hände umfassen die Knie von unten. Von da aus wieder über Liegen in Sitzen.

Liegen (Rückenlage)

Neu: Body Lifts in Rückenlage und Bauchlage.
Rückgrat-Lift (chest lift). Arme, Schultern, Becken und der Kopf bleiben am Boden.
Pelvis Lift. Kopf, Schultern, Brustkorb und Füße bleiben am Boden.
High arch (hoher Bogen). Nur noch Kopf und Pelvis bleiben am Boden.
Torso-Lift. Kopf, Schultern und Füße bleiben am Boden.
Schulterstand aus Liegen und Beine hinter den Kopf führen (legs up into shoulder stand and legs behind head).

Noch nicht werden auf Stufe II verlangt: Whole Body Lift von Torso und Kopf (auf allen vieren).
Bauchlage. Wir wiederholen hier vor allem Schlange und Schwan. Neu ist die umgekehrte Rückenbeugung (inverted back arch oder back bend). Dabei werden Kopf, Oberkörper und Unterschenkel erhoben, die Hände umgreifen von vorn her die Knie.

Spezielle Jazz-Levelwechsel

Hier gibt es auf Stufe II eine ganze Reihe von neuen Übungen.
a) Aus Stehen in Swastika.
b) Aus Fersenhocksitz über Beinstrecken und deep body bend in Stehen.
c) Aus Stehen in Rückenlage nach vorwärts. Dabei werden das linke Knie und die rechte Hand oder beide Hände auf dem Boden aufgesetzt. Dann wird der Körper so gedreht, bis die Körperfront nach oben blickt. Absenken in Rückenlage.
d) Aus Knien oder Knie-Fersen-Sitz in Stehen.
e) Aus Sitzen über Swastika und Ein-Knie in Stehen.
f) Aus Swastika mit Pelvis Lift in Stehen.
g) Aus Hocksitz über Ein-Knie in Stehen.

Andere Möglichkeiten von Levelwechseln sollen gefunden werden. Noch nicht auf dieser Stufe werden geübt: über hip raise in Stehen, mit pelvis thrust in Stehen.

Als Vorbereitung für den schwierigen hip raise-Levelwechsel machen wir folgende Übung. Die linke Hand und die Füße stützen den Körper, Körperfront zur Seite, rechte Hand hoch. Führe aber nun die Bewegung nicht weiter hoch bis in Stehen, sondern drehe den Körper so, bis sich auch die rechte Hand auf dem Boden befindet (Übersetzen der rechten Hand). Wir haben also nun die Position: Auf allen vieren. Von da aus dann den Körper mit Schwung bis hoch in Stehen führen.

Jazz-Laufen und Jazz-Sprünge

Jazz-Laufen (Jazz Running)

Hierbei befinden sich, wie in jedem Lauf, beide Beine für kurze Zeit gemeinsam in der Luft. Im Jazz-Laufen aber werden afrikanische Bewegungsgesetze angewandt. Das vordere (rechte, springende) Schwungbein wird ganz leicht im Knie gebeugt, das hintere (linke) Absprungbein wird im Knie oft so stark gebeugt, daß der Unterschenkel fast waagerecht nach hinten zeigt. Der Oberkörper wird in leichtem Collapse gehalten. Die Arme bewegen sich in Opposition zu den Beinen: rechtes Bein vorn, linker Arm vorn; linkes Bein hinten, rechter Arm hinten. Außerdem kann noch der Kopf isoliert bewegt werden.

High running wird nur auf Ballen ausgeführt.

Jazz Hop

Während das eine Bein abspringt und in die Luft erhoben wird, führt das andere Bein ebenfalls in der Luft einen hohen knee raise (Knieheben) aus. Der Kopf wird isoliert zur Seite geführt (Neigen oder Drehen). Auch der Oberkörper wird in leichtem Collapse zur Seite gedreht, aber in Opposition zum Kopf. Arme in zweiter Position, aber eine Schulter hoch, die andere tief.
Erstes Beispiel für Jazz Hop Linkes Bein hop, rechtes Bein Knieheben. Oberkörper von der Taille aus nach links drehen, Kopf nach rechts. Rechte Schulter diagonal hoch, rechter Arm diagonal hoch; linke Schulter diagonal tief, linker Arm diagonal tief, in der genauen Verlängerung des rechten Arms nach unten.
Zweites Beispiel für Jazz Hop Hop auf linkem Bein, rechtes Bein hinten im Knie gebeugt. Oberkörper nach rechts verdreht, Kopf nach links. Rechter Arm hoch, linker Arm diagonal nach unten in Richtung des rechten Fußes. Die linke Hand berührt dabei die Sohle des rechten Fußes ganz kurz.

Jazz Leaps

Erstes Beispiel (normaler Jazz Leap) Das Schwungbein wird mit aktivem Knieheben nach vorn geführt, das Absprungbein (hinten) wird in Oberschenkel und Unterschenkel isoliert. Der Oberschenkel zeigt leicht diagonal nach unten, der Unterschenkel aber wird fast senkrecht gehalten. Der Oberkörper kann so zum Schwungbein verdreht werden, daß eine Vertwistung von Pelvis und Oberkörper entsteht.
Zweites Beispiel: Horse Leap (Pferdchensprung) Absprung von einem Bein, dann nacheinander beide Knie vorn hoch bis in Brusthöhe ziehen, Beine dann waagerecht nach vorn führen. Oberkörper und Kopf werden nach vorn gebeugt.
Drittes Beispiel: Stag Leap (Hirschsprung) Dabei werden beide Beine während des Sprungs in den Knien stark gebeugt. Der Fuß des vorderen Schwungbeins berührt dabei fast das Knie des hinteren Absprungbeins. Hier ein Beispiel: Das vordere, rechte Bein wird im Knie so stark gebeugt, daß der Unterschenkel waagerecht nach hinten zeigt und so in die Nähe des linken, hinteren Knies gebracht wird. Dieses linke Bein wird ebenfalls so stark im Knie gebeugt, daß der Oberschenkel waagerecht nach hinten gehalten wird, während der linke Unterschenkel fast senkrecht nach oben zeigt. Diese Position des linken Beins während des Hirschsprungs ähnelt der Attitude des klassischen Balletts. Landung in diesem Fall auf dem rechten Bein, da das linke Bein das Absprungbein bildet.

Es gibt aber auch den Stag Hop. Absprung und Landung auf dem gleichen Bein.
Jazz Jumps.

Erstes Beispiel: Hocksprünge Während des Sprungs werden beide Beine geschlossen zum Brustkorb gerissen. Oberkörper, Schultern und Kopf sind nach vorn gebeugt. Absprung auf beiden Beinen, Landung auf beiden Beinen. Dieser einfache Hocksprung kann variiert werden, indem die Knie aus der geschlossenen Haltung kurz zur

Seite geöffnet werden. Weitere Variationen des Hocksprungs ergeben sich durch die Anwendung verschiedener Armhaltungen während des Sprungs. Solche Möglichkeiten sollen von den Schülern gefunden werden.
Zweites und drittes Beispiel: Spreizsprung und Grätschsprung als Jump Im Spreizsprung befindet sich das eine Bein vorn, das andere hinten. Beide Beine sind im Knie gebeugt. Im Grätschsprung werden beide Beine in der Luft zur Seite geführt.

Jazz-Drehungen (Jazz Turns)

Auf Stufe II sollten die Bodendrehungen mit Collapse und gebeugtem Knie ausgeführt werden. Dazu kommt noch: Wechsel von hoch und tief in der Körperhaltung.
Beispiel: Dreischrittdrehung als Jazz Walk

Und eins	Jazz Walk mit rechtem Fuß zur Seite, leichter Collapse.
und zwei	Linker Fuß kreuzt über rechtem Fuß, halbe Drehung auf rechtem Fuß. Dabei werden die Knie stark gebeugt und der Oberkörper nach vorn geführt: Körper tief.
und drei	Zweite Halbdrehung als Jazz Walk. Dabei wird der Oberkörper wieder aufgerichtet und die Knie werden fast gestreckt.

Eine neuerdings im Jazz Dance sehr beliebte Bodendrehung ist Drehung mit ballchanges. Rechter Fuß step zur Seite, dann viermal ballchange mit jeweils linkem Fuß und rechtem Fuß. Mit dem vierten ballchange ist die ganze Drehung beendet.

Technische Begriffe

Folgende Begriffe sollten die Schüler in Stufe II lernen:
Achter (figure eight), Pelvis-Quadrat, Pelvis-Spirale, Pelvis Lift, Pelvis Walk, Vertwistung zweier Zentren – catch step, Grapevine, Lindy – Namen aller Jazz Walks, Rubberlegs – Armkreise, Unterarmkreise, Handkreise, Handschütteln, Handpressen, Handschnitt (cut), Jerk-Haltung, Spanish Arms – Auf allen vieren (on all fours), knee hinge, knee walk, cradle (Wiegesitz), One Hip (Einhüftsitz), Swastika, Body Lift, arch, high arch, snake (Schlange), swan (Schwan) – Dreischrittdrehungen, Spiraldrehung, Drehen mit ballchange – hop, skip, leap, jump.

Modell einer Stunde für Stufe II

Warm ups. Wir beginnen im Liegen und gehen dann über die verschiedenen Levels nach oben in Stehen.
Liegen: Wadenschütteln, Beinübungen mit Fußkreis, point and flex. Knie zur Brust, zur Stirn und zu den Schultern. Schulterstand aus Liegen. Einfache Body Lifts.

Sitzen: Oberkörper beugen und wippen, side stretch. Beinübungen mit Fußkreis, point and flex. Table-top-Kreis.
Knien: Oberkörper beugen und wippen. Knee walk.
Kriechen: Handgang auf allen vieren. Wippen in Liegestütz.
Stehen: Oberkörper beugen und wippen. Table-top-Kreis. Oberkörper fallen lassen in deep body bend. Körperkreis mit Armkreis. Jazz-Laufen, abwechselnd mit hop und skip.

Eigentliche Stunde

1. Kombinationen und Figuren

Kopf: Halbe Kopfrolle und ganze Kreise. Kombinationen von Drehen, Heben, Senken und Neigen. Rasche Kopfkreise: Ecstasy.
Schultern: Halbe und ganze Kreise. Schultertwist gegen Brustkorb. Achterfiguren. Opposition der Schultern bei Schulterkreisen.
Brustkorb: Heben, senken, nach rechts und links schieben. Brustkorb-Kreuz.
Pelvis: Kreise, Quadrat, Achterfiguren, Spirale.

2. Koordinationen von zwei bis drei Zentren: Bizentrik, Trizentrik mit Armen.

Mögliche Beispiele:
Kopf und Schultern: 1. Gemeinsame Kreise. 2. Beide Schultern hoch, Kopf tief – beide Schultern tief, Kopf hoch.
Kopf, Pelvis und Arme: 1. Kopf hoch (Blick zur Decke), Pelvis zurück, dann Kopf tief und Pelvis nach vorn. Arme in zweiter Position. 2. Kopf nach rechts neigen oder drehen, linke Hüfte nach links, dann Kopf nach links, rechte Hüfte nach rechts, Arme vor der Brust.
Pelvis, Schultern und Arme: Halber Schulterkreis mit beiden Schultern vorwärts, Pelvis zurück – Schulterhalbkreis nach rückwärts, Pelvis nach vorn. Arme in V-Position. – Auch die Hände können dabei isoliert werden.

3. Jazz Walks mit Pelvis-Koordination, mit Armen und Händen

Alle im vorausgegangenen Text vorgestellten Jazz Walks. Wichtig dabei ist, daß im Cuban Walk Latin Hip angewandt wird, Bein und Hüfte stehen also in Opposition zueinander. Die Armhaltungen sind jeweils in das Ermessen des Tänzers gestellt. Die Hände müssen dabei immer vom Unterarm isoliert werden. Sehr beliebt in allen Jazz Walks sind Pinguin-Hände.

Catch step als Jazz Walk. Rubberlegs mit Händen (in and out). Jazz Walks mit Rock-Technik. Beispiele: Strut, Flat Jazz Walk, Funky Jazz Walk als Rock Jazz Walk.

Wir werden nun die einzelnen Jazz Walks mit Laufschritten, Sprüngen, Drehungen und Levelwechsel verbinden.

Beispiel: Laufschritte mit Kopfmotionen – Cuban Walk, Soul Hip Walk. Zweimal normaler Jazz Leap – Rubberlegs mit: hands in / feet out und hands out / feet in. Übergang in Knien, Knee Walk, von da aus wieder in Stehen.

4. Arme

Wiederholung von Stufe I. Neue Armführungen finden, vor allem Arme in verschiedene Richtungen.

Neu: Jerk-Armhaltung. Auf allen Levels: Unterarmkreise und Handkreise.

5. Levels

Wechsel der Levels mit jeweils typischen Übungen.
Stehen: Table top, einfache body roll. Aus Stehen in Knien: Fersensitz, Beugen vorwärts und rückwärts, Fersensitzbrücke. Aus Knien auf verschiedene Arten in Sitzen: Beinübungen, Swastika-Übungen. Aus Swastika in Stehen. Beinübungen, Koordinationen von Kopf, Brustkorb und Pelvis. Aus Stehen über Knien und Liegestütz in Bauchlage: Schwan und Schlange, umgekehrte Rückenbeugung. Über Wälzrolle in Rückenlage: Schulterstand, zurück in Liegen, verschiedene Body Lifts. Aus Rückenlage über Sitzen in Stehen.

Lehrer und Schüler sollten andere Levelwechsel mit typischen Übungen ausprobieren.

6. Locomotors.

Verbindungen von Boden-Locomotors mit Jazz Walks und Sprüngen. Gehen in verschiedenen Levels: Stehen, Hocken, Knien, Kriechen, Sitzen.

7. Drehungen.

Verbindungen von Drehungen mit Locomotors, Jazz Walks und Sprüngen. Dabei stets Collapse behalten. Koordinationen bei Sprüngen mit Pelvis, Schultern und Kopf.

8. Sprünge.

Zunächst nacheinander verschiedene Hop-Sprünge, verschiedene Jazz Leaps und Jazz Jumps. Alle Sprünge mit Collapse und Isolation der Bein-Areas. Dann Verbindungen mit Locomotors, Jazz Walks und Levelwechsel. Wir können etwa versuchen, aus einem flachen Stag Leap (Hirschsprung) unmittelbar auf einem Knie zu landen. Von da aus über knee walk wieder in Stehen. Weiter mit Jazz Hops oder Jazz Jumps. Mit Hilfe der Hände gehen wir dann aus einem flachen Jazz Jump (beide Beine nach vorn) direkt in Sitzen über. Sitzübungen. Zurück wieder in Stehen. Von da aus beide Knie tief in »Starthaltung«: beide Knie tief gebeugt. Anschließend mit Hilfe der Hände hoher und weiter Sprung.

Völlig frei können andere Verbindungen von Jazz Walks mit Sprüngen gefunden werden. Auch halbe Luftdrehungen können bereits in Stufe II ausprobiert werden: halbe hop turn, halbe leap turn, halbe jump turn.

Plan eines Tanzes

Jazz Dance bedeutet Freiheit. Die Schüler sollen daher stets aufgefordert werden, neue Figuren und Figurenverbindungen mit den Techniken des Jazz Dance zu finden. Wie schon oft gesagt: Der schöpferischen Phantasie sind in diesem Tanzstil keine Grenzen gesetzt. Freie Improvisation innerhalb der spezifischen Techniken des Jazz Dance gehört zum Grundwesen dieses Tanzstils. Es gibt keinerlei Vorschriften, es gibt nur einige fundamentale Gesetze. Spätestens am Ende der Stufe II sollten die Schüler imstande sein, kleine Tänze selbst zu gestalten. Um aber zu verhindern, daß die Anfänger allzu wild drauflostanzen, wird der Lehrer einen Rahmenplan vorschlagen, den die Schüler dann frei ausführen und ausfüllen sollen. Ein vier bis fünf Minuten dauernder Tanz sollte folgende Jazz-Elemente enthalten:

Isolationen aller Zentren mit Koordinationen
Jazz Walks
Sämtliche Levels
Locomotors, Sprünge und Drehungen
Motionen der Arme

Wir müssen uns nun zuerst über die zeitliche Reihenfolge der verschiedenen Elemente einigen. Man kann im Stehen, man kann aber auch im Sitzen oder Liegen beginnen. Es gibt da nicht die mindesten Vorschriften. Anfänger sollten am besten mit demjenigen Level beginnen, der ihnen am vertrautesten ist, also im Stehen.

Wir schlagen nun folgenden allgemeinen Zeitplan vor:
Einleitung und Teil I. Wir beginnen im Stehen mit einer Folge von Arm-Motionen. Es folgen Isolationen des Kopfs und der Torso-Zentren am Platz. Dann wollen wir einige Locomotors und Jazz Walks einfügen. Es folgen wieder am Platz Isolationen des Brustkorbs und des Pelvis.

Teil II bringt Level-Übungen im Knien, Sitzen und Liegen.

Teil III führt wieder in den Stand zurück. Jazz Walks, Rubberlegs, Drehungen, Sprünge.

Abschluß: noch einmal ganz kurz in Liegen und wieder zurück in Stehen.

Der Gesamtplan im einzelnen:
Einleitung
Folge von verschiedenen Arm-Positionen mit Unterarm- und Handkreisen. Koordinationen von Kopf, Schultern und Pelvis, in Verbindung mit Armbewegungen.
Teil I
Mehrere Laufschritte im Zickzack durch den Raum. Catch steps, skips (step hops). Skate nach rechts und links. Ganze Spirale nach rechts und links. Funky Lindy: chassé nach vorwärts, linke Hüfte hip lift und linker Fuß zurück, rechter Fuß knee raise und kick step mit ballchange. Nun folgen einfache Jazz Walks: Strut, prance, Camel Walk mit Pinguinhänden und anderen Arm-Positionen. Figuren des Brustkorbs

und des Pelvis: Achter, Kreis, Quadrat. Jazz Walks mit Pelvis-Koordination: Cuban Walk, Funky Walk, Soul Hip Walk. Jazz Walks mit Rocktechnik.

Teil II

Tiefe Levels. Mit großem Ausfallschritt (lunge) in Knien auf einem Knie, weiter in Sitzen ohne Hände abrollen. Im Hocksitz Übungen mit Fußkreisen. Übergang in Swastika; Swastika-Übungen. Pelvis Walk. Übergang in Rückenlage mit Body Lifts. Zurück in Sitzen und Knien. Knee walk, Beugen vorwärts und rückwärts. Zurück auf ein Knie. Noch einmal Swastika, mit Pelvis Lift in Stehen.

Teil III

Stehen. Jazz Walks: Deep Jazz Walk, Circle Jazz Walk, Harlem Walk. Zweimal drei Laufschritte, je einmal nach diagonal / rechts, das andere Mal nach diagonal / links. Die Laufschritte werden folgendermaßen ausgeführt: rechter Fuß auf Ballen, linker Fuß auf Ballen, rechter Schritt mit tiefer Kniebeuge und linker Schulter nach vorn. Die Arme befinden sich beim ersten und zweiten Schritt in der zweiten Position außen, beim dritten Schritt wird der linke Arm und die linke Schulter nach vorn / hoch geführt, während der rechte Arm nach hinten geführt wird. Die zweite Schrittgruppe beginnt mit linkem Fuß und endet mit rechtem Arm und rechter Schulter vorn / hoch. Nach diesen sechs Laufschritten folgen noch Sprünge: zwei Jazz Leaps, jeweils mit rechtem und linkem Bein, zwei Hocksprünge mit Kopf- und Torso-Koordination.

Abschluß

Blitzartiger Levelwechsel: über Hocken, Knien, Liegestütz in Bauchlage. In dieser Lage Kopf und Brustkorb erheben und Kopfkreise ausführen. Wieder mit blitzartigem Levelwechsel zurück in Stehen. Abgang mit tiefen Jazz Walks. Dabei Schulter- und Kopfkreise, Arme abwechselnd in zweiter Position nach außen und innen.

Stufe III

Stufe III ist die wichtigste Stufe eines Jazz-Kurses. Wer die Techniken dieser Stufe beherrscht, ist bereits ein perfekter Jazztänzer. Die Übungen haben fast alle das gleiche Thema: Isolation – Koordination – Polyzentrik. Auch Jazz Walks, Drehungen und Sprünge werden jetzt polyzentrisch ausgeführt. Damit wird die Stufe III zum Höhepunkt der Jazz-Pädagogik. Denn die Koordination der einzelnen isolierten Zentren macht den eigentlichen Sinn des Jazz Dance aus. Gus Giordano, wohl der führende Jazzpädagoge der USA, sagte im Gespräch mit dem Autor dieses Buches: »Du kannst im Jazz Dance fast alles machen, du hast jede Freiheit. Nur das Gesetz der Isolation darfst du niemals vergessen. Isolation ist das Herz des Jazz Dance.«

In der Regel beansprucht die Stufe III mehr Zeit als die Stufen I und II.

Neu sind auf Stufe III:

Knie-Isolationen
Sundari-Motionen des Kopfes
Jazz Walks als Triples und Quadruples
Slides, Slop, Chicken Walk, Suzi Q = Parallels, James Brown African Twist
einfache Falls (schwierige in Stufe IV)
Jazz-Pirouetten
halbe Drehsprünge in der Luft.

Neue Isolationen

Brustkorb Alle geometrischen Figuren. *Kreis:* rechts zur Seite, vorwärts, links zur Seite, zurück, wieder neutral. *Achter* (Figure eight): diagonal / vorn / rechts, diagonal / hinten / rechts, diagonal / vorn / links, diagonal / hinten / links, neutral.

Knie-Isolationen Dabei handelt es sich um kleine Seitmotionen des isolierten Knies nach innen und außen. Unterschenkel und Fuß drehen dabei jeweils mit. Der Oberschenkel aber bleibt vollkommen ruhig. Ein Knie-Halbkreis des rechten Knies wird folgendermaßen ausgeführt: rechter Fuß ball tap (also Ballen ohne Gewicht auf dem Boden), das Knie des rechten Beins ist nach vorn gebeugt. Dann wird das Knie nach innen und über vorn nach außen gedreht. Insgesamt handelt es sich um minimale Motionen, die dazu dienen, die Isolationsfähigkeit des Knies zu zeigen.

Sundari des Kopfes Nach vorn und zurück, nach rechts und links. Figuren: Kreis und Kreuz.

Polyzentrische Koordinationen

Tiefe Hocke(grand plié). Koordination mit Kopfkreisen, Schulterkreisen und Brustkorbkreisen.

Tiefer Collapse mit *Hand an Fuß.* Aus tiefem Collapse (Kopf isoliert nach vorn) linkes Knie heben (Oberschenkel waagerecht). Auch das rechte Bein ist stark im Knie gebeugt. Der Kopf wird nun in die Nähe des linken Knies (über dem linken Knie) geführt. Der Blick geht zum Boden. Die linke Hand berührt den linken Fuß, der sich in point nach unten befindet. Auf diese Weise werden Kopf und Oberkörper sehr stark nach vorn / tief geführt. Der Kopf ist völlig isoliert, ebenso die Areas des Beins. In dieser Position noch zusätzlich Zehen-Isolation und Kopfkreisen.

Funky-Vorübungen

a) Nacheinander Koordination von Kopf und Schultern; Kopf, Schultern und Brustkorb; schließlich noch von Kopf, Schultern, Brustkorb und Pelvis.

b) Kopf nach rechts neigen, linke Schulter hoch, rechte Schulter tief, Brustkorb hoch, Schulterblätter zurück, rechte Hüfte nach rechts. Wiederholung: mit Kopf nach links beginnen, linke Hüfte nach links.
c) Release der Torso-Zentren und Kopf (Jazz-S-Kurve des Rückgrats). Kopf nach hinten/hoch, Gesicht zur Decke, Brustkorb hoch, Schultern zurück, Pelvis weit zurück. Beide Beine sind tief im Knie gebeugt. Die Oberarme zeigen waagerecht zur Seite, die Unterarme aber waagerecht nach vorn. Auf diese Weise entsteht im Rückgrat eine regelrechte S-Kurve zwischen dem Kopf und dem Pelvis, die beide nach rückwärts geführt werden. Kopf, Brustkorb und Pelvis befinden sich in Release. Diese S-Kurve ist eine klassische Haltung im Jazz Dance.

Funky Broadway

Grundtechniken: Pelvis-Stöße nach vorwärts und rückwärts, Schulterhalbkreise, Senken, Heben und Drehen des Kopfes.

Funky Broadway als *Jazz Walk*

Vergleiche 7. Kapitel, dritter Bereich: Jazz Walks.

Und eins	Rechter Fuß Jazz Walk (strut oder Camel Walk). Pelvis vor und zurück. Beide Schultern Halbkreis nach vorn. Kopf tief (und), hoch (eins).
und zwei	Linker Fuß Jazz Walk. Pelvis vor und zurück. Schulterhalbkreis rückwärts. Kopf tief, diagonal / hinten / hoch.

Wer die Brustkorb-Isolation beherrscht, kann auch noch hinzufügen: Brustkorb hoch auf und, Brustkorb tief auf Zahl.

Skate

(Vergleiche erstes Kapitel des dritten Teils, erster Bereich, VI.) Skate wird mit Latin Hip, Motionen des isolierten Kopfs und der isolierten Arm-Areas ausgeführt.

Und eins	Linker Fuß Jazz Walk nach links, rechte Hüfte nach rechts. Kopf nach rechts. Linker Arm: Oberarm waagerecht, Unterarm nach oben, Handfläche nach vorn. Rechter Arm: Oberarm waagerecht, Unterarm nach unten, Handrücken nach vorn.
und zwei	Rechter Fuß mit ball tap zu linkem Fuß, eine viertel Rechtsdrehung, Arme in zweiter Position vor der Brust.
und drei	Skate mit rechtem Fuß nach rechts, Kopf nach links. Arme umgekehrt wie bei und eins.
und vier	Linker Fuß mit ball tap zu rechtem Fuß oder auch mit step zu rechtem Fuß. Arme in zweiter Position vor der Brust.

Jerk

Hier handelt es sich um eine total polyzentrische Technik. Der Oberkörper wird tief nach vorn gebeugt, das Becken befindet sich daher weit hinten, aber die beiden Hüften werden so weit wie möglich nach vorn gezogen. Die Schultern als Ganzes

(Schultergürtel) befinden sich mit dem Oberkörper weit vorn / tief, aber die Schulterblätter werden nach hinten zusammengepreßt. Der Kopf ist total isoliert, er führt seine Kreise so aus, daß keine Verbindung mehr zwischen ihm und dem übrigen Körper zu bestehen scheint. Die Arme befinden sich in Jerk-Haltung: Oberarme schräg nach hinten / tief, Unterarme schräg nach vorn / tief. Die Hände müssen völlig vom Unterarm isoliert werden.

African (Primitive) Body Roll (Afrikanische Körperrolle)

Die einfache body roll wurde schon in Stufe II vorgestellt. Sie beginnt mit Kopf und Brustkorb hoch, führt weiter über table top schließlich so tief, daß der isolierte Kopf sich fast zwischen den Knien befindet. Der Pelvis bildet die höchste Stelle des Körpers.

Die African Body Roll isoliert Kopf, Schultern, Brustkorb, Pelvis, Arm-Areas, Bein-Areas.

Ausgangsposition: Beine in zweiter neutraler Position, aber rechter Fuß etwas vor dem linken Fuß. Beide Knie sind leicht gebeugt. Die Oberarme werden nach hinten geführt, die Hände aber berühren die Außenseiten der Oberschenkel.

1. Kopf und Brustkorb hoch. Schultern zurück.
2. Übergang in table top. Oberarme waagerecht nach hinten, Hände aber an den Oberschenkeln. Kopf und Brustkorb noch hoch.
3. Table top. Die Oberarme zeigen jetzt fast senkrecht nach oben. Beide Schultern hoch / zurück. Kopf nach vorn / tief, Gesicht zum Boden.
4. Tiefe Körperbeugung (deep body bend). Knie ganz tief gebeugt, Kopf zwischen den gebeugten Knien. *Der Pelvis hinten / hoch.*
5. Übergang zu Hocksitz.
6. Knie nach oben führen, aber noch gebeugt. Dann wird der Körper erhoben, aber auch der Oberkörper bleibt noch leicht nach vorn gebeugt.
7. Jetzt wird der Oberkörper völlig aufgerichtet. *Der Pelvis wird nach vorn geschoben.*
8. Der Oberkörper wird jetzt so weit wie möglich nach rückwärts gebeugt. Auf diese Weise wird auch der Pelvis so weit wie möglich nach vorn geschoben.

Insgesamt also führt die African Body Roll von Pelvis hinten / hoch zu Pelvis vorn / tief.

African Body Roll mit Release der Torso-Zentren

Wie in der vorausgehenden Übung bis Hocksitz. Von da aus wird der Oberkörper und der Kopf mit Release seiner Zentren nach oben geführt. Pelvis weit zurück, Brustkorb hoch, Schultern zurück, Kopf hoch / zurück. Das ergibt die uns schon bekannte Jazz-S-Kurve. Von da aus folgendermaßen weiter: Die Beine werden tief in den Knien gebeugt, der Pelvis wird nach vorn geführt, der Oberkörper wird zurückgebeugt.

Strut mit Funky-Koordination

und — Rechter Fuß tap vorwärts, Pelvis nach vorn, Brustkorb und Kopf tief.
eins — Rechter Fuß step, also Gewicht. Pelvis zurück, Oberkörper leichter Collapse, aber Brustkorb und Kopf hoch. Blick zur Decke.

Soul Hip mit Koordinationen

eins — Rechter Fuß step vorwärts, rechte Hüfte nach rechts, Kopf nach rechts.
und — Linker Fuß tap vorwärts, rechte Hüfte bleibt rechts, Kopf nach links.
zwei — Linker Fuß Gewicht, linke Hüfte nach links, Kopf nach rechts.
und — Rechter Fuß tap vorwärts, linke Hüfte bleibt links, Kopf nach links.
drei — Rechter Fuß übernimmt Gewicht, rechte Hüfte nach rechts, Kopf nach rechts.

Diesem Jazz Walk können Halbkreise der Schultern hinzugefügt werden.

Cuban Walk mit Koordinationen

Eins — Rechter Fuß tap vorwärts, linke Hüfte nach links, Kopf nach rechts drehen.
und — Linker Fuß tap vorwärts, linke Hüfte bleibt links, Kopf nach links.
zwei — Linken Fuß belasten, rechte Hüfte nach rechts, Kopf nach rechts.
und — Rechter Fuß tap vorwärts, rechte Hüfte bleibt rechts, Kopf nach links.
drei — Rechten Fuß belasten, linke Hüfte nach links, Kopf nach rechts.

Diese Motionsfolge kann auch mit anderen Kopfmotionen koordiniert werden: Heben, Senken, Neigen und Pendelschwünge. Ebenso können Schulterhalbkreise hinzugefügt werden.

Die Schüler können und sollen in Stufe III ausprobieren, welche und wie viele Koordinationen sie bei den verschiedenen Jazz Walks jeweils schaffen.

Shim Sham

Shim Sham ist ein Wortspiel, das die Bewegungsfolge der betreffenden Übung nachahmt. Shim Sam bedeutet: dauernder Wechsel von Pelvis nach vorn – Oberkörper zurück und Pelvis zurück – Oberkörper nach vorn. Die Ausgangsposition ist folgende: Pelvis nach vorn, Oberkörper stark zurückgebeugt.

Und — Oberkörper zurück, Kopf hoch, kleiner Sprung auf beiden Füßen nach vorn. Aber der rechte Fuß befindet sich jetzt etwas vor dem linken Fuß. Der Pelvis bleibt vorn. Arme in V-Position hoch.
a — Linker Fuß übernimmt, im Knie gebeugt, allein das Gewicht. Das rechte Bein wird ohne Gewicht hinter dem linken Fuß gekreuzt. Jetzt aber wird der Oberkörper waagerecht nach vorn gebeugt, der Pelvis also wird weit nach hinten zurückgeführt. Rechter Arm und rechte Schulter vorn tief, die rechte Hand zeigt zum Boden. Linker Arm und linke Schulter hinten hoch.
eins — Der rechte Fuß wird wieder nach vorn geführt und übernimmt das Gewicht. Pelvis wieder nach vorn, Oberkörper zurück, Arme wieder in V-Position.

Funky Jazz Walk mit Armkreisen

Nacheinander werden acht Funky Jazz Walks ausgeführt. Pelvis vor und zurück. Zählweise und eins und zwei usw. Die Arme aber werden folgendermaßen geführt: 1. Linker Arm zweite Position nach außen, rechter Arm diagonal / waagerecht nach vorn. 2. Linker Arm hoch. 3. Linker Arm Armkreis mit Handkreis nach innen. 4. Rechter Arm – Armkreis und Handkreis nach innen. 5. Beide Arme hoch. 6. Beine gehen tief ins Knie, die Hände befinden sich an den Schultern. 7. Beide Arme in zweiter Position außen mit Handkreis. 8. Beide Hände als Pinguin-Hände an den Hüften.

Jazz Walks als Triples und Quadruples

Triples Dabei gehen der Gewichtsübernahme zwei Fußmotionen voraus. Zählweise: und a eins. Das gebräuchlichste Beispiel ist der shuffle step: brush vorwärts, brush rückwärts, step. Ein anderes Beispiel ist: tap – tap – step: linker Fuß tap am rechten Fuß, linker Fuß tap zur Seite, linker Fuß mit step (Gewichtsübernahme) zum rechten Fuß.

Quadruples Dabei werden drei Fußmotionen vor der Gewichtsübernahme ausgeführt. Zählweise: a und da eins oder: a da und eins. Das bekannteste Beispiel ist der African (Primitive) Walk. Er wird folgendermaßen ausgeführt: rechter Fuß knee raise, rechter Fuß mit tap oder slam ohne Gewicht zu Boden, rechter Fuß noch einmal knee raise, rechter Fuß step oder stamp mit Gewicht zum Boden. Dieser African Walk stammt aus Angola, wie der Wiener Musik-Ethnologe Gerhard Kubik nachgewiesen hat. Dieser Quadruple heißt dort Kundekula.

Jazz Locomotors

Slides Das sind die Rutscher auf dem belasteten Fuß. Chug oder buck ist der slide vorwärts, pullback ist der slide rückwärts. Inside slides ist der slide nach innen, zum nicht belasteten Bein hin. Outside slide ist der slide nach außen, weg vom belasteten Bein. Stomp ist ein slide auf beiden, gleichmäßig belasteten Füßen nach allen Richtungen.

Chicken Walk (Charleston) Dabei handelt es sich um Rubberlegs mit kleinen Raumbewegungen. Knie und Füße drehen abwechselnd nach innen und außen. Dabei werden kleine steps ausgeführt. (Vergleiche erstes Kapitel des dritten Teils, dritter Bereich B, Schluß.)

Slop Slop ist eine typisch afrikanische Raumbewegung, die zwar einfach aussieht, aber in Wirklichkeit für den Anfänger nur schwer ausführbar ist. Wir beschreiben zunächst den Slop zur Seite:

Ausgangsposition: Stehe in zweiter neutraler Position, beide Beine gleichmäßig belastet.

Eins	Setze den rechten Fuß nach rechts, und zwar so, daß der linke Fuß den rechten Fuß abstößt. Genau gleichzeitig aber wird der linke Fuß (am Platz) auf der Ferse nach außen, also nach links, gedreht, der Ballen des linken Fußes befindet sich in der Luft, die linke Fußspitze zeigt nach links. Collapse!
und	Linker Fuß step zu rechtem Fuß.
zwei	Noch einmal slop nach rechts.
und	Diesmal linker Fuß mit tap ohne Gewicht zu rechtem Fuß.
drei	Linker Fuß step nach links, rechter Fuß slop.

Ähnlich wird auch slop vorwärts und rückwärts ausgeführt. Der jeweilige Fuß wird dabei stets zur Seite gedreht.

Parallels (Suzie-q) Die geschlossenen Knie und Füße werden abwechselnd auf Ballen und Ferse nach rechts und links gedreht (swivel). Das ergibt insgesamt eine Seitwärtsbewegung nach rechts beziehungsweise nach links (vergleiche erstes Kapitel des dritten Teils, dritter Bereich, Schluß).

James Brown African Twist Auch hier handelt es sich um Seitwärtsbewegungen. Der aktive Fuß erhebt sich abwechselnd auf Ferse und Ballen und und führt den Körper zur Seite. Der andere, der passive Fuß, wird nur mitgeführt (vergleiche erstes Kapitel des dritten Teils, dritter Bereich, Schluß).

Levels und Levelwechsel

Aus Rückenlage

Whole Body Lift Nur noch die Füße und der Kopf befinden sich als Stütze auf dem Boden.

Lift von Torso, Kopf und Beinen mit Levelwechsel Nur noch Hände und Füße befinden sich auf dem Boden (auf allen vieren), Gesicht und Körperfront nach oben. Von da aus weiter in Körper-Seit-Front: Die Füße bleiben am Boden, aber der Körper macht eine Vierteldrehung nach links, so daß nur noch die linke Hand am Boden bleibt, während die rechte Hand in die Höhe geführt wird. Von da aus wird der Körper sofort mit Hilfe der linken Hand nach oben in Stehen geführt.

Standardisierte Jazz-Levelwechsel

a) Mit hip raise in Stehen. Aus Einhüftsitz mit Hilfe eines Armes den Körper nach oben in Stehen stoßen.
b) Aus Grätschhocksitz. Mit Hilfe eines Arms in Stehen.

c) Pelvis thrust. Aus Swastika über Fußsohlentwist und Hocksitz mit Hilfe einer Hand in Stehen.
d) Aus Hocksitz über Ein-Knie in Stehen.
e) Aus Swastika in Stehen, entweder über Ein-Knie oder über beide Knie mit Pelvis Lift.
f) Aus Stehen direkt in Swastika.
g) Aus Bauchlage über Rückenlage mit Pelvis-Stoß und einer Hand in Stehen.
h) Dieselbe Übung, aber nun direkt aus Rückenlage.

Es gibt noch viele andere Möglichkeiten von Levelwechsel. Die Schüler sollen versuchen, gerade auf dieser Stufe neue Levelwechsel zu finden. Auch »akrobatische« Levelwechsel können schon versucht werden. Hier ein Vorschlag. Ausgangsposition: Sitzen in flachem, weitem Türkensitz. Von da aus Abrollen in Rückenlage und weiter bis in Schulterstand. Die Beine befinden sich hinter dem Kopf in der Luft. Die Hände werden vor dem Körper auf den Boden gedrückt. Dann wird der Oberkörper wieder so weit mit Schwung nach vorn abgerollt, bis das linke Knie sich auf dem Boden befindet, während das rechte Bein, im Knie gebeugt, weit vor dem Körper aufgestellt wird. Von da aus weiter in Stehen.

Falls (Fallbewegungen)

Eine Reihe von Falls kann schon auf Stufe III geübt werden.
a) Vorwärtsfall über Ein-Knie und Liegestütz in Bauchlage.
b) Aus Stehen über tiefe Hockstellung mit Hilfe der Hände in Langsitz und weiter in Rückenlage.
c) Über Schulterstand und Abrollen vorwärts in Rückenlage.
d) Aus Stehen über Knien in Rückenlage. Aus Knien wird der Oberkörper so weit tief nach hinten gebeugt, bis die Schultern den Boden berühren. Das ist eine gute Vorübung für Limbo! Dann werden die Beine, zunächst noch mit Hilfe der Hände, langsam so weit nach vorn geführt, bis totale Rückenlage erreicht ist. Diese Fall-Übung sollte zunächst mit der Hilfe eines Partners geübt werden. Später muß sie flüssig ohne Hilfe ausgeführt werden.
e) Aus Stehen über Ein-Knie in Einhüftsitz und weiter in Seitlage.
f) Aus Stehen über Ein-Knie und eine Schulter (zur Seite bewegen), den Körper zum Boden führen, bis Seitlage erreicht ist.

Wiederum sollen die Schüler versuchen, neue Möglichkeiten von Falls zu entdekken.

Hier ein Beispiel: Aus Stehen über Seitfront in Liegen.
Stehe in Collapse, drehe aber den Oberkörper etwas nach links. Lasse nun den ganzen Körper lässig so weit nach links / unten fallen, bis die linke Hand den Boden berührt. Dann wird der ganze Oberkörper so weit nach links gedreht, bis sich auch der rechte Arm auf dem Boden befindet. (Übersetzen des rechten Arms.) Wir haben also nun

eine Variation der Position auf allen vieren. Beide Arme und beide Füße befinden sich auf dem Boden, aber die Körperfront ist nicht direkt nach unten gerichtet, sondern diagonal zum Boden. Die rechte, die vordere Schulter ist höher als die linke. Von da aus weiter in Rücken- oder Bauchlage.

Jazz-Pirouette

Die Jazz-Pirouette wird wie jede andere Pirouette auf einem Bein auf der Stelle ausgeführt. Aber in der Jazz-Pirouette befindet sich der Oberkörper in Collapse-Haltung. Auch sind beide Beine in der Regel im Knie gebeugt. Die Arme werden in die zweite Position nach außen geführt. Die Jazz-Pirouette wird mit Motionen des Kopfs koordiniert.

Sprünge

Alle bereits auf Stufe II erlernten Sprünge müssen nun mit Collapse und polyzentrischen Koordinationen ausgeführt werden: mit Motionen des Kopfs, der Schultern, des Brustkorbs und des Pelvis. Natürlich gibt es dabei keine Vorschriften darüber, welche Motionen des Torso und des Kopfs jeweils mit den springenden Beinen koordiniert werden. Sehr beliebt sind im Jazz Dance Hocksprünge aller Arten mit Koordination der Arme, des Kopfs und der Schultern. Typisch für den Jazz Dance sind auch Stag Leaps (Hirschsprünge) mit Koordinationen des Kopfs, der Schultern und der Arme. Auch die isolierten Hände können während eines Sprungs mit Pinguin, Jazz Hand und Handkreis aktiviert werden.

Neue warm ups

Die Reihenfolge der bis jetzt dargestellten Techniken ergibt auch den Aufbau der einzelnen Lektionen in Stufe III. Wir können daher auf ein Stundenmodell verzichten. Wir geben aber einige neue warm ups.

1. bounce-plié

Ausgangsposition: Beide Beine in neutraler erster Position. Arme waagerecht nach vorn, Handfläche zum Boden.

1–4	Körper mit immer tiefer werdendem plié und bounce so tief absenken, bis Hockstellung erreicht ist. Das Gewicht bleibt auf dem Ballen der Füße.
5–8	Zurück in Stehen, wieder mit bounce und plié.

2. Shuffle step mit point und flex

Und a eins	Brush rechter Fuß vorwärts, point und flex.
und a zwei	Brush rückwärts, point und flex.
drei und vier	Step rechter Fuß, step linker Fuß, step rechter Fuß.

Achtung! Der normale shuffle step ist ein Triple Jazz Walk mit der Zählweise und a eins.

3. Wadenstreckübung

Eins	Großer Ausfallschritt mit rechtem Fuß (lunge), rechtes Knie tief gebeugt. Arme vorwärts, Handflächen zum Boden. Linke Ferse erhoben, aber das linke Bein als Ganzes bleibt gestreckt.
und	Strecke das vordere, rechte Bein, die linke Ferse wird damit automatisch zum Boden abgesenkt.
zwei	Rechtes Knie wieder beugen, die linke Ferse erhebt sich.

Diese Übung wird mehrere Male wiederholt.

4. Heelstand mit arm reach (Wechsel des Fersenstands mit Armstößen nach oben).

Stehe in weiter zweiter neutraler Position, die Füße sind etwa 40 Zentimeter voneinander entfernt. Arme in zweiter Position außen.

Eins	Beuge das rechte Bein so stark, bis sich der rechte Fuß senkrecht nach oben auf die Zehen erhebt. Die linke Hüfte ist höher als die rechte Hüfte. Der rechte Arm wird nun direkt in die Höhe nach oben gestoßen. Das ist der reach. Die rechte Schulter wird mit erhoben. Der linke Arm verändert seine Position nicht. Der Kopf ist nach links geneigt.
und	Rechte Ferse absenken, beide Arme wieder in zweiter Position.

Heelstand mit arm reach

zwei	Das linke Bein wird nun so tief gebeugt, bis sich der linke Fuß steil auf die Zehen erhebt. Der linke Arm wird nach oben gestoßen. Der Kopf ist nach rechts geneigt.
und	Linke Ferse absenken, beide Arme wieder in zweiter Position.
drei	Wiederholung mit rechtem Fuß in Zehenstand.

5. Heelstand-Wechsel mit Kopfmotionen

Eins	Das rechte Bein wird im Knie gebeugt, rechter Fuß Zehenstand. Aber nun wird der Oberkörper so weit nach vorn gebeugt, bis der Kopf das linke, also das gestreckte Knie berührt. Die Arme zeigen nach vorn / tief.
und	Rechten Fuß absenken, Oberkörper und Kopf wieder hoch.
zwei	Das linke Bein wird im Knie so tief gebeugt, bis sich der linke Fuß in Zehenstand befindet. Der Kopf wird jetzt zum rechten, also dem gestreckten Knie geführt.
und	Linke Ferse absenken, Oberkörper und Kopf wieder hoch.
drei	Wiederholung mit rechtem Fuß in Zehenstand und Kopf zu linkem Knie.

6. Oberkörper-contract

Eins	Beide Knie werden leicht gebeugt, auch der Oberkörper wird leicht nach vorn gebeugt. Beide Arme zeigen nach vorn / diagonal / tief. Die Schultern werden leicht nach vorn geführt.
zwei	Oberkörper und Knie tiefer beugen. Die Fersen erheben sich nun vom Boden. Der Pelvis wird nach vorn geschoben.
drei	Beide Knie werden nun so tief gebeugt, bis sie sich nur etwa 35 cm vom Boden weg befinden. Der Oberkörper wird auf diese Weise fast automatisch nach rückwärts gebeugt. Auch die Oberschenkel zeigen

Oberkörper-contract

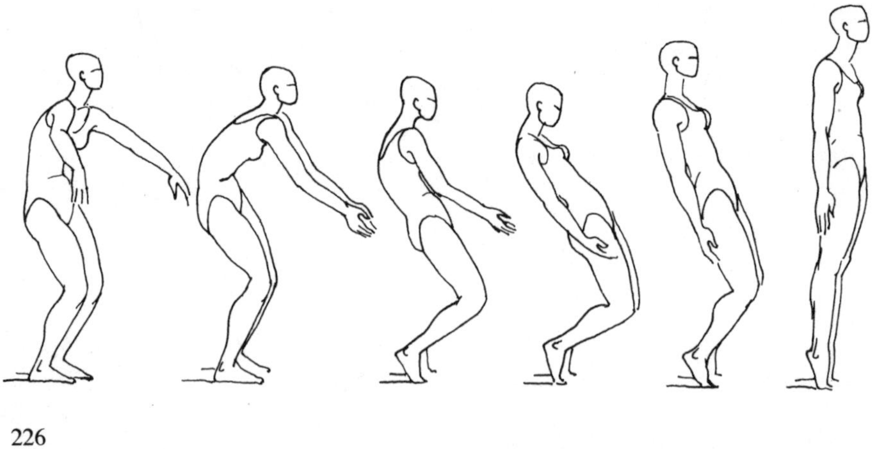

	nach hinten. Die Füße befinden sich in Ballenstand. Der Pelvis wird nach vorn geschoben.
vier	Der ganze Körper muß nun eine einzige Linie zeigen, die von den Knien bis zu den Schultern nach diagonal / hoch / hinten führt.
ab fünf	Oberkörper wieder langsam aufrichten. Die Bewegungsfolge fünf bis acht wird umgekehrt wie die von eins bis vier ausgeführt.

7. Side-contract mit hip lift

Hebe die rechte Hüfte. Dadurch wird das unbelastete rechte Bein ebenfalls erhoben, es wird gestreckt zur Seite in die Luft geführt. Die rechte Hüfte befindet sich also höher als die linke Hüfte. Im Gegensatz zu der rechten Hüfte befindet sich aber die rechte Schulter vorn / tief, die linke aber hinten / hoch. Der rechte Arm wird parallel zum rechten Bein seitwärts nach unten geführt. Der linke Arm zeigt nach seitlich / hinten / tief. Oberkörper leicht nach rechts, Kopf ebenfalls nach rechts geneigt. Auf diese Weise wird die rechte Körperseite zusammengezogen, sie zeigt also contract.

Wiederholung mit linker Hüfte. Hip lift mit linker Hüfte, rechte Hüfte tiefer als die linke. Das linke, umbelastete Bein wird erhoben und zur Seite gestreckt. Die linke Schulter befindet sich tief / vorn, die rechte Schulter hinten / hoch. Der rechte Arm zeigt seitlich / hinten / tief. Der linke Arm aber wird parallel zum linken Bein seitwärts nach unten geführt. Oberkörper und Kopf werden nach links geneigt. Auf diese Weise erfolgt contract in der linken Körperseite.

Side-contract mit hip lift

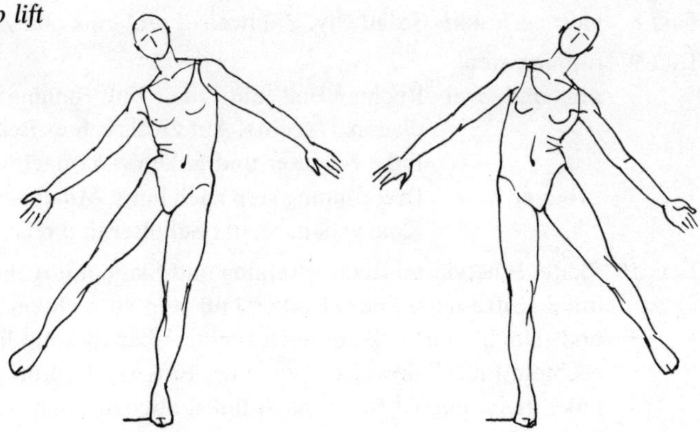

Choreographie für 32 Takte

Takt 1	Vier Struts, zweimal nach rechts / diagonal und zweimal nach links / diagonal. Nach rechts mit linkem und rechtem Fuß, dann eine viertel Linksdrehung, weiter nach links mit linkem Fuß und rechtem Fuß. Zählweise: und eins und zwei.
Takt 2	Dreimal Parallels nach rechts: Ferse, Ballen, Ferse. Dann wird der linke Fuß nach links in zweite Position geführt. Zählweise: eins bis vier.
Takt 3	Brustkorb-Kreuz mit Koordination des Kopfes und der Arme. Arme in zweiter Position außer mit Jazz Hand. Opposition von Brustkorb und Kopf bei den Seitwärtsbewegungen. Brustkorb und Kopf gleichzeitig hoch und tief. Zählweise: eins bis vier.
Takt 4	Pelvis-Spirale nach unten und oben. Zählweise: eins bis vier.
Takt 5	Table-top-Kreis im Stehen. Zählweise: eins bis vier.
Takt 6	Jazz-Pirouette

und a eins	Hop ballchange (rechter Fuß, linker Fuß, rechter Fuß)
und zwei	Ballchange am Platz linker Fuß, rechter Fuß
und drei	Linker Fuß zu rechtem Fuß, rechter Fuß passé zu linkem Knie
vier	Pirouette auf dem linken Bein

Takt 7	Wiederholung, beginnend mit hop auf linkem Fuß und Pirouette auf rechtem Bein.
Takt 8	viermal Funky Broadway. Zählweise: und eins und zwei.
Takt 9	running steps

eins und zwei	Rechter Fuß und linker Fuß running step auf Ballen nach diagonal / rechts. Auf zwei rechtes Bein tief ins Knie gehen, linke Schulter und linken Arm nach vorn führen.
drei und vier	Drei running step nach links. Mit dem dritten Schritt tief ins Knie gehen, rechte Schulter und rechter Arm nach vorn.

Takt 10	Skate. Eine viertel Rechtsdrehung und Skate mit rechtem Fuß nach rechts: linke Hüfte nach links. Linker Fuß step zu rechtem Fuß. Zählweise: eins und. Noch einmal Skate nach rechts, aber diesmal linker Fuß nur tap zu rechtem Fuß. Zählweise: zwei und. Eine viertel Linksdrehung. Skate nach links, noch einmal Skate nach links, aber diesmal rechter Fuß mit tap zu linkem Fuß.
Takt 11	Zweimal step hop auf linkem Fuß und rechtem Fuß. Zählweise: eins und zwei und. Jazz Leap von rechtem Fuß auf linken Fuß, von linkem Fuß auf rechten Fuß, jeweils diagonal. Zählweise: drei, vier.
Takt 12	Über Ein-Knie auf beide Knie und table top (Kniebank). Zählweise: und eins. Table-top-Kreis im Knien. Zählweise: und zwei und drei. Mit vier dann den Körper im Knien aufrichten.

Takt 13 Über Einhüftsitz in Swastika (und eins), rechtes Bein vorn. Zweimal Swastika-Beinwechsel (zwei, drei). Zuerst also rechtes Bein vorn, dann linkes Bein vorn, wieder rechtes Bein vorn. Auf vier: Pelvis-Karussell.

Takt 14 Kurz abrollen in Rückenlage, aufrichten in Hocksitz und Pelvis Walk (eins bis vier).

Takt 15 Abrollen in Rückenlage, über Schulterstand Beine hinter den Kopf führen und wieder zurück in Rückenlage (eins bis vier).

Takt 16 In Rückenlage Pelvis Lift und zurück zum Boden. Body Lift und zurück zum Boden (eins und zwei und). Mit Wälzrolle in Bauchlage. Inverted back bend und zurück zum Boden (drei, vier und).

Takt 17 Zurück in Rückenlage, aufrichten in Sitzen, Übergang in Grätschhocksitz (eins und zwei), mit Hilfe einer Hand den Körper in Stehen stoßen (drei, vier).

Takt 18 Zwei Kopfkreise (und a eins). Pelvis-Kreis (und zwei). Pelvis-Achter (und drei und vier).

Takt 19 Zweimal African Body Roll. Zuerst über table top, Pelvis hinten hoch zu Pelvis nach vorn. Die zweite Rolle wird mit S-Kurve des Rückgrats (release der Torso-Zentren und des Kopfs) ausgeführt. Zählweise: eins bis vier.

Takt 20 Zweimal Strut, zweimal Camel Walk mit Rock-Technik (und eins und zwei usw.).

Takt 21 Zwei Hocksprünge. Einmal mit geschlossenen, das andere Mal mit geöffneten Knien. Zweimal leap jeweils mit rechtem und linkem Fuß abspringen (eins bis vier).

Takt 22 Zweimal Chicken Walk, zweimal Jerk (und eins und zwei und drei und vier).

Takt 23 Zweimal Soul Hip Walk, zweimal Cuban Walk (und eins und zwei usw.).

Takt 24 Zweimal Dreischrittdrehungen nach rechts und links (und a eins und a zwei). Zwei Spiraldrehungen nach rechts und links (drei, vier).

Takt 25 Funky Lindy: Und a eins: chassé vorwärts, rechter Fuß, linker Fuß, rechter Fuß. Und zwei: hip lift linke Hüfte, linker Fuß step nach hinten. Und drei: kick step rechter Fuß, rechter Fuß. Und vier: ballchange linker Fuß, rechter Fuß.

Takt 26 Slop und slide. Und eins: slop nach rechts, linker Fuß stets zu rechtem Fuß. Und zwei: slop nach rechts, linker Fuß ohne Gewicht zu rechtem Fuß. Und drei: linker Fuß chug vorwärts, linker Fuß pullback zurück. Und vier: stomp mit beiden Füßen vorwärts und rückwärts.

Takt 27 Jazz-Pirouette wie in Takt 6 auf linkem Bein.

Takt 28 Zweimal Funky Jazz Walk mit rechtem Fuß und linkem Fuß. Einmal Low Jazz Walk mit rechtem Fuß (und eins und zwei und drei). Auf vier: Sprung in tiefe Hocke.

Takt 29 Oberkörper waagerecht zurückbeugen, die Arme stützen den Körper (eins). Übergang in Knien (zwei). Über rechten Ellenbogen und rechte Schulter abrollen in rechte Seitlage (drei). Wieder zurück in Einhüftsitz und mit Pelvisstoß den Körper mit Hilfe des rechten Arms in Stehen stoßen (und vier).

Takt 30 Viermal Funky Jazz Walk mit Kopfkreisen, Armkreisen und Handkreisen. Beginn mit rechtem Fuß. Zählweise: und eins und zwei usw.

Takt 31 African Primitive Walk. Beginn mit rechtem Bein: knee raise, tap oder slam, knee raise, step mit Gewicht. Zählweise: und eins und zwei. Wiederholung mit linkem Bein.

Takt 32 Abschluß mit vier prances, koordiniert mit Kopfkreisen. Zählweise: und eins und zwei usw.

Stufe IV

Übungen

Die Übungen dieser Stufe sind professionellen Tänzern und hochbegabten Amateuren vorbehalten. Für den normalen Laien sind sie zu schwierig. Es handelt sich um folgende Techniken:

1. Schwierige Falls und Levelwechsel.
2. Shakes.
3. Limbo.
4. Lay out.
5. Ganze Drehsprünge in der Luft (air turns).
6. Akrobatische Sprünge.

Die älteren amerikanischen Lehrbücher behandeln fast nur lay outs und air turns. Diese Übungen stammen aus dem klassischen Ballett. Afrikanischen Ursprungs sind Limbo, die Shakes und die akrobatischen Falls. Diese Techniken gehörten schon immer zum Repertoire des volkstümlichen afro-amerikanischen Tanztheaters. Noch heute gibt es schwarze Akrobaten-Tänzergruppen innerhalb der US-Army in Westeuropa. Diese Nachfahren der alten schwarzen Minstrelsy treten sogar heute noch in alten Kostümen auf. Aber die weiße Jugend wurde mit Limbo und Shake erst durch die Soul-Tänze der sechziger Jahre bekannt.

Die Falls

Die afro-amerikanischen Tanzakrobaten kannten schwierige akrobatische Falls schon immer. (Vergleiche Stearns.) Vor allem die Tänze der südafrikanischen Bantu werden durch raffinierte Falls charakterisiert. Allerdings konnte bis jetzt noch nicht nachgewiesen werden, daß die afro-amerikanischen Falls aus Südafrika stammen.

Doch kennen auch die anderen Tanzprovinzen Afrikas akrobatische Fallbewegungen. Auf alle Fälle gehören die Falls heute in den modernen professionellen Jazz Dance hinein. Es handelt sich in Stufe IV um folgende Falls:

a) Direktes Vorwärtsfallen über kurzen Liegestütz in Bauchlage.
b) Direktes Rückwärtsfallen über hinteren Liegestütz in Rückenlage.
c) Direktes Seitwärtsfallen über Seitliegestütz in Seitlage.
d) Über Kopf- oder Schulterstand in Rückenlage.
e) Ohne Partner: aus Stehen über Knien und Rückbeugung in Rückenlage.
f) Aus jump (beide Beine vorn) direkt in Sitzen. Weiter in Rückenlage.
g) Aus hop direkt in Ein-Knie und weiter in Bauchlage.
h) Aus Stehen über Seitfront in Rückenlage. Die Übung über Seitfront in Bauchlage wurde schon auf Stufe III vorgestellt. Nun üben wir den Übergang in Rückenlage. Lasse den Körper aus Stehen locker nach links fallen, fange ihn aber mit der linken Hand auf. Das ist die Seitfront mit Einhandstütz. Setze aber nun nicht die rechte Hand nach links auf den Boden über, sondern setze die rechte Hand nach rechts auf den Boden auf. Dabei wird der Körper so lange nach rechts gedreht, bis die Position auf allen vieren mit Blick zur Decke erreicht ist. Von da aus absenken in Rückenlage.
i) Aus leap in Liegestütz mit einem Knie gebeugt. Springe mit dem rechten Bein nach vorn. Lasse nach dem Aufsetzen des rechten Beins den Körper sofort nach vorn fallen und stütze ihn mit den Händen ab. Das rechte Bein aber wird im Fallen nicht gestreckt, sondern, stark nach vorn gerichtet, im Knie gebeugt. Das Knie und der Oberschenkel zeigen nach rechts, der Unterschenkel nach links. Ballenstand des rechten Fußes! Das linke Bein befindet sich hinten, der linke Oberschenkel hinter dem rechten Unterschenkel. Von diesem Liegestütz aus dann weiter in Bauchlage.

Levelwechsel

Aus Sitzen über Rückenlage und Schulterstand in Knien.
Ausgangsposition: flacher Türkensitz. Abrollen nach hinten in Rückenlage. Weiter in Schulterstand. Von da aus wird der Körper über kurzen Kopfstand mit Hilfe der Hände in Ein-Knie hinten geführt. Dann wird die ganze Bewegung nach vorn umgekehrt. Aus Ein-Knie in Kopfstand und Schulterstand, weiter nach vorn in Rückenlage abrollen und weiter mit Schwung bis zu Ein-Knie vorn.

Akrobatische Falls und Levelwechsel

Dabei handelt es sich durchweg um Verbindungen von Sprüngen mit Falls und Levelwechsel. Eine noch relativ einfache Übung ist jump (ein Bein vorn, das andere hinten) und anschließend Spagat. Ähnlich: jump mit Beinen in der Luft und Landen auf dem Boden in zweiter Position. Wir behandeln die akrobatischen Falls und Levelwechsel hier nicht weiter. Sie führen aus dem normalen Jazz Dance in reine Akrobatik hinüber.

Limbo, Shimmy und Shake

Diese Techniken können, wie die moderne Erfahrung gezeigt hat, auch von begabten Laien erlernt werden. Bei Limbo ist dabei natürlich zuerst eine Partnerhilfe notwendig. Der Schulter-Shake kann durchgeführt werden, wenn der Tänzer es gelernt hat, seine Schulterblätter isoliert zu bewegen. Voraussetzung für den Shimmy ist die Fähigkeit, die Hinterbacken (buttocks) isoliert in rotierende Bewegungen zu versetzen. Wer diese – enorm schwierige – Wackelbewegung rasch hintereinander ausführen kann, für den ergibt sich der Shimmy, also die vom Pelvis bis zu den Schultern reichende Zitterbewegung, fast von selbst.

Lay out

Diese Technik kann ohne die Beherrschung der Techniken des klassischen Balletts kaum richtig ausgeführt werden. Es handelt sich um geschlossene Bewegungen des ganzen Torsos mit gestreckten Beinen. Bei lay out rückwärts und seitwärts bildet der ganze Körper eine einzige Linie. Bei lay out vorwärts reicht diese Linie vom Kopf bis zum Pelvis, während das Spielbein gestreckt zur Seite geführt wird. Das alles hat mit Jazz Dance nichts zu tun. Für diesen Tanzstil sind die lay outs jedoch interessant, weil sie Fuß-Isolationen ermöglichen: Fußkreise, point und flex, Zehenisolation.

Air turns (Luftdrehungen)

Im Jazz Dance werden diese Drehungen gemäß den afrikanischen Bewegungsgesetzen ausgeführt, also mit Collapse, gebeugten Knien und Koordinationen. Für den professionellen Jazztänzer sind diese Drehungen Pflicht: hop turn (Absprung von einem Bein und Landen auf dem gleichen Bein), leap turn (Absprung von einem Bein, Landung auf dem anderen Bein), jump turn (Absprung und Landung auf beiden Beinen).

Rückblick und Ausblick

Wir haben nun alle bekannten und standardisierten Techniken des Jazz Dance vorgestellt. Von nun an sollen Lehrer und Schüler in voller Freiheit neue Bewegungen und Bewegungsfolgen entdecken und schaffen. Der Phantasie und der Improvisation sind keine Grenzen mehr gesetzt. Die Geschichte und Entwicklung des Jazz Dance ist zum Glück noch nicht abgeschlossen. Als einzige Gesetze gelten: Polyzentrik, Isolation, Multiplikation und Koordination.

Anhang

Alphabetisches Verzeichnis der englischen Fachbegriffe

accent harte, stoßartige Bewegung
African body roll afrikanische Körperrolle
all fours auf allen vieren (Kriechen)
arch Bogen, Wölbung
area isolierter Teil eines Zentrums (Schultergürtel, Pelvis, Arme, Beine)
arm circle Armkreis
back zurück, Rücken
back lying (= supine position) Rückenlage
backwards rückwärts
ball Fußballen
ballchange Fußwechsel
balldrop Fuß absenken auf Ballen
ballstand auf dem Fußballen stehen
beat unbelastetes Aufsetzen des Fußballens oder der Ferse
Beat in der Jazzmusik normaler, regelmäßiger Schlag. Gegensatz: Offbeat
bend beugen, Beugung
body Körper
body roll Körperrolle
bounce wippen (mit Oberkörper oder Knien)
brush Bürsten des isolierten Fußes
buck slide vorwärts
bump Vorwärtsstoßen des isolierten Pelvis
buttocks Hinterbacken
buttocks shake Wellen- und Schüttelbewegungen, die von den Hinterbacken ausgehen
Camel Walk Jazz Walk mit starkem Kniewippen (bounce)

catch step Dreischrittverbindung am Platz
change Wechsel
chest Brustkorb
Chicken Walk Jazz Walk mit Wechsel von Füßen und Knien nach außen und innen
chug slide vorwärts (= buck)
circle Kreis
clap hands Händeklatschen
Collapse typische Haltung im Jazz Dance: Oberkörper und Knie gebeugt
contraction Zusammenziehen, Kleinerwerden des Körpers oder eines Zentrums
cradle Wiegesitz
cross Kreuzfigur von Brustkorb und Pelvis
crouch Kriechen auf allen vieren
Cuban Walk Jazz Walk mit Opposition von Hüfte und Schreitbein
deep (low) bend tiefe Beugung des Oberkörpers
dip Knie rasch beugen und so den Körper nach unten führen
double doppelt
Double Jazz Walk Jazz Walk mit zwei Motionen
drop (knee drop, body drop) fallen lassen, beugen, absenken
ecstasy ekstatische Kopfkreise
eight (figure eight) Achterfigur
elbow Ellbogen
elbow circle Unterarmkreis
face Gesicht
fall Fallbewegung
fan Fächer (geöffnete Hand)
figure eight Achterfigur von Schultern, Brustkorb und Pelvis
fist Faust
flap flacher brush step
flat flach
flat step Schritt auf ganzer Fußsohle
Flat Jazz Walk Jazz Walk mit flachem Fuß beginnend
flex (siehe auch point and flex) beugen (Oberkörper, Knie, Fuß)
floor level Bodenlevel
foot Fuß
forward vorwärts
freezing (= Shimmy) Wellen, die bei den buttocks shakes den Rücken überfluten
front lying (= prone position) Bauchlage
funky negerhaft, ekstatisch, polyzentrisch
Funky Broadway polyzentrischer Jazz Dance im Soulstil
Grapevine wörtlich: Weinrebe. Vier Schritte mit Überkreuzen der Beine
handwalk Gehen auf den Händen
Harlem Walk Jazz Walk mit Vorwärtsgleiten des unbelasteten Fußes
head Kopf
heel Ferse
heel beat unbelastetes Aufsetzen der Ferse
heel drop Absenken auf Ferse
heel sit Fersensitz
heel stand Stehen auf Ferse
heel tap kurzes unbelastetes Aufsetzen der Ferse
high arch hoher Bogen in Rückenlage
hip Hüfte
hip cross Pelviskreuz
hip lift eine Hüfte heben
hop hüpfen auf einem Bein und landen auf dem gleichen Bein
inside slide Slide nach innen
inside turn Pirouettendrehung mit Gesicht in Drehrichtung
inverted back bend (arch) in Bauchlage: Erheben des Oberkörpers
inverted hand Handfläche nach oben
James Brown African Twist Seitwärtsbewegung mit einem Fuß abwechselnd auf Ferse und Ballen
Jazz Hand typische Handhaltung im Jazz Dance. Finger und Daumen weit voneinander getrennt
Jazz Walk typische Fortbewegung im Jazz Dance (Multiplikation)
Jelly Roll siehe freezing
jerk tiefer Collapse mit vorgeschobenen Schultern und Hüften, Kopf total isoliert
jump Absprung auf beiden Füßen und Landen auf beiden Füßen
knee dip, knee drop Knie beugen, absenken
knee hinge Knie als Scharnier. Aus Stehen in Knien

knee roll isolierte Seitwärtsbewegung des Knies
knee raise Knieheben
kneeling level Knielevel
Latin Hip Opposition von Hüfte und Schreitbein
lay out Bein nach vorwärts, rückwärts, zur Seite strecken. Oberkörper waagerecht
lean Kopf zur Seite neigen
leap Sprung von einem auf das andere Bein
leg Bein
leg extension Strecken des Beins aus Knieheben heraus
level wörtlich: Niveau. Verhältnis des Körpers zum Boden: Stehen, Hocken, Kriechen, Sitzen, Liegen
level change Levelwechsel
lift erheben
Lindy Tanz mit chassé, hip lift und kick
Limbo Oberkörper flach nach rückwärts beugen. Nur noch die Fußsohlen stützen den Körper
Locomotors Fortbewegungsart im Raum
Low Jazz Walk Jazz Walk mit flachem Rücken
low body bend tiefe Beugung des Rumpfs
lunge Ausfallschritt
lying level Liegen
marching = walking Gehen, Marschieren
Offbeat nicht auf dem Beat spielen und tanzen, sondern zwischen den Beats
one hip sit Einhüftsitz
one knee Knien auf einem Knie, Einknie
outside slide Slide nach außen, vom Spielbein weg
outside turn Drehung, Gesicht gegen Drehrichtung
parallels Seitwärtsbewegung beider Füße, abwechselnd auf Ballen und Ferse
pelvis Becken
pick up Zurückschlagen des unbelasteten Fußes in die Luft
pivot turn Achsendrehung, Pirouette
point Strecken des isolierten Fußes
point and flex Strecken und Beugen des isolierten Fußes
Prance Jazz Walk beginnend mit Knieheben
press drücken
prone auf dem Bauch
pull ziehen
pullback Slide rückwärts
push schieben
reach Arme hochstoßen
Reggae Walk Jazz Walk mit Hüfte und Bein parallel
release Größerwerden des Körpers oder eines Zentrums
ribcage Brustkorb
Rock Jazz besonderer Stil von Jazz Walks: *zuerst* tief, *dann* Körper hoch
Rubberlegs Gummibeine. Jazz Walk mit Wechsel von Knien und Füßen nach außen und innen
running laufen
scuff brush beginnend mit Ferse
seat Sitz
second leg bzw. *arm position* zweite Position von Armen bzw. Beinen
shake Schütteln des Körpers, entweder von den Schultern oder den Hinterbacken ausgehend
Shimmy = buttocks shake
shim sham Dauernder Wechsel von Oberkörper nach vorn und zurück
shoulder Schulter
shoulder circle Schulterkreis
shoulder shake Shake von den Schultern ausgehend
side lying Seitlage rechts und links
side stretch Seitwärtsbeugen des Oberkörpers. Gesicht nach vorn
sit sitzen
Skate wörtlich: Schlittschuhe laufen. Soultanz mit Opposition von Hüfte und Bein
skid Gleiten eines unbelasteten Fußes nach vorn
skip step plus hop (Schritt und Hüpfer)
slide Rutschbewegung auf dem belasteten Fuß
slam unbelastetes Aufsetzen des ganzen Fußes
slop afro-amerikanische Fußtechnik: ein Fuß seitwärts, vorwärts oder rückwärts, anderer Fuß mit Ballen in der Luft

snake Schlange, Erheben des Oberkörpers in Bauchlage

snake hips Schlangenhüften. Weiter Pelviskreis

sole Fußsohle

Soul hip Hüfte und Schreitbein parallel

spiral turn Spiraldrehung

spot turn Drehung am Platz

square Viereck. pelvis square: Figur des Pelvis

squatting Hocken, Kauern

Stag Leap Hirschsprung (Sprung mit beiden Beinen im Knie stark gebeugt)

stamp kraftvolles Aufsetzen des Fußes

step Schritt. Im Jazz Dance jede Art von Gewichtsverlagerung

step turn Schrittdrehung

stomp slide mit beiden Füßen

stretch Streckung (siehe side stretch)

Sundari indische Verschiebungen des Kopfes

Supine Rückenlage

sustained langsam, getragen

Suzie-q = Parallels

swan Schwan. Schwanenhaltung in Bauchlage

Swastika Zweihüftsitz

table top Oberkörper von der Taille aus waagerecht

three step turn Dreischrittdrehung

thrust Wurf, harte, stoßartige Bewegung

tilt = thrust

toe stand Zehenstand

Triple Jazz Walk Jazz Walk, Gewichtsübernahme erst mit der dritten Motion

turn Drehung

twist gegenseitiges Verdrehen zweier Zentren. Beispiel: Schultertwist: Verdrehen der Schultern gegen den Brustkorb

two hip sit = Swastika Zweihüftsitz

upper body Oberkörper von der Taille aus

walk Gang, Gehen

walking turn Drehung mit Gehschritten

whole body ganzer Körper

wiggle Schütteln, vor allem der Hände

womb wörtlich Kind im Mutterleib. Körper zusammenziehen

wrist Handgelenk

wrist turn Handdrehung

Literaturverzeichnis

Stand 15. Juni 1978

Allen William u. a. (Hrsg.) Slave Songs of the United States. New York 1867 Neudruck 1960

Ames, Jerry, and Siegelman, Jim The Book of Tap. New York 1977

Ashbury, Herbert The French Quarter New York 1936

Asriel, André Jazz. Berlin 1966

Bachmann, Fritz Tanzmusik und Gesellschaft Leipzig 1967

Baker, Josephine Mémoires. Paris 1927

Baker, Josephine Josephine. Paris 1976 Deutsch: Ausgerechnet Bananen Bern 1976

Ballwebber, Edith Tap Dancing Chicago 1930

Bastide, Roger Les Amériques Noires Paris 1967

Behrendt, Joachim Ernst Das Jazzbuch Frankfurt 1973

Behrendt, Joachim Ernst Ein Fenster aus Jazz Frankfurt 1978

Beier, Ulli Talking Drums of the Yoruba In: African Music 1954

Blacking, John (Hrsg.) The Anthropology of the Body. London 1977

Blake, Dick Discotheque Dances New York 1965

Blesh, Rudi They all played Ragtime New York 1955

Bohländer, Carlo, und Holler, Karl Heinz Reclams Jazzführer. Stuttgart 1971

Borneman, Ernest The Roots of Jazz In: *Hentoff/McCarthy* Jazz. New York 1959

Brandel, Rose The Music in Central Africa Den Haag 1961

Butcher, Margret The Negro in American Culture. New York 1957

Cable, George W. The Dance in Place Congo In: Century Magazine 1886

Cable, George W. Creole Slave Songs In: Century Magazine 1886 Neudruck beider Aufsätze bei Jackson

Cameron, Verney L. Quer durch Afrika Leipzig 1877

Castle, Vernon and Irene Modern Dancing New York 1914

Cavazzi, Ioanne Antonio Historische Beschreibung der in dem unteren occidentalischen Mohrenland ligenden drey Königreichen Congo, Matamba und Angola. München 1694

Cayou, Dolores Modern Jazz Dance Palo Alto 1971

Chase, Gilbert America's Music New York 1955. Deutsch: Die Musik Amerikas. Berlin 1958

Cleaver, Eldridge Soul on Ice New York 1968. Deutsch: Seele auf Eis München 1969

Courlander, Harold Negro Folk Music USA New York 1963

Cresswell, Nicholas The Journal (1774–1777). Neudruck New York 1924

Daniels, Ron The Jazz Teacher Dance Magazine, April 1978

Darbois, Dominique Afrika tanzt Prag 1962

Dauer, Alfons M. Musiklandschaften in Afrika Afrika heute 1. 12. 1966

Dauer, Alfons M. Stil und Technik im afrikanischen Tanz Afrika heute 15. 12. 1967

Dauer, Alfons M. Kinesis und Katharsis Prolegomena zur Deutung afrikanischer Rhythmik. Afrika heute 15. 10. 1969

Dauer, Alfons M. Jazz – die magische Musik. Bremen 1961

Dauer, Alfons M. Der Jazz – seine Ursprünge und seine Entwicklung Kassel/Eisenach 1959 Dritte Auflage 1977

Deren, Maya Divine Horsemen. Vaudou Gods of Haiti. New York 1976

Dunham, Katherine Les Danses d'Haiti Paris 1950

Dwyer, Nornie Dance the Twist
London 1962
Emery, Lynn Fauley Black Dance in the USA
Palo Alto 1972
Eno-Belinga, M. S. Littérature et Musique
Populaire en Afrique Noire. Paris 1965
Feather, Leonard The Book of Jazz
London 1961
Fischer-Münstermann, Uta Von der Jazz-
gymnastik zum Jazztanz. Celle 1975
Fletcher, Tom The Tom-Fletcher-Story
New York 1954
Fogel, Robert W., and Engerman, Stanley L.
Time on the Cross. Boston 1974
Frazier, Franklin The Negro in the USA
New York 1957
Frobenius, Leo Kulturgeschichte Afrikas
Zürich 1954
Gay, Moyra Modern Tap Techniques
London 1976
Gebauer, Paul Dances of Cameroon
African Arts 1971
Giordano, Gus American Jazz Dance
New Rochelle 1966
Giordano, Gus Anthology of American
Jazz Dance. Evanston 1975
Gorer, Geoffrey Africa dances
New York 1962
Grandepré, Louis de Reise nach Kongo
in den Jahren 1786 u. 1787
Leipzig 1817
Griaule, Marcel Masques Dogons
Paris 1963
Grimmer, Manfred, und Günther, Helmut
Tap Dance. Stuttgart 1973
Günther, Helmut Grundphänomene und
Grundbegriffe des afrikanischen
und afro-amerikanischen Tanzes
Wien 1970, dritte Auflage 1977
Günther, Helmut Dances of Nigeria
In: Nigerian Writing. Tübingen 1977
Günther, Helmut Zur Retention afrikanischer
Tanzstile in den USA bis heute
In: Jazzforschung 9, Graz 1978
Günther, Helmut, und Schäfer, Helmut
Vom Schamanentanz zur Rumba
Stuttgart 1975
Günther, Helmut und Haag, Hubert
Von Rock 'n' Roll bis Soul. Die modernen
Poptänze von 1954 bis 1976
Stuttgart 1976
Handy, Christopher Father of the Blues
London 1957
Harper, Peggy Dance in Nigeria
Deutsch: Afrika heute 19/1970
Hartmann, Gerti Step durch Bildschrift
Stuttgart 1977
Herskovits, Melville Dahomey. New York
1938
Herskovits, Melville The Myth of the Negro
Past. Boston 1958
Holder, Geoffrey Black Gods, Green Islands
New York 1959
Huet, Michel, et Fodeba, Keita Les Hommes
de la Danse. Lausanne 1954
Hughes, Langston The Big Sea
New York 1940
Deutsch: Ich werfe meine Netze aus
München 1963
Hughes, Langston, and Meltzer, Milton
Black Magic. A pictorial History of
the Negro in American Entertainment
Englewood Cliffs 1967
Isaacs, Edith The Negro in the American
Theater. New York 1947
Italiaander, Rolf Tanz in Afrika
Berlin 1960
Jackson, Bruce (Hrsg.) The Negro and his
Folklore. Austin und London 1967
(Enthält Berichte über das Leben
der Neger im 19. Jahrhundert)
Jahn, Janheinz Muntu. Düsseldorf 1958
Johnson, J. Weldon Black Manhattan
New York 1930
Jolizza, W. K. von Die Schule des Tanzes
Wien 1907
Jones, Arthur M. The Icila Dance
London 1952
Jones, Arthur M. Studies in African Music
London 1959
Jones, Libby Striptease. Hamburg 1969
Kmen, Henry A. Music in New Orleans
Baton Rouge 1966
Koebner, F. W. Tanzbrevier. Berlin 1913

Koebner, F. W. Jazz und Shimmy
Berlin 1921
Koebner, F. W. Charleston. Berlin 1927
Koegler, Horst Friedrichs Ballett-Lexikon
Velber 1972
Koegler, Horst The Concise Oxford Ballet Dictionary. Oxford 1977
Krähenbühl, Peter Der Jazz und seine Menschen. Bern 1968
Krehbiel, Henry E. Afro-American Folksongs
New York 1914
Kubik, Gerhard The Kachamba Brothers' Band. Wien 1972
Kubik, Gerhard Patterns of Body Movement in the Music of Boys' Initiation in South-East Angola
In: Blacking. London 1977
Kuhnke, Klaus; Miller, Manfred; Schulze, Peter Geschichte der Pop-Musik
Zwei Bände. Bremen 1976 und 1978
Labat, Père Nouveau Voyage aux Isles de l'Amérique. The Hague 1724
Lange, Horst A. Die Geschichte des Jazz in Deutschland. Lübbecke 1960
Lander, Richard and John Journal of an Expedition to explore the Course and Termination of the Niger
London 1832
Leaf, Earl Isles of Rhythm. New York 1948
Lehmann, Theo Blues and Trouble
Berlin 1966
Lekis, Lisa Dancing Gods. New York 1961
Livingstone, David Missionary Travels and Researches in South Africa
London 1857
Lloyd, Margaret Borzoi Book of Modern Dance. New York 1949
Louis, Eugene »Luigi« Jazz with Luigi
New York 1963
Lunsonga, Cajetan Bemba Music
In: African Music 1963
Mollien, Gaspard Reise in das Innere von Afrika im Jahr 1818. Weimar 1820
Molkenbur, Norbert; Petermann, Kurt; Schulz, Jo Vom Hoppelrei zum Beat
Berlin 1973
Moreau de Saint-Méry De la Danse
Parma 1801
Auch englische Übersetzung vorhanden
Moreau de Saint-Méry Description Topographique et Politique de la Partie Espagnole de l'Isle Saint Domingue
Philadelphia 1796
Njungu, Agrippa M. The Music of my People
In: African Music 1960/61
Nketia, J. H. Kwabena African Music in Ghana. Evanston 1963
Nketia, J. H. Kwabena The Role of the Drummer in Akan Society
In: African Music 1954
Nketia, J. H. Kwabena Ghana – Music, Dance and Drama. Legon (Ghana) 1965
Opoku, A. M. African Dances
Legon (Ghana) 1965
Ortiz, Fernando Los Bailes y el Teatro de los Negros en el Folklore de Cuba
Habana 1951
Pease, Esther Modern Dance.
Dubuque 1966
Peck, Abe Dancing Madness. New York 1976
Philips, Ekundayo Yoruba Music
Johannesburg 1953
Pollack, Heinz Die Revolution des Gesellschaftstanzes. Dresden 1922
Radliński, Jerzy Obywatel Jazz
Kraków 1967
Ramos, Arturo Die Negerkulturen in der Neuen Welt. Zürich 1946
Ramsey, Frederic, and Smith, Charles
Jazzmen. New York 1939
Rooney, Pat Ye olden Stage Dances
New York 1881
Rosenhain, Sigurd, und Drechsel, Karlheinz
Fascination Jazz. Jazz in der DDR
Berlin 1974
Rublowsky, John Black Music in America
New York 1971
Russell, Eddie The Art of Buck and Wing Dancing. New York 1924
Sabatine, Jean Techniques and Styles of Jazz Dancing. New Jersey 1969
Sachs, Curt Eine Weltgeschichte des Tanzes
Berlin 1933. Neudruck 1977

Schreiner, Claus Musica popular brasileira Darmstadt 1977
Schweinfurth, Georg Im Herzen von Afrika Leipzig 1874
Senghor, Léopold Sédar Négritude und Humanismus. Düsseldorf 1967
Shurr, Gertrude Modern Dance Techniques New York 1949
Southern, Eileen The Music of Black Americans. New York 1971
Spaulding, H. G. Under the Palmetto. 1863 Erster Bericht über Ring Shout Neudruck bei Jackson
Stearns, Marshall Die Story vom Jazz München 1959
Stearns, Marshall Is Jazz Dance hopelessly square? Dance Magazine, Mai 1959
Stearns, Marshall and Jean Jazz Dance New York 1968
Tallant, Robert Voodoo in New Orleans New York 1946
Tempels, Placide Bantu – Philosophie Heidelberg 1956
Tracey, Hugh Chopi Musicians London 1948
Tracey, Hugh African Dances of the Witwatersrand Gold Mines Roodeport (Südafrika) 1952
Traguth, Fred Modern Jazz Dance Bonn 1977
Tucker, Henry Clog Dancing made easy New York 1875
Wallaschek, Richard Anfänge der Tonkunst Leipzig 1903
Walton, Ruth A Course in Modern Jazz Dance Drei Bände. New York 1958 bis 1965
Warner, Charles D. Studies in the South and West. New York 1889
Warren, Lee The Dance of Africa New York 1972
Waszko, Roman Jazz od frontu i kuchni Kraków 1962
Williamson, Liz Jazz Dance Dance Magazine, Februar 1978
Williamson, Liz Warm-ups Beginning a Jazz Class Dance Magazine, Mai 1978
Winter, Marian Hannah Juba and the American Minstrelsy. New York 1947
Wittke, Carl Tambo and Bones A History of the American Minstrelsy Durham N. C. 1930
Wolynskí, Andrei Buch des Jubels. 12 Folgen. Das Tanzarchiv 1962/63

Namenregister

Sachregister

Fotonachweis:
Archiv (3); Günter Ackermann (1); R. Faligant (2); Werner Gommlich (2);
E. Höhne (1); Eva F. Maze (1)